“武家栋梁”的诞生

河内源氏的三代栋梁——源赖信、源赖义、源义家，通过镇压叛乱和对外战争，创造了无数战场神话，在坂东武士之间树立起不可动摇的威信，被誉为“武家栋梁”。

◀ 八幡太郎源义家，源氏第三代栋梁（出自《勿来关图》，东京国立博物馆藏）

图中描绘了源义家在行军途中看到大雁行列混乱，意识到周围有埋伏（出自《后三年合战绘词》，东京国立博物馆藏）

▲ 白河上皇 （出自《成菩提院御影》，日本国立国会图书馆藏）

◀ 兴福寺的僧兵与朝廷军之间的战斗 （出自《春日权现验记》第十九卷，宫内厅三之丸尚藏馆藏）

院的权力

从后三条天皇开始，天皇退位后继续以“院”的身份执政成为常态，这是为了应对频繁发生的土地纷争和僧众强诉，武士则是支撑院政的国家军事力量。然而历代的“院”都对快速成长的源氏武士抱有强烈的戒心。

白河上皇参拜春日社。坐在中间牛车上的是上皇 （出自《春日权现验记》第二卷，宫内厅三之丸尚藏馆藏）

平氏的荣华

在朝廷的有意培植之下，平氏逐渐发展壮大。到后白河院当政时，平清盛成为第一个武士出身的公卿，建立了“平氏政权”。

平清盛像（出自《天子摄关御影》，宫内厅三之丸尚藏馆藏）

平清盛为祈祷一族繁荣而向严岛神社奉纳的《法华经》，饰有绘画与金银箔（严岛神社藏）

严岛神社和大鸟居。清盛奉严岛神为平氏氏神，曾十次参诣严岛神社

保元、平治之乱

发生在后白河当政时的两场内乱。摄关家的内部矛盾与武士阶层的竞争交织，最终发展为左右天皇地位与国家权力归属的战斗。内乱后，源氏衰落，平氏成为唯一的“武家栋梁”。

◄ 保元之乱中的平清盛。站在格栅前的黑铠武士就是平清盛（出自《保元、平治合战图屏风》，神泉苑藏）

保元之乱中，平清盛和源义朝率领武士攻击、火烧崇德院所在的白河殿（出自《保元、平治之乱合战图屏风》，大都会艺术博物馆藏）

源义朝等人趁平清盛参诣熊野、京城空虚之时发动政变，袭击并火烧了三条殿（出自《平治物语绘卷》，波士顿美术馆藏）

二条天皇坐女官的车出逃，移驾清盛官邸六波罗馆（出自《平治物语绘卷》，东京国立博物馆藏）

▲ 一之谷战役，源义经率领几十名骑马武士从一之谷后方的峭壁上俯冲下来（画面左方），对谷底的平氏阵营发动了奇袭（出自《平家物语图屏风》，南澳美术馆藏）

源平合战（治承、寿永之乱）

治承四年，以仁王（后白河院三子）发布檄文，呼吁全国各地源氏揭竿而起，讨伐平氏。源义朝嫡子源赖朝誓言“继承八幡太郎（源义家）之家业，率坂东八国勇士诛灭谋反的清盛一族”。一之谷战役和屋岛海战后，平氏灭亡，赖朝在坂东建立了军事政权。

镰仓幕府的建立

赖朝将全国武士收编为御家人，并以国为单位设置守护，镰仓幕府的主体成型，由朝廷与幕府所构成的新国家体制宣告诞生。

鹤冈八幡宫，武家源氏和镰仓武士的守护神（出自《川濑巴水版画集二》，日本国立国会图书馆藏）

讲谈社
日本的历史

04

HISTORY OF JAPAN

武士的成长与院政

平安时代后期

[日] 下向井龙彦 著 杜小军 译

文匯出版社

新经典文化股份有限公司
www.readinglife.com
出　品

講談社・日本の歴史04

武士の成長と院政

“横看成岭侧成峰”
——日本人书写的日本历史

2014年，理想国出版十卷本的“讲谈社·中国的历史”中文版，引起中国读者广泛关注：有人敬佩成立已达百年的讲谈社打造学术精品的底蕴与担当，有人惊叹日本史学家对中国历史理解的深度与广度。

阅读过这套丛书的读者，体味到“从周边看中国”的观念刺激与知识冲击，继而衍生出对日本历史的好奇与兴趣。如今，新经典文化推出十卷本的“讲谈社·日本的历史”，既与前述“讲谈社·中国的历史”成双，也契合了中国读者积聚多年的阅读趣味和需要。

放眼国际史学界，“日本历史”是重要的热点之一。从东方视角观之，因独特的地缘及紧密的文化纽带，日本史与周边国家的历史互相交织，自然而然成为各国观照自身的镜鉴；以西方立场视之，从古代神秘的“黄金岛”传说到现代经济腾飞的神话，无不触发西方人的探秘欲望与破译冲动。因此，日本历史研究的热潮，无论在东方还是西方均经久不衰。

以中国为例，从3世纪末的《三国志》到20世纪初的《清史稿》，历代正史专设日本传凡十七篇，时间跨度超过一千五百年，是研究日本历史不可或缺的原始史料群。加之，日本古代多以汉文撰写史书，依托此种得天独厚的史料解读优势，以周一良等主编的“中日文化交流史大系”为标志，中国史学家的研究在中日关系史及中日文化交流史领域别开生面，颇有建树。然而，中国史学家少有人通晓日本古代“和文”系统文献，如古代的宣命体、中世的武士文书、近世的候文等，因其解读难度大，所以迄今尚无一部获得公认的日本史丛书问世。

再举欧洲的例子，在英语读书界最受追捧的无疑是马里乌斯·B. 詹森（Marius B. Jansen）等人主编的“剑桥日本史”（*The Cambridge History of Japan*）。这套集多国史学精锐撰写的六卷本，在西方史学理论框架下梳理日本历史脉络，无论其宏观视域还是研究方法，尤其是对政治史、社会史的叙述视角，都有颇多可取之处。然而，西方史学家的短板也同样存在。如第四卷至第六卷叙述近现代四百余年历史，而远古至中世数千年历史仅占全套书一半篇幅，薄古厚今的倾向明显；又如第一卷《古代日本》（*Ancient Japan*）拘泥于“成文史”的史观，将叙述重点置于弥生晚期以后，对日本历史黎明期的无土器时代、绳纹时代一笔带过。

总之，中国的日本史研究与欧美的日本史研究，属于“旁观者”书写的日本历史，虽各有建树，但存在不足。那么，作为“当事人”的日本史学家，他们书写的日本历史，又会具有什么特色呢？正如苏轼《题西林壁》中的诗句："横看成岭侧成峰，远近高低各不同。"面对名为"日本历史"的"山"，倘若从中国望去是"峰"，站在西方看到的是"岭"，那么映现在立足于本土的日本史学家眼中的，又是何种"山容"呢？

大凡了解日本图书现状的读者都知道，历史题材受到的关注从未减弱。这方面笔者有亲身体验，但凡关涉圣德太子、鉴真、阿倍仲麻吕、最澄、圆仁等历史人物，每次演讲的听众动辄数百上千，报纸专栏、杂志特辑、系列丛书等的稿约应接不暇。正因为有众多历史爱好者旺盛的需求，日本大型出版社均有底气倾力打造标志性的日本历史丛书。此次新经典文化译介的"讲谈社·日本的历史"，便是代表日本史学界水准的学术精品。

该丛书原版共二十六卷，中文版萃取其中十卷，大致展示弥生时代至明治时期约两千年的日本历史进程。大而观之，第一卷《王权的诞生》叙述弥生时代至古坟时代，第二卷《从大王到天皇》聚焦古坟时代至飞鸟时代，第三卷《律令国家的转变》起自奈良时代、迄于平安时代前期，第四卷《武士的成长与院政》重点置于平安时代后期，第五卷《源赖朝与幕府初创》大抵等同镰仓时代断代史，第六卷《〈太平记〉的时代》跨越南北朝时代与室町时代，第七卷《织丰政权与江户幕府》聚焦战国时代，第八卷《天下泰平》侧重于江户时代前期，第九卷《开国与幕末变革》框定江户时代后期，第十卷《维新的构想与开展》铺叙明治维新时期迈入近代化的进程。

前述中国学者周一良等主编的“中日文化交流史大系”与美国学者詹森等主编的“剑桥日本史”，邀约各领域专家共同执笔，因而能确保历史脉络的连贯性及叙述层面的完整性。与此相较，中文版“讲谈社·日本的历史”各卷均为单人独著，各卷时段难免偶有重叠，每位著者叙述重点不一，但这将最大限度发挥著者“术业有专攻”的优势。日本史学界专业壁垒森严，史学家大多博通不足而深耕有余，浸淫擅长领域，积淀十分深厚，对相关史料掌控无遗，对学界动态紧追不懈，这既是日本史学界的严谨风格，也是这套丛书的一大看点。

这套丛书呈现的是日本人书写日本历史的成果，既不是从中国侧视的“峰”，亦非西方人横看的“岭”，置身此山的日本人，虽然未必能俯瞰延绵起伏的山脉，纵览云雾缭绕的山势，但可以肯定的是，他们作为“当事人”，比任何“旁观者”更能对溪流的叮咚、山谷的微风、草木的枯荣感同身受。比如在第二卷《从大王到天皇》中，“治天下大王”的“治”字读作“治（シラス）”久成定论，著者则将其训读为“治（オサム）”，二者间微乎其微的差异，绝非外国学者所能体味。而著者对此的解读是：前者“强调统治者拥有绝对性的统治权”，后者“强调互酬性……的统治权”，从而定性大王具有“以人身依附关系为纽带的原始性统治权”，区别于具有“以绝对君权和国家机器为后盾的强制性统治权”的天皇。关于大王称号的前缀“天下”，在著者细致入微的考证下，此“天下”与中国语境中蕴含“德治”与“天命”要素的“天下”观迥异，是指在众神群居的“高天原”之下，王权中心的所在地，与排斥“天命”且“万世一系”的天皇观一脉相承。诸如此类，抽丝剥茧地推演日本历史的内在机理，是该丛书的又一大亮点。

相对于其他学科，日本史学界给人的印象较为刻板、固守传统，连臭名昭著的“皇国史观”也尚存一席之地，右翼学者炒作的新历史教科书便属此类。然而，“讲谈社·日本的历史”带给我们的是开放式、客观性、国际化的史学新风。还是以第二卷《从大王到天皇》为例，朝鲜半岛南部曾有一个小国林立的地区，名为加罗，日本史书《日本书纪》称该地为“任那”，大和朝廷在那里设有“日本府”。长期以来，日本史学界偏信《日本书纪》，认为任那是大和朝廷的屯仓，也有朝鲜学者愤而反驳此观点，双方论战火药味甚浓。本卷著者持论公允，指出加罗地区虽然存在倭人势力，但尚未沦为日本的殖民地，而“任那”一词暴露了“日本古代国家的政治立场”，所以史学家不应使用该词。在墨守成规的日本史学界，这些看似微弱的声音，实如惊天霹雷，让我们看到现代日本史学家的良知与果敢，值得我们赞赏。

前面说过日本史学家“博通不足而深耕有余”的特点，穷尽史料、追根问底是其优势，局限性则体现在研究古代史的绝不涉猎中世史、近世史，攻日本史的鲜少涉足中国史、朝鲜史，总体而言多在日本框架下研究日本史。然而，“讲谈社·日本的历史”向读者呈现出些许不落窠臼的气象，从“从世界史和现代角度看王权诞生”（第一卷）、“东亚世界中的倭国”（第二卷）、“国际秩序构想的转变”（第三卷）等章节标题可见，一些著者不再局限于在日本列岛之内观照日本历史，而是从东亚乃至世界的联系中洞察日本历史的脉搏，剖析文明发展的机制。虽然上述气象还比较微弱，但也是这套丛书令人耳目一新之处。

《题西林壁》下联有云：“不识庐山真面目，只缘身在此山中。”置身此山的日本史学家，能够在至近距离凝视日本历史之“山”，可以鼻闻花草之芬芳，耳听虫鸟之啼鸣，眼观云雾之聚散，手触泉水之冷暖——一切都是那么自然、真实、细腻、神奇，深耕之下或许还能发现地下的根须、山中的矿石、溪流的水源，这是日本史学家与生俱来、得天独厚的优势。但正因为置身此山，未必能看清庐山真容。比如日本古代历史以“和汉”两条主脉交织而成，近代以来则形成“和洋”交叠的结构，而这套丛书呈现的基本上是“和”之一脉，甚至对国外同行的研究成果也有所忽略。然瑕不掩瑜，此不赘言。

临近尾声，笔者突然想起禅僧青原惟信的珠玑之语：参禅之初，看山是山；禅有悟时，看山不是山；禅中彻悟，看山仍是山。这说的是参禅的三重境界，化用到本文主题，中国人侧观、西方人横看、日本人仰视的“山”，属于第一境界；领悟到山有岭峰之姿、高低之相、远近之别，大抵迈入第二境界。何谓第三境界呢？或许等我们凝聚众人之眼，阅遍千姿万态，才能彻悟“山”之真容吧！

最后附言几句：大概因为笔者是“讲谈社·中国的历史”日文原版的作者之一，又曾强烈建议早日推出“讲谈社·日本的历史”中文版，这两套精品丛书的策划人杨晓燕女士嘱我写一篇序言。自忖国内日本史专家人才济济，还轮不到笔者这般资历尚浅、学养未丰之辈担纲作序。但念及“讲谈社·日本的历史”足可填补国内日本史学界的一块空白，身为行内一员有责任和义务为之推介，故不揣浅薄，勉草一文塞责。是为序。

浙江大学日本文化研究所
王勇
辛丑槐月吉日
写于武林桃花源

目录

第一章

武士之前

第一节 | 律令国家的变质

武士与军制

武士是在何时、以何种方式登上历史舞台的？这个问题表面上看不言自明，但实际并非如此。日本小学到高中的教科书都想当然地将其叙述为"10 世纪前后的平安中期，有实力的农民为了保护自己的土地而武装起来，成为武士，即在地领主[1]"。活跃于 10 世纪上半叶的平将门便是如此。登上历史舞台后不久，平将门便以英雄武士的形象博得众多历史爱好者的青睐。

然而，学界并不将平将门称为"武士"，而是称其为"兵"。直到 11 世纪中叶，源赖义、源义家及其郎党[2]才开始被称为"武士"。平将门之所以未被称为"武士"，是因为他并非在地领主。在地领主直到 11 世纪中叶才出现。可见，学界的认识、学校的教育、历史爱好者的常识常常存在较大偏差，而真实往往就潜藏于常识之中。如果平将门与源义家身披华丽的大型盔甲，手持日本独特的长弓和刀身弯曲的日本刀，在马背

---

1 在地领主，中世日本庄园公领制下，在庄园、公领（国衙领）所在地（现地或当地），实际支配其所领有的土地和百姓的统治者阶层（包括领主、豪族、军事贵族、武士）。

2 郎党，日本中世武家社会中主人的同族、侍从等。

上进行一骑打（马上一对一决斗），那么两人的实力会有多大差距呢？之所以前者称“兵”，后者称“武士”，仅仅是受“武士乃在地领主”的僵化定义束缚罢了。平将门其实就是货真价实的武士。

一旦将“武士”的定义从“在地领主”的僵化标准中剥离开来，情况便完全不同了。他们会从日本人从小学开始就被灌输的“为保护土地而武装起来的武士”这种固有观念中解放出来。正如合战绘卷所描绘的姿态，武士是以战斗为天职的战士。于是，他们便成了追讨叛国者的国家军事力量。这种带有军事史性质的武士观并非新生事物。户田芳实、石井进两人曾以学者和大学教官的身份，亲历了20世纪60年代末发生的大学纷争[1]。其间，两人提出“国衙军制论[2]”。但在其后，“国衙军制论”的问题并未得到深入探讨，只有“国衙军制”这一概念独自留存至今。笔者的研究虽然承袭了上述两位学者的观点，但这并不意味着一定能得到学界认同。目前还没有以国家军制为切入点和主线索，对武士阶层的形成进行全面考察的著述。

---

1 大学纷争，指20世纪60年代末日本爆发的围绕学生处分、校内民主、学校管理等问题展开的全国性斗争。

2 国衙军制论，以户田芳实、石井进为代表的一些日本学者提出，日本从古代末期到中世初期（10世纪至12世纪）的国家军事制度是国衙军制，其主要表现是以国衙（国司、郡司）为中心征兵和进行军事征讨，使国衙军事组织化。该军事制度是在律令国家向王朝国家蜕变，朝廷向地方行政机构（国衙、受领）委任行政权的过程中形成的。此外，国衙军制与军事贵族及武士的产生有密切关系。

本书将从国家体制、军制、政治架构、社会结构的变化等方面出发，考察武士阶层从出现到掌握政权的全过程，即从10世纪的平安时代中期武士以战士身份登上历史舞台、镇压地方势力叛乱，一直到武士担任中央军事官职或受领[1]，从而获得政治成长，再到成为国家军事指挥官的源氏、平氏在平安末期的院政[2]政治体制下，通过参与权力斗争中的军事决策而掌握国家政权的全过程。尽管近来很少被提及，但平安时代的武士的确是孕育日本中世[3]社会的主导性势力。

英国史学家杰弗里·鲁道夫·埃尔顿[4]提出，政治史是否能百尺竿头更进一步，取决于外交史、军事史能否革新。上述观点是在有着厚重军事史传统与积淀的欧洲史研究中提出的。但日本现今的军事史、军制史的研究在史学界尚处于支流地位，研究的观点、方法也远未成熟。其原因之一是对过去的军国主义、侵略战争的反省和厌恶（尽管这很重要）导致人们对战争史、军事史研究敬而远之。

1 受领，平安时代以后对国司四等官中，到现地负责行政事务的官员的称呼。受领最初的实际含义是指到现地赴任的国司承接前任的文书、事务等，后来转变为官职名称 。

2 院政，是指日本平安时代末期为抵制外戚专权的摄关政治体制，由太上天皇（简称上皇，皈依佛教后称“法皇”）亲掌朝政的政治制度。

3 中世，是古代与近代（近世）间的历史时期，不少日本学者将包括“平将门之乱”（935—940）与“藤原纯友之乱”（939—941）两场叛乱在内的“承平、天庆之乱”作为日本从古代进入中世的分水岭。

4 杰弗里·鲁道夫·埃尔顿（Sir Geoffrey Rudolph Elton，1921—1994），出生于德国，1947年获得英国公民权。

然而更重要的是，在日美安保体制下，军事与外交已经无法作为切实问题被日本国民所认知。历史学者的问题意识也无法从普遍的、大众化的国民意识中脱离出来。现今的日本国家有从国家和军制的角度来探讨历史的必要，以进一步彰显战争、军事的残酷以及对和平的尊重。

国家军制的存在方式与国家所面临的军事问题相对应。10世纪，武士作为镇压反朝廷武装起义的军事力量出现并成长。那么，武士出现之前的律令国家[1]面临着怎样的军事问题？为此国家制定了哪些军事制度？律令国家的军制与武士有着怎样的关系？促使武士出现的反朝廷武装因何产生？武士为何会在10世纪初的军制改革中诞生？这又是一场怎样的军制改革？针对以上这些尚不甚明了的问题，笔者想从国家和军制的角度出发，追根溯源，一步步探寻武士诞生的整个过程。

日本古代国家的“侵略”倾向

世界上的古代国家均始于“城墙城市”。中国战国时代诸侯国的都城、历代中华帝国的都城，以及雅典、罗马都是“城墙城市”。东西方的古代帝国都是用城墙将国土围起来的，如秦始皇

1 律令国家，是大化改新后，效仿中国隋唐的封建国家体制，通过颁布《大宝律令》（701）、《养老律令》（718）等相关法令而建立的以天皇为首的、中央集权的封建国家体制。律令国家体制存续的时代被称为“律令时代”。

的 2 700 千米的长城、罗马皇帝哈德良的“哈德良长城”，以及莱茵河与多瑙河之间 450 千米的城墙。在朝鲜半岛，相互对抗的高句丽、百济、新罗也在全境修筑了山城。

可是，日本的古代国家除特殊时期外，并不筑“城”。平城京和平安京[1]均没有城墙。日本的都城都是不设防的。《旧唐书·倭国传》还特别记载“（倭）无城郭”。这在经历了无数次改朝换代、城起城落的中国人看来，是不可思议的。古代日本为何不筑城？这是因为日本是“岛国”，环绕在拥有长达 28 000 千米海岸线的日本列岛周围的大海，就是无须建筑费和维护费的天然长城。

日本列岛与朝鲜半岛隔海相望。朝鲜半岛南部的朝鲜民族自古以来就受到来自北面的中华帝国、北方诸国（高句丽、渤海）以及南面的倭的威胁。因此，朝鲜国家与民族对日本列岛进行军事侵略的可能性接近零。仅在朝鲜民族被大陆的超级大国压制、独立权被剥夺时，朝鲜半岛才会成为日本列岛的军事威胁。历史上曾发生过几次这样的事件，其中最著名的便是 13 世纪下半叶的“元寇”。“元寇”之所以能成为日本列岛的威胁，是因为高丽屈服于蒙古帝国。稍远的一次则是 7 世纪时，唐新罗联军攻灭百济，唐军进而驻留百济。日本将百济作为阻挡唐军的屏障，于是计划复兴百济，派出援军。然而天智

---

1 平城京，是日本从 710 年至 794 年的奈良时代的京城，地处今奈良市西郊；平安京，是日本京都的古称，位于现在京都府京都市中心地区。

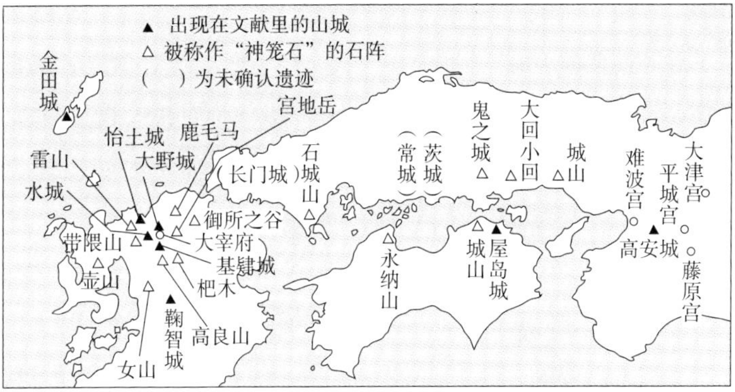

古代山城的分布

天皇二年（663），日本军队在白村江之战中遭到毁灭性打击。翌年，天智天皇政权为保卫九州大宰府[1]开始修筑水城，并提前设想唐军进攻大和高安城的路线，依此修筑“朝鲜式山城”。这便是日本史上例外的筑“城”时期。好在 670 年，新罗向驻留的唐军开战，日本才逃过一劫。

只要朝鲜国家与民族摆脱大陆超级大国的束缚，独立自主，那么漂浮在天然的“万里长城”之上、处于绝对安全圈中的日本列岛就不会遭到任何外部威胁。而这样的地理条件也让诞生于日本列岛的王权有底气向朝鲜半岛王权提出从属要求。4 世纪中叶，在北方高句丽政权的压制下，为“坚守”民族自立性，朝鲜南部形成了由百济和新罗联合组成的统一国家。百

1 大宰府，日本律令制时代设置在筑前国的地方官厅，负责统辖九州地区诸国行政、接待外国使节、海防等。

济、新罗为求保护而向日本王权朝贡。为将百济、新罗作为抵御高句丽的防波堤，日本王权支援百济，并对朝鲜半岛进行军事进攻。而此次军事进攻也促成了日本国内的统一。也就是说，日本是为了攻打朝鲜半岛才形成了统一的国家。

日本古代国家一贯能抓住朝鲜半岛诸国的软肋，答应为其提供保护，以此逼迫其从属、朝贡于自己。这样一来，因为没有筑城的必要，拥有“免费、安全”的屏障，这种地理条件便催生了日本单边主义、妄自尊大、带有侵略性的外交姿态。

另外，日本古代国家也没有必要为了国防而建立高成本的常备军，仅在必要时临时动员低成本军队即可。而且，从国力和人口来看，日本古代国家完全可以做到这一点。而拥有“免费、安全”的天然屏障的国家，一旦拥有了规模庞大的军队，其目的就只有一个，那便是侵略。为侵略朝鲜半岛，大和政权命令地方首长进行动员，地方首长基于首长权，动员地域共同体的成员。这一动员方式来源于弥生时代“村”的首长指挥村落共同体成员，与其他“村”战斗的动员方式。而奈良时代的军团士兵制，则是上述动员方式高度发展、系统化的表现。进行对外战争时将共同体成员全部武装起来，这就是日本古代国家的军队。

律令国家和律令军制

8 世纪，奈良时代的律令国家政府从普通农民家中每户征兵一人，以维持大规模的军队。如果按照"一户一兵"征兵的话，全国 20 余万户就可征召士兵 20 余万人。据推测，当时日本的人口总数为 600 万~ 700 万，而如今日本的总人口约为 1.2 亿，陆上自卫队总兵力约为 15 万人。二者相比，律令国家军队的庞大程度一目了然。入伍的士兵将会被分配到标准兵力为 1 000 人的军团中，并按照"阵法"规定，以轮换的方式接受每年 60 天的统一训练。在以步兵集团战术为主的律令军制中，训练的主要内容是按照号令列队或行进等团体操练。征兵制军队中的士兵是通过正规训练打磨而成的，其装备也是规格化生产的官方供给武器。

应征士兵的花名册每年会与记录着一国国内[1]所有兵器、公私牛马、船舶的账簿一起，由国司[2]定期上交中央政府的兵部省。兵部省则通过由国司提交的账簿对全国的军力进行集中管理。一旦决定参战，兵部省便会按朝廷（太政官[3]）的命令，依据账簿计算出需动员的兵力和各国的分担份额。随后，天皇会发布动员令，任命将军，由其指挥，进入战时编制和作战状态。

日本虽然在救援百济的战争中败北，但其后新罗与唐朝为

---

1 国内，这里的国特指日本古代到中世的一种地方行政区划单位，也即律令制下的令制国，或称令国，国内即指该行政区域之内。

2 国司，日本的古代到中世，作为地方行政单位的国的行政长官，从中央向地方派遣的官吏，包括属于四等官的守、介、目等。

3 太政官，日本律令制度下执掌国家司法、行政、立法大权的最高国家机构。太政官的最高长官是太政大臣，但通常由在太政大臣之下的左大臣和右大臣担任长官。

了争夺朝鲜半岛的统治权，进入全面战争状态。为了避免腹背受敌，新罗转而向日本朝贡。而保持并巩固与新生的统一新罗的朝贡关系，并强迫以废除朝贡为目标的新罗继续朝贡，这才是日本建立和保持律令军制的真正目的。日本的律令国家是“东夷小帝国”，是军国体制国家。兵部省之所以要掌握全国公私船舶的数量，就是因为日本一直存在对朝鲜半岛进行大规模渡海作战的设想。8 世纪 60 年代，主张对新罗采取强硬手段的藤原仲麻吕所制定的新罗侵略计划，直到付诸实行的前一秒才最终叫停。

为了建立名为“公户皆兵制”的征兵制，国家政府必须从制度上要求所有“户”分担兵役（即以权力手段抑制阶层分化），同时还必须制定经营保障制度，以确保服兵役的“户”能维持原有的正常生活。编户制和班田制[1]是律令国家统治国民的基础，而这两项制度也恰恰成了“一户一兵”的军团士兵

1 编户制，编户制度是一种户口登记制度，它既属于一种行政管理制度，也是一种赋税制度。其主要做法是为加强对人口的控制，进行人口登记，把民户的人口、年龄、性别、土地财产等情况，详细登记在户籍上，建立严密的户籍制度。根据土地和人口多少征收赋税和徭役。班田制，是日本在律令时代仿照唐朝的均田制制定的土地制度。其法令称班田收授法，其具体做法是首先编订户籍，然后进行班田。班田的具体做法是：凡六岁以上公民，由政府颁给口分田，男子二段，女子为男子的三分之二。官户奴婢与公民相同，家人、私奴婢则给公民的三分之一。有位、有职、有功者，按位的高低、功的大小，颁给相应的位田、职分田、功田等。除口分田之外，还相应给予若干宅地和园田，为世业田，若绝户则还公。班田每六年一次。所受之田不准买卖，若受田者死亡，由国家收回。

制，即律令军制得以成立的前提。甚至可以说，律令国家之所以采用编户制和班田制这样令人生畏的百姓统治体制，正是为了建立和维护军团士兵制。

另外，士兵还可免除庸和杂徭。庸是中央雇佣劳动力的财源，杂徭是服务于公共土木工程的六十日强制劳动。也就是说，律令国家牺牲了众多的有效劳动力来维持律令军制。总之，这种强大的中央集权统治体系既能建立起庞大的军队，又能将地方财富集于中央，建起平城京、东大寺、大佛等日本古代文明的标志性建筑。

律令国家的治安法体系——捕亡令下的追捕规定

那么，奈良时代的日本中央政府是如何打击地方犯罪、镇压民众抵抗运动的呢？对此，律令国家政府制定了“捕亡令”作为追捕犯人的法律依据。捕亡令规定，武装追捕人员与非武装追捕人员的追捕程序有所不同。

首先是非武装追捕。如有服役人员、囚犯从强制劳动区域或监狱逃跑，或犯有抢劫、盗窃罪的罪犯越狱，本司（卫府的下属官厅）或国司必须立即上报太政官（若是国司上报，其文书称“国解”），由太政官下发追捕官符。收到追捕官符的国司组织“人夫”（不携带武器的非武装追捕人员）追捕逃犯。如果追捕成功，应将犯人和国解一同上交太政官。不过若是仅发生在本国国内的逃跑或盗窃案件，国司无须上报太政官，对组织的人夫数量也没有硬性要求。

奈良时代，最让中央朝廷和国司头疼的是民众的抵抗行动——“逃跑”。要想维持正常的运转，律令国家需要大量公民在京服役，其中包括保护内里[1]和京城的“卫士”、服务于中央省厅的“仕丁”，以及建造和维护宫室、京城、寺院、大佛的“雇役”等。因此，律令国家如果不能对逃跑的役夫采取强制措施，其中央集权统治体系也会随之崩溃。上报役夫逃跑、追捕役夫以及遣送被逮捕的役夫无须动用大量兵力，通过中央与地方以及地方间紧密的联络网（地方行政单位自上而下分为国、郡、里［灵龟三年，即717年，改称“乡”］、保）和国内的行政机构，就可以实施通缉和追捕。

武装追捕主要适用于镇压谋反（针对天皇的叛逆罪）、谋叛（针对国家的叛逆罪），以及需要武力镇压的强盗和杀人犯等。当地方发生上述事件时，国司必须通过“飞驿奏言”（以快马速报于天皇）的方式上报事件规模和所需兵力。经太政官审议决定后，由天皇向该地国司下发“发兵敕符”（紧急动员令）。国司接到发兵敕符后，立刻组织“兵”（武装追捕人员）进行镇压，并再次飞驿奏言。

为了与律令军制下进行长时间前期准备的大规模动员区别开

1 内里，古代日本天皇居住的地方，位于宫城（皇城）内部，也叫“御所”“禁里”“大内”等。

来，笔者将这种紧急事态下的动员形式称为捕亡令下的“临时发兵”规定。在没有发兵敕符的情况下，国司若凭个人判断动用武装，按照律（即刑法）中的“擅兴律擅发兵条”规定，国司应按照动员人数接受相应的处罚。也就是说，国司无权凭个人判断动员武装。不过，“擅兴律”并不适用于动员人夫的情况。此外，捕亡令还用“人兵”一词统称武装追捕人员和非武装追捕人员。

国司行使武力要有发兵敕符，这意味着天皇的最高军事指挥权不仅限于对外战争时的军事动员，还适用于镇压地方犯罪时的武装动员。正是由于天皇（国家权力）垄断了行使武力的正当性，因此中央集权式的统治体系才得以维持。临时发兵规定所指的士兵并不一定是军团中的士兵。这是因为进行训练、以备对外战争才是军团士兵的任务。与军团士兵制不同，国司会对“习弓马之百姓”（有武艺的公民）进行调查和登记。这样做一是为了选拔天皇亲兵卫队的士兵，录用军团干部，二也是为了应对临时发兵规定的紧急动员。

在中央集权高压统治下的 8 世纪，捕亡令临时发兵规定并无太多用武之地。因此，武士也未能登上历史舞台。然而到了 9 世纪中叶，蛰伏了整整一个世纪的捕亡令临时发兵规定终于因群盗海贼的蜂起而大显神威，并在 10 世纪孕育出了名为“国衙军制”的新型军事动员体系，以及有权利和义务响应国衙动员的战士，即武士。日本古代国家具有预见性地从唐朝继承了律令治安法体系，而这一体系正是孕育出日本中世军事制度和职业军人——武士的源头。这样说是因为，这一体系对日本中世时期的统治关系的形成及其形态赋予了一定的方向性。

与新罗断交及废止律令军制

自安史之乱以后，以唐帝国为中心的东亚国际秩序开始动摇。宝龟十一年（780）二月，也即新罗贡调使访日的第二年，贡调使即将归国之时，天皇（日本朝廷）单方面宣布与新罗断交。翌月，日本朝廷决定大规模裁军（参考《续日本纪》。本章以下史料主要参考六国史［《日本书纪》《续日本纪》《日本后纪》《续日本后纪》《日本文德天皇实录》《日本三代实录》］以及《类聚三代格》）。

放弃要求新罗朝贡，不外乎放弃对新罗的军事进攻计划，这也使律令军制丧失存在的必要性。之前，律令国家牺牲了莫大的财政收入，通过加强中央集权体制来维持庞大的军制。如今，律令国家终于从这种重负中解脱。军团士兵制下的二十万兵力从未投入到真正的对外战争中。尽管大规模裁军后不久，律令国家便陷入与虾夷[1]的战争泥沼（参见本丛书中的《律令国家的转变》），但即便如此，军队依然未被动员。甚至到了战

---

1 虾夷，指日本古代在北海道及其周边居住的阿伊努人等。虾夷曾长期保持与日本中央政府若即若离的关系，被视为防范甚至征伐的对象。尤其北海道一直到明治维新后才真正归属中央政府管辖。

况最激烈的延历十一年（792），除奥羽（当时本州岛东北部地区，东边太平洋一侧有陆奥国，西边日本海一侧有出羽国）、大宰府管辖诸国外，其余军队均被悉数裁减。这样一支只会让新罗胆怯，通过持续不断地征兵将日本人民束缚在严酷统治之下的庞大军队，就这样消亡了。如此一来，作为律令国家的日本便在实质上放弃了“东夷小帝国”的地位。

富豪阶层的成长

从对人民进行严酷统治的重负中解放出来后，8世纪的律令国家开始推行温和的统治政策。这样的政策使编户制、班田制变得形同虚设。脱离原籍的“浪人”身份得到认可；国司子弟、王臣（贵族）子孙（也是浪人）居住在地方各国的情况得到默许；对“土人”（当地人）、浪人，一律课税，此即“不论土浪人”政策。

此外，延历十四年（795），之前一向由郡衙（郡的官署）所设正仓保管的正税稻（又称“公出举稻”），改为由各乡建造的乡仓分散保管。所谓“公出举”，是为了激励公民的经营活动，国衙以较低利率向公民发放贷款（稻谷）的制度。国衙将其收益（称“利稻”）作为国衙财政来源。正税稻的保管主体由郡变为乡，相当于将公出举的运营权交给乡一级有实力的农民。

不久之后，国司便以将正税稻暂时存放在里仓（即乡一级有实力的农民的仓库）为名，根据每个农民的经营能力，将正税稻分发下去，只收利息（利稻），不收本金（本稻）。接收了正税稻的、有实力的农民被称为“里仓负名”。他们将分配所得的正税稻与私稻合并，并投入带有私人高利贷性质的“私出举”，以此扩大经营，公出举的利稻部分则上缴国衙（参照村井康彦、坂上康俊著述）。这种出举政策，其实质就是在国衙的组织之下，支持能够稳定上缴利稻的富农的经营，放弃无法接受低息贷款的贫农。

延历十九年（800）最后一次实施班田之后，由中央政府负责全国范围统一班田的做法被废除，班田事务全面委托国司处理。不久之后，国司也不再进行班田。班田制丧失了以往为经营活动提供保障、抑制阶层分化的功能。这样一来，有实力的农民便能更轻易地兼并土地。在温和统治政策所引发的阶层分化大趋势下，国司子弟、郡司以及有实力的农民开始通过私出举的形式建立债务关系，兼并穷人的口分田和垦田[1]，与之形成私人隶属关系，并逐渐向大规模经营私田的富豪阶层发展。而国衙的征税对象也随之变成了富豪阶层（户田芳实）。

1 口分田，所谓口分就是按人数分配，口分田就是基于班田制按人头分配的田地；垦田，在日本的律令时代指新开垦的田地。

权限集中于受领

温和的统治政策促使国司的裁决权不断扩大，国司的权限开始集中于受领。9世纪中叶，受领担负起向朝廷缴清贡品、填补未缴纳部分的责任（北条秀树）。国司原本由“守”“介”“掾”“目”四个等级的官僚组成，8世纪时对朝廷共同承担责任。出举、检田（核查土地等级和面积）、收纳（回收出举）、征收调[1]和庸等国衙行政工作，由四等官中的某一人，以每郡三至四天的日程，对国内所有郡进行逐郡巡检。出现未上缴调和庸、未缴纳出举的情况时，巡检的国司官员个人不承担责任，缺漏部分由四等官全员按等级共同负责填补。诸如此类的国衙行政事务，依赖于郡司对公民的传统式统治，因此上述工作任务在郡这一级就可以全部完成。每郡三至四日，以收纳使身份逐郡巡查的国司官员仅需对实物和郡司提交的账簿进行核对即可。核查工作完毕当晚，收纳使接受郡司的款待，翌日便去往下一个郡。

9世纪中叶，国司四等官共同责任制崩溃，国司责任集中于受领一人。然而，这并不意味着作为其下级的任用（即受领的辅佐官掾和目）可以不承担责任。集权限于一身的受领指定每名任用负责的郡，派遣其作为收纳使前往该郡，若有未缴清

1 调，律令制下基本的实物租税之一。大化改新时按耕地面积以户为单位征收，《大宝律令》下按人头税征收，将诸国的产品运往京城，成为国家的财源。

的部分，任用须以自己的财物填补。这样，对朝廷的上缴义务就被转嫁给了任用。随着富豪阶层的成长，郡司无法再以传统方式对郡内进行统辖，因此国衙必须直接控制富豪阶层。

任用由朝廷任命，是国司的一员，虽为受领部下，但并非其私人随从。如果有任用被剥夺权限或受到压榨，他们会和郡司、富豪阶层一起将受领的非法行为诉诸朝廷，甚至还出现过袭击、杀害受领的情况。任用未必会对受领忠诚，受领必须灵活操控任用来统辖国内。从这一点来看，9 世纪受领的权力并不稳定。

如上所述，朝廷的温和统治政策为 9 世纪之后，即律令制衰退之后的国家统治指明了方向。其背景是律令国家于 8 世纪末终止强迫新罗朝贡的外交政策，废除军团士兵制，放弃“东夷小帝国”的追求，以及在国家理念上的大转向。而国际关系与中央集权统治的缓和，也使得权力集中到受领手中，富豪阶层兴起并成为课税对象。9 世纪中叶以后，包括群盗海贼的武装蜂起在内，任用与郡司富豪阶层掀起了一波又一波针对受领的抵抗运动。王臣家（藤原北家等有实力的贵族）也在私下与郡司富豪阶层联合，使以偷税漏税为表现形式的斗争激化。

第二节｜群盗海贼与镇压体系

群盗海贼与“党”

进入9世纪，8世纪从未出现的新兴军事力量——群盗海贼登上了历史舞台。9世纪的主要物流是从地方往京城运送调和庸（称为“运京”）。调、庸运京工作由郡司富豪阶层承包，这一体系本身便蕴藏着催生群盗海贼的风险。就如诸国受领所报告的，郡司富豪一旦被任命为纲领（运京责任人），便会盗窃自己负责运送的调和庸，逃往他国。这也是一些国凋敝乃至衰亡的最大诱因（《类聚三代格》）。9世纪，利用纲领身份私吞调、庸的不法行为横行。这也是群盗海贼的主要表现形式。有时纲领无法筹足承包款，为了填补空缺，他们还会袭击、掠夺他国船只或运送货物的马队。

在调、庸运京过程中遭遇群盗海贼的侵害时，纲领可从管辖受害地的郡司处获取被害证明，然后前往京城，经过负责调、庸的部门——民部省的认定，即可免于赔偿受害额度物品。如果真的遭到群盗海贼的侵害，那么申报损失是再自然不过的事。但是也有全部私吞或部分私吞调、庸的纲领也上交被害报告，以逃避追责的情况。当时的日本朝廷不仅将群盗海贼视为治安问题，也将其视为财政问题予以重视。但滑稽的是，朝廷对群盗海贼侵夺行为的危机感，恰恰是由于盲目相信以纲领为主的某些地方官伪造的被害证明而形成的。

受领为促使纲领赔偿私吞部分，会扣押其私宅（重点在里仓）。另一方面，进京的纲领也会将私吞的财物献给王臣家，成为其家臣，甚至将田宅也献给王臣家以免于扣押。被私吞的调、庸就这样被郡司富豪阶层用作脱离受领统治、投靠王臣家的资本。

另一方面，任用、郡司、富豪阶层还时常同谋袭击或杀害施行苛政的受领。天安元年（857）六月，对马郡司率“党类”三百余人，射杀对马守立野正岑等十七人。元庆七年（883）六月，筑后国群盗百余人包围受领都御酉的官邸，将其射杀后掠夺财物。当任用听到叫喊声，赶到都御酉的官邸时，嫌犯已经逃散。其首谋为筑后掾藤原近成，同谋有前任掾、目以及王臣子孙等人。元庆八年（884）六月，石见国迩摩郡司、那贺郡司等人以“施政悖法”为由，率二百一十七人袭击、拘禁权守上毛野氏永，夺取象征受领权力的“印镒”（是用于公文的国印，相当于国衙正仓的钥匙），交给担任介的忍海山下氏则。以上是任用反抗受领、郡司富豪阶层反抗苛税，以“党”的形式袭击受领的典型事件。这些袭击受领的事件也是“群盗”的一部分。

不管是侵吞、掠夺运京的调和庸，还是袭击受领事件，“群盗海贼”均带有任用、郡司等富豪阶层进行反受领斗争的性质。郡司、富豪为了反抗受领这样一个共同目的，组成“党”与之对立（参照户田芳实著述）。然而，9 世纪的“党”

只是为了临时性的目的，暂时结成的组织。这种“党”没能像中世的武士团所结成的“党”那样，发展成紧密的联合体。

郡司、富豪阶层通过结党进行反受领、反国衙斗争，这是8世纪所不能想象的新景观，也是律令国家中央集权统治缓和、受领裁决权扩大、富豪阶层成长的产物。故此，律令国家与国衙（受领）必须采取新的军事措施，以应对以结党为基础的群盗海贼和反受领武装斗争。

捕亡令“临时发兵”规定的适用

朝廷、国衙想动员被称为“兵”“人兵”“人夫”的民众去镇压群盗海贼。有人认为，从这些词的语感可以看出，军团士兵制废止后，国衙创立了一种动员普通民众的全新军制。但是如前节所述，“人兵”“人夫”是指捕亡令规定的追捕人员。也就是说，朝廷、国衙要利用整个8世纪都没能派上用场，如今却得以适用的捕亡令“临时发兵”规定来镇压群盗海贼。

我们先来了解一下群盗的特殊形式——“俘囚之乱”的情况。“俘囚”是指被强制迁入内地各国居住、表示归顺的虾夷人。承和十五年（848）二月十日，上总国飞驿奏言称俘囚丸子回毛等人“叛逆”。对此，朝廷立即对相模、上总、下总等五国下发发兵敕符，命其共同出兵讨伐。十二日，上总国再次飞驿奏言，称斩杀、捕获俘囚五十七人。贞观十七年（875）五月十日，针对下总国的飞驿奏言，朝廷命下总国发“官兵”镇压，同时向武藏、上总、常陆、下野诸国下发发兵敕符，令各国派出三百名援军。六月十九日，下野国报告称，杀死、捕获“反虏”八十九人。七月五日再报杀死贼徒二十七人及归降俘囚四人。

其次是濑户内海的海盗。贞观四年（862），有国解称备前国船只遭袭，八十石贡米被抢，十一名纲丁（参与运京的人）被杀。五月二十日，朝廷向播磨、备前、备中、备后、安艺、周防、长门、纪伊、淡路、阿波、赞岐、伊豫、土佐诸国下发官符，命动员“人夫”追捕海盗。贞观九年（867）十一月，朝廷向摄津、和泉以及山阳、南海两道诸国下发官符，指示如有海盗警情，沿海诸国应相互联络，动员“人兵”进行追捕。追捕海盗时，国衙需要按照捕亡令中的追捕罪犯规定，用国解报告相关事态，凭追捕官符动员“人兵”“人夫”。

9世纪下半叶，元庆七年（883）二月，“上总俘囚之乱”爆发时，其适用捕亡令临时发兵规定的情况值得注意。上总介藤原正范飞驿奏言称，市原郡俘囚三十多人盗取官府财物、杀害民众。藤原正范将此视为“叛乱”，发千余名“人兵”追讨。但俘囚群盗烧毁民房，逃入山中。故此，藤原正范进一步上奏称，非发“兵”数千不能平定叛乱。

对此，朝廷认为俘囚群盗只是畏罪逃亡，没到需要下发发兵敕符的地步，于是仅下发追捕官符，命动员“人夫”进行追捕。而且当上总国以飞驿奏言报告已平定叛乱时，朝廷虽夸赞了上总介藤原正范等人的功劳，但又叮嘱“飞驿奏言仅限于律令规定的紧急事态，如遇与此次事件类似的情况应利用国解报告太政官，切勿胡乱飞驿奏言”。较之“发兵”，“差遣人夫”手续简单，凭国司的裁决权要动员多少都可以。此时的朝廷想通过“上报国解→下发追捕官符→人夫差发”的简便程序指导受领，平息事态，从而扩大了受领在镇压武装蜂起中的军事裁决权。

群盗海贼与追捕方各自的战术

接下来将探讨战术层面的问题。贞观十一年（869）新罗海盗夜袭博多津，且在掠夺丰前国运京物资后立即逃走，因此大宰府发兵追捕未能成功。元庆七年（883）筑后守都御酉被杀也是在夜里，其部下赶到时，群盗已逃散。贞观九年（867）十一月，朝廷在海盗追捕令中将海盗的活动规律总结为“没有固定住所，漂泊于广阔的海面上寻找袭击机会，一旦被追捕，立刻作鸟兽散，一旦放任不管，又如乌鸦般聚拢”。由此可见，9世纪的群盗海贼采取的是机动灵活的游击战术，即全员轻装，利用船和马，借助暗夜的掩护发动急袭后立刻收兵。官府追捕便逃散，官府放任便聚拢发动袭击。实际上，这并不是一种通过训练而掌握的正规战术，而是一种将生死置之度外的奇袭。

与之相对，追捕方的战术又是怎样的呢？据称，贞观十一年（869）新罗海盗来袭当天，有五六名家住海滨的民众殊死追击，射伤贼徒两人。而在贞观十七年（875）五月发生的下总俘囚之乱中，朝廷命下野国对在追捕过程中率先勇敢突击的战士进行褒赏。由此可以看出，面对群盗海贼时，朝廷没有采取发动“人兵”“人夫”等广大民众的战术，而是发动骑马或乘船的少数战士进行勇猛果敢的追击战和强袭战。

追捕的先锋是受领及其子弟和随从，追捕人员的挑选根据每次事态的大小，在一国范围内进行广泛动员。追讨敕符、追捕官符上写的虽然是“官兵”“兵”“人兵”“人夫”，但真正被动员起来的是郡司富豪阶层中骑术精湛、武艺超群的人。这些人在当时被称为“勇敢者”和“武艺人”。在此，笔者将他们称为“勇敢富豪阶层”。也就是说，反抗受领的群盗海贼以及追捕群盗海贼的人兵都属于富豪阶层。受领（国衙）以追捕官符中承诺的恩赏（官职和位阶[1]）为筹码，充分动员勇敢富豪阶层。勇敢富豪阶层则为求恩赏而响应国衙的动员，争先追击群盗海贼。然而，他们并不是武士。勇敢富豪阶层在私出举、私田等致富产业方面费尽心思，他们没有闲暇专心练武，而国衙也没有为他们提供可以专心练武的优惠待遇。

与勇敢富豪阶层一起被动员起来的还有俘囚。在弘仁四年（813）年底爆发的“出云俘囚荒橿之乱”中，远胆泽公母志因讨伐有功，获封外从五位下。承和六年（839）四月，右近卫

---

1 位阶，律令制下的官僚等级，见第025页表格“律令制位阶一览”。位阶等级按功劳大小晋升，原则上要就任与位阶相对应的官职。

律令制位阶一览

<table>
<tr><th>亲王
（品位）</th><th>诸王</th><th>诸臣</th><th>外位
（授予出身、门第低微者）</th></tr>
<tr><td rowspan="2">一品</td><td colspan="2">正一位</td><td rowspan="10"></td></tr>
<tr><td colspan="2">从一位</td></tr>
<tr><td rowspan="2">二品</td><td colspan="2">正二位</td></tr>
<tr><td colspan="2">从二位</td></tr>
<tr><td rowspan="2">三品</td><td colspan="2">正三位</td></tr>
<tr><td colspan="2">从三位</td></tr>
<tr><td rowspan="2">四品</td><td colspan="2">正四位上</td></tr>
<tr><td colspan="2">正四位下</td></tr>
<tr><td rowspan="11"></td><td colspan="2">从四位上</td></tr>
<tr><td colspan="2">从四位下</td></tr>
<tr><td colspan="2">正五位上</td><td>外正五位上</td></tr>
<tr><td colspan="2">正五位下</td><td>外正五位下</td></tr>
<tr><td colspan="2">从五位上</td><td>外从五位上</td></tr>
<tr><td colspan="2">从五位下</td><td>外从五位下</td></tr>
<tr><td rowspan="5"></td><td>正六位上
……
从八位下</td><td>外正六位上
……
外从八位下</td></tr>
<tr><td>大初位上</td><td>外大初位上</td></tr>
<tr><td>大初位下</td><td>外大初位下</td></tr>
<tr><td>少初位上</td><td>外少初位上</td></tr>
<tr><td>少初位下</td><td>外少初位下</td></tr>
</table>

（参照《养老律令·官位令》[757]制成）

将监坂上当宗及其下属的近卫舍人[1]一同率领俘囚，追捕藏匿于伊贺国名张郡山中的十七人私铸钱（制造假币）团伙。贞观九年（867）十一月，朝廷下发海盗追捕令，命令濑户内海沿海诸国差遣人兵（非正规军），招募俘囚，将海盗一网打尽。贞观十一年（869）新罗海盗来袭时，由于辖区内的俘囚作战勇猛，因此事后大宰府向朝廷申请编成两班各一百人的俘囚常备军，每月轮流守卫军事要冲，以防备发生紧急事件。其他诸国受领同样招募俘囚，令其承担追捕群盗海贼的任务。

接下来，笔者将考察这些俘囚在武士登上历史舞台方面所发挥的重要作用。

第三节 | 雇佣兵性质的俘囚

俘囚教化政策

8 世纪末到 9 世纪初的虾夷征服战争产生了大量归顺朝廷

1 近卫府是守卫京城、保护天皇行幸的中央机构，分为左近卫府、右近卫府，官职由高到低分为大将、中将、少将、将监、将曹、府生、番长、近卫。少将及以上统称“近卫官人”或“卫府官人”，将监及以下统称“近卫舍人”。

的虾夷人。律令国家政府将他们作为俘囚强制迁入内地各国居住，称“内国移配”。以《延喜式》中有记载的国为主，将“俘囚料”（为怀柔俘囚而产生的粮食等方面的费用）纳入预算的国有四十五个。如果将9世纪下半叶废除“俘囚料”的国也考虑在内，可以说俘囚被分散移居到了当时的日本全境。

“内国移配”的表面理由是陆奥当地难以管理和统治大量俘囚，同时还须防范俘囚再次叛乱。不过在背后支撑移配政策的国家理念是朝廷要通过教化使俘囚摒弃“野心”（粗野的心性和生活方式），将其同化为“公民”。日本律令国家的基本方针是将自己置于“中华”地位，视新罗为“诸蕃”、视虾夷为“夷狄”，加以歧视对待。同时用天皇统治下的文明世界（被称为“化”）来感召“化外之民”前来朝贡，以“德”来接纳诸蕃和夷狄。强制漂流到日本的新罗人“归化”，强制归顺的虾夷人迁移到内地各国等政策，正是基于上述国家理念。

朝廷令受领兼任“俘夷专当”（专门负责俘夷事宜的官员），受领作为优恤、教化俘囚的责任人，执行以下政策。

第一，为所有俘囚提供米、盐、燃料等物资。这意味着受领全面负责俘囚的生活。

第二，“存问”（即慰问）。受领体察俘囚的生活状态，对其进行抚慰，听取其愿望和疾苦，教导他们消除野心，鼓励忠、孝、礼等善行。受领虽然尽量回应俘囚的要求，但难免会有俘囚因迟迟得不到受领的回应，怒而进京上告。

第三，换季时在国衙飨宴招待俘囚，为俘囚发放俸禄和衣物，入冬时还要发放绢和布。这些感化人心的教化方式颇有成效，俘囚对于受领的服从意识和忠诚度有所提高。

第四，免除俘囚的调和庸。朝廷最初对俘囚采取的是赋税政策。延历十七年（798），朝廷放弃对第一代移配俘囚征税，改为从第二代俘囚开始征收。然而直到9世纪末，诸国俘囚依然拒绝缴纳调、庸。面对诸国俘囚的反抗，国衙最终也没能彻底实施赋税政策。

第五，为俘囚分配口分田。延历二十年（801），朝廷决定暂不向俘囚征收田租。弘仁七年（816），朝廷宣布截至次年的弘仁八年，已接受朝廷分配口分田超过六年的，须缴纳田租。同年九月，常陆国因俘囚贫困而提出延长免租期限的申请，并得到朝廷批准。这也是满足俘囚要求的表现。

另外，俘囚违法犯罪时，秉持通过教化将其公民化的理念，朝廷通常会宽大处理。延历十七年（798），朝廷以停止征收而非惩罚的方式来处理俘囚未缴调、庸的问题。延历十九年，甲斐国奏报俘囚使用暴力掠夺牛马。对此，朝廷仅要求受领对其细心教导。无论是朝廷还是受领，在面对俘囚的粗暴行为时全都小心翼翼，尽量避免对其进行处罚。不过，朝廷和受领也并非完全不处罚俘囚，如播磨国十名俘囚被流放多祢岛（种子岛），因幡国六名俘囚因盗窃公民牛马的嫌疑被再次移配到土佐国等事例。

俘囚移配国与诸国俘囚料

国名	俘囚料	*	**	国名	俘囚料	*	**	国名	俘囚料	*	**
和泉				摄津				伊势	1 000	0.1	4
尾张				远江	26 800	3.5	111	骏河	200	0.0	0.8
甲斐	50 000	8.5	208	相模	28 600	3.3	119	武藏	30 000	2.6	125
上总	25 000	2.3	104	下总	20 000	1.9	83	常陆	100 000	5.4	416
近江	105 000	8.7	437	美浓	41 000	4.7	170	信浓	3 000	0.3	12
上野	10 000	1.1	41	下野	100 000	11.4	416	越前	10 000	1.0	41
加贺	5 000	0.7	20	越中	13 433	1.6	55	越后	9 000	1.1	37
佐渡	2 000	1.2	8	丹波				因幡	6 000	0.8	25
伯耆	13 000	2.0	54	出云	13 000	1.9	54	播磨	75 000	6.1	312
美作	10 000	1.3	41	备前	4 340	0.5	18	备中	3 000	0.4	12
备后				安艺				周防			
长门				赞岐	10 000	1.1	41	伊豫	20 000	2.5	83
阿波				土佐	32 688	6.2	136	筑前	57 370	7.3	239
筑后	44 082	7.1	183	肥前	13 090	1.9	54	肥后	73 435	11.0	722
丰前				丰后	39 370	5.3	164	日向	1 101	0.3	4

资料来源：参照《延喜式》制成。俘囚料一栏空缺的国虽在《延喜式》中没有俘囚料的记录，但可从六国史的记载中确认其为俘囚移配国。长门国的情况是根据见岛古坟群出土文物推算的。* 号表示俘囚料占出举稻总额的比例（%）；** 号表示根据俘囚料推算出的俘囚人口。俘囚料的单位为束（10 把稻）。

俘囚与公民

在收集整理了10世纪日本全国乡名的《倭名类聚抄》中可以看到，上野国的碓冰郡、多胡郡、绿野郡以及周防国的吉敷郡均存在俘囚乡。目前能确认的仅剩这四例，其原因如后文所述，是因为10世纪时许多俘囚被遣返陆奥，故而俘囚乡几乎全都消失了。而在9世纪，诸国是将俘囚按其所在区域编成俘囚乡进行统治的。如果关东以西出土的蕨手刀果真是俘囚物品的话，那么蕨手刀的出土地，即俘囚的聚居地，除了“视野开阔、能远远望到诹访湖的丘陵”“比八岳山腹高出千米的巍峨山岭”“富士山麓上海拔千米的高原”（参照石井昌国著述）以外，还有盆地中的一隅，以及距萩市海滨43千米的绝海孤岛——见岛（后文详述）。由此可见，受领将俘囚乡选在了与普通公民隔离开来的偏僻土地上。

弘仁三年（812）六月，朝廷命令众受领从俘囚中挑选能够服众、勇猛强壮的人担任“夷俘长”，授予其对违法同族进行惩罚的刑罚权。从此以后，俘囚内部的日常管理和统治便由掌握刑罚权的夷俘长负责。

位于山口县见岛的吉伊科恩博古坟群由多达二百座积石冢组成（以下关于见岛古坟群的叙述参照斋藤忠、小野忠熈、乘安和二三著述）。其中，格外壮观的56号坟出土了同样可见于岩手县虾夷积石冢中的蕨手刀、贞观永宝、石带饰等随葬品。贞观永宝是 9 世纪下半叶铸的钱币，可见该古坟应是 9 世纪下半叶建造的。随葬的蕨手刀仅见于 56 号坟中，因此一般认为该坟埋葬的是俘囚集团的首长。石带饰是位阶七位、八位的官员腰带上的装饰品。进一步分析，随葬的钱币或许与俘囚料的领取权和分配权有关。从上述情况可推定，56 号坟的坟主应是长门国的夷俘长。同样，各地出土的蕨手刀大概也是各地区夷俘长所持有。

上述古坟特征显示，俘囚集团将虾夷社会的传统社会关系带到了移配地。受领们也未禁止建造古坟，反而利用虾夷社会的传统统治关系教化俘囚。夷俘长本身就在虾夷社会的传统统治关系中占据主导地位，再加上朝廷赋予的刑罚权以及律令官员的位阶等权威，夷俘长可以对俘囚集团进行自治性的管理和统率。受领无须施以严刑即可成功统治俘囚，原因就在于此。只要朝廷继续分发俘囚料、免除其租税，俘囚的生活还是比较宽裕的。例如，见岛古坟群还出土了许多生活用品。其中包括玉、石带饰等饰品，镜、铜碗、青铜匙，以及据传为山城国石作窑制作的施釉陶器、据推断为长门国以外地区制造的须惠器与土师器[1]等。由此可见，俘囚过着超乎想象的丰裕生活。孤悬海中的见岛竟然有一种“大都会式的文化”，可以说这是优

1 须惠器与土师器，日本古坟时代的陶器有两种，一种是土师器，一种是须惠器。土师器流行于整个古坟时代，由土著的“土师”部民在各地制作；须惠器是古坟时代中期才从大陆引进的，主要由来自朝鲜半岛的“陶部”工人在相当集中的场所制作。

吉伊科恩博古坟群远景

吉伊科恩博古坟群所在的见岛位置

绿釉陶器

皇朝钱

（萩县教育委员会提供图片）

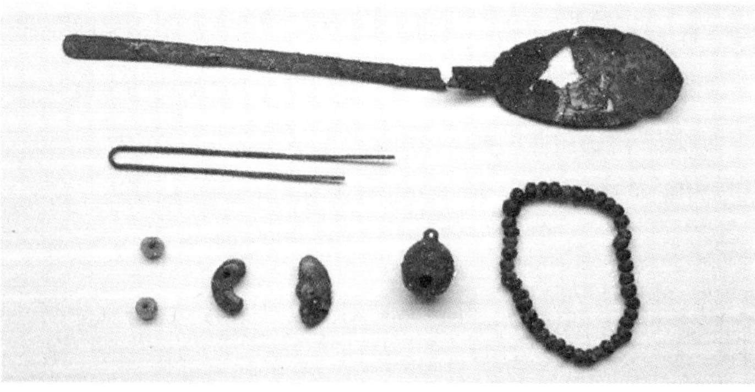

青铜匙、人身上的饰品

恤政策的产物。既然经济生活完全仰赖受领，俘囚集团也自然要忠于受领。

然而另一方面，俘囚也在优恤政策中遭受歧视。国司、郡司、公民不以官位和姓名称呼俘囚，而是以“夷俘某某”的蔑称来称呼他们。俘囚对此深感耻辱。尽管朝廷在弘仁五年（814）十二月禁止称呼俘囚为“夷俘”，但歧视现象并未因此消失。公民对俘囚的歧视深深植根于公民自身的“中华”意识和“皇民”意识之中，而这种意识恰恰是律令国家实行公民教化的结果。虾夷的语言被称为“夷语”，想必公民正是从这些陌生的夷语中确认了自身“中华国家皇民”的身份吧。

朝廷颁布针对俘囚的法令时，常常会在法令的开头将俘囚的生活方式蔑称为“具有野心的”“野性的”。所举俘囚有“野性”的例子，不过是不事农耕养蚕，而以狩猎、渔业为生；不定居而游牧等。这当然是一种戴着有色眼镜的夸张说法。为了反抗移配，或是因为受到歧视而感到愤怒，就像法令中所写的那样，的确会有俘囚殴打男性公民，或抢夺牛马，四处流浪。而这些愤怒心态之下的行为，却被说成是俘囚们与生俱来的“野性”和“野心”。

这种片面的“俘囚观”深深植根于贵族官员和普通公民的心中，逐渐演化成了一种具有普遍性的歧视意识。而公民将俘囚称为“夷俘”，正是基于这种蔑视和优越意识。这些俘囚被从生之养之的故乡强行带到异乡，备受歧视。他们心中怀着无比的愤怒、悲痛以及对故乡的思念。遭到如此对待的俘囚要说不敌视公民是不可能的。而另一方面，俘囚料却是由公民负担的。公民不仅将俘囚蔑视为粗野的“夷狄”，还对用纳税人的钱来养活俘囚这件事抱有敌意和反感。这样一来，只要俘囚还是俘囚，那么俘囚与公民就必然会处在结构性的敌对关系中，二者绝不可能出于共同利益和睦相处。

到了施行移配政策二十余年的弘仁年间后半段，一些实现自主经营的俘囚开始向朝廷申请成为公民，承担调、庸，并且最终获得了批准。自此以后，俘囚以申请获批的方式成为公民的例子越来越多。这是被歧视、被敌视的俘囚寻求解放的一种方式。

蕨手刀与俘囚的战术

即便不辛勤劳作也有生活保障的男性俘囚于是一门心思扑到了虾夷男性的习俗——狩猎上。一被移配到某地，他们便抢夺公民的马匹到处游荡，将山野当成了狩猎场，妨碍公民的生产活动，对抗议的公民施加暴力。俘囚的狩猎特权是得到受领批准的，同时这也是一项训练武艺的特权。见岛古坟群已发掘的二十一座坟中，有九座出土了铁镞。虽然只有没有正式入编的第 15 号坟出土了马骨，但仍可认为养马、骑马、骑射训练在当时的见岛俘囚社会非常普遍。值得注意的是，出土的壮年男性的上腕骨十分发达，大腿骨则较纤弱（参照松下孝幸等人著述）。有的学者认为是骑马、骑射的习俗塑造了俘囚男性上半身发达、下半身纤弱的独特体形。而陪葬铁镞的墓主就是享有较高荣誉的虾夷骑士。与一心经营农业、无暇练习武艺的“勇敢富豪”相反，依靠受领供养的俘囚可以专心狩猎、训练武艺。因此较之勇敢富豪阶层，受领对俘囚成为追捕群盗海贼的主力军更有信心。

虾夷战士原本就擅长机动性、游击性强的马上个人战。在征服虾夷的战斗中，朝廷军队惊诧地发现，在骑射战中，即便数十名士兵群起而攻之，也敌不过一名虾夷战士。天应元年（781）五月，第一次虾夷远征军向朝廷报告称，虾夷“如蜂蚁般聚集、挑衅，遭到攻击便逃入山林，追讨稍一松懈，他们就会侵掠城塞。尤其伊佐西古等人，实乃一以当千之战士”。“一以当千”是《今昔物语集》《平家物语》对著名武士的赞辞，此时被用来形容虾夷战士，可见中世武士马上个人战的战术大概是从虾夷骑兵身上学来的。

此外，虾夷战士的蕨手刀和朝廷军士兵使用的直刀，这两种形制不同的刀的特点也能表现出虾夷战术与朝廷军骑兵战术的不同。蕨手刀出土于名为“虾夷冢”的积石冢古坟，这些古坟在曾为虾夷势力根据地的岩手县胆泽地区分布尤为密集。蕨手刀的名称来源于刀柄前端如蕨菜一般的形状。其特征在于刀身笔直，但刀柄向外弯曲，此称“柄反”。这种弯曲的刀柄能在持刀人策马疾驰、斩杀敌人时，消除强烈冲击带来的反作用力，同时还能划出弧线，深深斩入敌人肉身。无论是刀身、刀柄一体的设计（称“共铁柄”），还是将烧热的铁刃急速冷却以增强硬度的淬火工艺，都是为了使其足以承受强烈的冲击力（参照石井昌国著述）。而“蕨手”形设计是为了强化握力、防止刀脱手。

马上个人战以骑射战为开始，经过刀斩、缠斗，最终以胜者砍下败者首级为结束。弓矢很难给对手造成致命打击，因此擦身而过或随后追赶时的斩杀便成了决定胜负的关键。而“柄反”的斩击力和“共铁柄”的强度，完全可以满足纵马疾驰时激烈砍杀的需要，不必担心战刀折断。另一方面，朝廷军士兵使用的直刀是将刀柄安装在细细的柄心中，这种设计不能吸收疾驰斩杀造成的反作用力，刀柄有从根部折断的风险，因此很难应对马上作战。一边是能在疾驰中成功斩杀对手的蕨手刀，一边是只适用于徒步作战的直刀，二者在战术上的差距不言自明。虾夷骑士强大的秘诀就在于其使用的蕨手刀。

据考古报告称，关东以西地区出土的虾夷蕨手刀有四十多例（参照八木光则著述），这些蕨手刀应该是由俘囚带入当地的。贞观十一年（869）新罗海盗来袭时，被动员起来的俘囚被称赞有“一以当千之雄姿”。虽然被移配他乡半个多世纪，但俘囚依然传承了虾夷的传统战术。受领提供的生活保障以及狩猎特权下的武艺训练是这种传承成为可能的前提。应招而来的俘囚以他们最拿手的疾驰斩杀战术英勇追击、砍杀海盗。

蕨手刀 （江钓子古坟出土，56.5cm）

江钓子古坟群的积石冢古坟 残留在岩手县和贺地方的虾夷冢

勇敢富豪阶层、受领及其子弟和随从在追捕群盗海贼时与俘囚并肩作战，进而学会了虾夷的战术。与此同时，蕨手刀也在爱好武艺的官员、勇敢富豪阶层中普及开来。俘囚就这样将疾驰斩杀的马上个人战术带到了内地，而武士正是这种战术的忠实继承者。

俘囚叛乱与遣返陆奥

马克斯·韦伯[1]说，当君主想让普通臣民接受新的要求时，他们并不指望臣民的好意，而是通过建立能够自由操纵、忠于自己的军队，特别是异族军队来达到目的，例如奥斯曼帝国的苏丹（或称素丹）亲兵、俄国的哥萨克骑兵、法国波旁王朝的瑞士雇佣兵等。当这些异族与周围的世界及臣民相对立，仅服

1 马克斯·韦伯（Max Weber，1864—1920），德国著名社会学家、政治学家、经济学家、哲学家，代表作品有《新教伦理与资本主义精神》《中国的宗教：儒教与道教》《政治论文集》《经济与社会》等。

从于君主的统治权时，他们就成了最值得信赖的军队。

如前所述，公民将俘囚视为粗野的异族，认为他们是不劳而获、靠公民养活的闹事者。同样，俘囚也对歧视自己的公民抱有敌意。这决定了二者不可能共同协作，俘囚仅忠于为自己提供优厚抚恤、支撑自己全部生活的受领。由此可知，受领之所以能对任用、郡司富豪阶层实现高压统治，就是因为拥有忠诚的俘囚武装。在对任用、郡司富豪阶层进行催缴时，俘囚出于平日被歧视的怨气，势必不会对他们手下留情。曾在纪伊、越后担任受领的伴龙男由于指使随从进行暴力统治、杀害部下等罪行入狱。真正实施犯罪行为的，正是其手下的俘囚吉弥侯广野。在镇压以任用、郡司富豪阶层为主体的群盗海贼时，情况也是如此。将平日积累的怨恨情绪全部倾泻在不留情面的追击和斩杀中，这样的俘囚士兵势必令对手闻风丧胆。

受领往往对外宣称为俘囚提供优恤的目的在于使其公民化，而非为了获得俘囚的军事协助。而且提供优恤的财源来自国衙，而非受领的私人财产。再加上俘囚并非出于个人意志受雇于受领，因此从理论上讲，俘囚并不是受领的雇佣兵。可是事实上，受领既是国衙权力与财政的垄断者，又是为俘囚提供优恤的直接责任人，因此只要受领切实提供优恤，令俘囚满足于此，俘囚便会忠诚地服从受领的统治，成为受领最忠实和最值得信赖的军事力量。因此，事实上，俘囚就是受领的武装佣兵。

不过另一方面，各国也都有因待遇问题引发俘囚不满的危险。俘囚的第一次大规模叛乱是前文提到的弘仁四年（813）年底出云国爆发的“荒橿之乱”。在这次叛乱中，俘囚袭击了郡乡的正仓和富豪阶层的粮仓，肆意掠夺稻谷。其中，有的俘囚在战乱中被人借机杀害，有的追随受领，因镇压行动中的战功，获封外从五位下。这就是相同境遇下俘囚之间充满悲情色彩的自相残杀。在此之前的延历十九年（800），朝廷称“如果始终保持优厚待遇，一旦待遇下降，俘囚反而会怀恨在心，因此应及时取消优待”。没想到一语成谶，在受领取消优待政策时，俘囚的怨恨果真转化成了“荒橿之乱”。

另外，承和十五年（848）的上总国、贞观十七年（875）的下总国、元庆七年（883）的上总国也相继爆发俘囚叛乱。对此，受领依据捕亡令临时发兵规定，动员勇敢富豪阶层和没有参与叛乱的俘囚进行残酷镇压。

贞观十七年（875）的下总国俘囚之乱据说源于积怨。而元庆七年（883）的上总国俘囚之乱则源于偷窃官物[1]事件。此事大概是由于受领需要承担没有缴清调、庸的责任，为了填补亏空，削减甚至停发俘囚料，从而引发俘囚不满。当俘囚的要求被受领拒绝时，俘囚便要用自身实力去维护其既得利益。于是，他们强行闯入国衙、郡衙的正仓以及富豪阶层的粮仓，运

1 官物，指律令制下包括租庸调在内的各种缴纳给朝廷、令制国的租税（贡物）。

走稻谷，杀害反抗者，放火烧仓。这也是俘囚之乱的共通之处。俘囚袭击正仓绝非出于想反叛，他们只是想用这样的方式保持原有的待遇。

这样一来，追捕群盗海贼、接受优恤的俘囚反而成了盗匪。面对这一具有讽刺意味的事态，朝廷和受领转而决定将俘囚遣返陆奥。宇多天皇在位（887—897）时，朝廷也将此作为国制改革（第二章详述）的一环，伺机彻底解决俘囚问题。宽平九年（897），朝廷命令陆奥国从各国召回逃散至各地的陆奥国人，对其给予免税优待，并为其提供经营活动资金，以加强边防，复垦荒地（《类聚三代格》）。该命令并未提及“俘囚”，但实际上，居住在五畿七道[1]诸国的大部分陆奥国人就是俘囚。朝廷并未明说在俘囚公民化的优恤政策和教化政策中遭受挫折，而只是让流散各地的俘囚返回陆奥居住。与此同时，受领在下发停止发放俘囚料、俘囚要与公民一同缴税的命令时，也让俘囚自己选择是留住当地还是回到陆奥。恐怕多数俘囚都选择了踏上新的旅程，回归他们从未见过的、父祖之辈的故国。9世纪末至10世纪初，见岛的积石冢突然消失，这是因为见岛的俘囚群体已回归故国。10世纪以后再也没有出现过针对俘囚待遇的法令和政策，这是因为朝廷已成功解决了俘囚问题。

1 五畿七道，古代日本的行政区划，五畿指京都周边的畿内五国（山城、大和、河内、和泉、摄津），七道包括东山道、北陆道、东海道、山阴道、山阳道、南海道及西海道。

第二章

武士的英雄时代

第一节 | “头号武士”

宽平、延喜年间的国制改革

尽管整个9世纪的中央集权统治呈缓和趋势，受领在地方统治方面的裁决权不断扩大，但朝廷仍然坚持以编户制、班田制、调庸制为基本方针。这种现实与方针之间的矛盾使得9世纪下半叶，郡司富豪阶层与王臣家相互勾结，不缴租税的问题进一步恶化，国家财政与受领的地方统治地位因此陷入危机。为渡过危机，在关白[1]藤原基经去世的宽平三年（891），宇多天皇开始着手进行国制改革，提拔担任过受领的菅原道真等人，重建以受领为中心的地方统治秩序，稳定中央税收。对于统治阶层来说，此次国制改革是超越个人利害关系、举国上下必须完成的共同课题。即便是下一任的醍醐天皇治世时期，这一改革也未因右大臣菅原道真遭左大臣藤原时平诬陷而左迁[2]事件的影响而终止。

改革虽然也涉及中央行政机构和宫廷礼仪等方面，但地方统治改革才是重点。其主要内容为：第一，阻断富豪阶层与王

1 关白，指日本古代，尤其是摄关政治时期的一种重要官职，以外戚身份掌权的藤原氏的代表在天皇年幼时担任摄政，在天皇年长亲政后任关白。
2 左迁，也称下迁，中国古代贵右贱左，故将贬官称为左迁。

臣家私自联合。对此，朝廷出台一系列政策，如禁止富豪阶层向王臣家进献田宅（田产和私宅），禁止富豪阶层归入王臣家籍下，禁止已归入王臣家籍下的富豪阶层拒缴租税等（《类聚三代格》）。与此同时，朝廷还赋予受领向王臣家的家臣及其土地征税的权力，以及针对拒缴租税的王臣家家臣的放逐权和逮捕权。这样一来，地方各国居住者利用特殊身份和关系获得的免税特权便被彻底否定了，他们只能服从于国衙的统治。

第二，对中央财政进行结构性改革。此前的上缴流程为国司以正丁（成年男性）人数为基准征缴调、庸，然后一并上缴大藏省，大藏省再分发给各官司（政府主管部门）和官员。朝廷放弃了这种中央集权式的财政结构，改为各官司和官员随时可以从朝廷领取凭证（官符等），依此凭证直接要求特定的某国受领上缴某类必需物品（参照大津透、佐藤泰弘著述）。不过，各官司和官员的所需物品总额是固定的，也就是说一国的总支出以及受领所需上缴的总额也是固定的。为应对各官司、官员的不定时要求，受领会在京城内外的仓库蓄积大量物资。这样一来，从任职国向京城运送物资便成了受领的私家行动。此前由郡司富豪阶层承办的各国国衙向大藏省运送调、庸的方式随之消失。结果是，一方面郡司富豪阶层不必再担心调、庸不足而被财政官司或王臣家追究责任，但另一方面他们也失去了中饱私囊的机会。这一点也导致郡司富豪阶层没有必要再依附于王臣家。

第三是进行土地制度改革。延喜二年（902），诸国国衙接到名为“延喜庄园整顿令[1]”的土地调查令，要求寺院、神社、王臣家、富豪阶层提交“公验”（加盖国司或郡司印章的权利证明文书），明确土地权利关系，否认此前富豪阶层为逃税而向王臣家进献的庄园（称“王臣家庄园”）以及随之而来的免税特权，并将这类田地重新划入“公田”，即需要缴税的土地（《类聚三代格》）。朝廷再次明确，免税土地仅限于朝廷以“官省符”（太政官符和民部省符）所认可的“免田”。此前每逢班田，土地权利关系都会随之变动，因此每次班田都需要重新绘制“班田图”。在这次改革中，朝廷要求不再制作“班田图”（这是因为“班田图”所记载的内容常常与现实的权利关系不符），而是将此次土地调查结果登记在“基准国图”上，明确各类土地的面积。这些登记在“基准国图”上的公田、免田及其面积也成为此后国衙课税、免税的基础（参照坂本赏三著述）。基于此次土地调查结果，国衙采取了一项全新的征税方案，即根据富豪阶层的经营能力将公田分配下去，不论其身份和所属关系，一律按照承包的公田面积缴纳租税（此税目称“官物”和“临时杂役”），并将这些公

1 庄园整顿令，平安时代发布的一系列法令。因为庄园不断增多，势力较大的贵族及受其保护的寺院、神社获得了莫大的收入，但另一方面，国司等政府机构却无法再向其征税，也即公领减少，对国家财政造成了沉重打击。因此朝廷决定取缔新设立的庄园、废除违法的庄园，以期恢复公领、重建国家财政。

田承包人（称“负名”）登记在账簿上。这样一来，这些富豪阶层便成了向国衙纳税的直接责任人，但反过来他们的经营活动也得到了相应的保障。这种“负名体制”使得前文提到的9世纪的“里仓负名”得到进一步发展，到了11世纪中叶，这种体制甚至成了以受领为中心的地方统治基础，这些富豪阶层的名称也随之由“负名”变成了“田堵”（即私田领主）。

第四是受领主导的国衙机构改革。具体表现为受领根据不同的行政职能，建立公文所（后称“政所[1]”）、田所、税所、调所、检非违所、船所等受领直属部门，任命从京城下到地方的子弟郎党为各所的“目代[2]”，任命有实力的“田堵”为“在厅官人”（职位在“目代”之下），分担实务。这样一来，国司四等官制已名存实亡，仅剩与受领没有私人交集的任用（掾、目）在京接受俸禄。至此，9世纪以来受领与任用的对立导致的国衙统治不稳问题得到彻底解决，以受领为中心的地方统治体制得以确立。

通过上述一系列改革，地方统治事务全权委托于受领一人，条件是受领必须缴清四年任期内的贡品。中央朝廷要求受领上缴的贡品数额虽然是固定的，但受领利用变动的税率或添

1 政所，为负责一般政务及财政事务的中央机关。政所是律令制时代的产物，但直到武家政权的室町时代仍在使用。

2 目代，律令制下地方官的代官，原本是指国司的秘书，平安中期以后，随着遥任和知行国制度的实行，代替国司前往所任国，率领在厅官人管理国政。

加附加税等方式征税，其中所产生的差额即成为受领的私人收益。这种税制上的二重结构也是受领贪得无厌的根源所在。在平安时代后期成书的佛教故事集《今昔物语集》中，这种情况被描述为“即便摔倒在地，受领也要在地上捞一把土”。

向负名体制的转变，就是基本方针由统治“人”（按人头课税），向统治“地”（按土地课税）的根本性转变。通过宽平、延喜年间的国制改革，“律令国家”完成了向“王朝国家”的体制转变。此前的研究认为，平安时代是律令体制不断崩溃的时代。为了应对律令国家（国衙）的盘剥，保护自己所开发的领地，在地领主只能进献庄园，或结成武士集团进行抵抗。就是在这一过程中，中世社会应运而生。而平安时代的旧国家体制作为阻碍中世社会发展的因素，终将被推翻。

然而随着研究的深入，一些学者发现，国衙的权力和职能也对庄园、在地领主、武士的发展存在较为积极的一面。1970年前后，户田芳石、坂本赏三等人提出“王朝国家论”，正面评价了平安时代的国家权力对中世社会关系形成的作用。此后，以“王朝国家论”为基础，或受到“王朝国家论”影响的平安时代国衙统治研究、国衙军制研究、财政研究、中央政治机构研究、朝廷的地方政策研究、庄园政策的研究得到显著发展。虽然同为“王朝国家论”立场的学者之间也存在一定的分歧，但笔者想借助坂本赏三的研究成果在此做一总结：从 9 世纪末至 10 世纪初的国制改革，一直到 11 世纪中叶施行“长久庄园整顿令”乃至“延久庄园整顿令”的阶段为“前期王朝国家”，此后一直到12世纪末镰仓幕府成立的阶段为“后期王朝国家”（第五章详述）。

宽平、延喜东国之乱与军制改革

从《三代实录》记录的光孝天皇驾崩的仁和三年（887）八月条（9世纪末）起，一直到有贵族日记作为直证资料的10世纪上半叶为止，这一时期是缺乏详细编年史类佐证资料的史料空白期，只有摘录了朝廷记录（即“外记日记”，“外记”（太政官官职）所起草的诏敕、上奏文以及朝廷礼仪记录等）的《日本纪略》（编者不明，长元九年［1036］之前的编年史）、《扶桑略记》（皇圆编，嘉保元年即宽治八年［1094］年之前的佛教编年史）等简易编年史涉及这一时期。不过即使是从这些稀缺的史料中，也可窥探宽平、延喜年间东国（关东诸国）发生的史无前例的叛乱。

宽平七年（895），以物部氏永为首的坂东（关东）群盗叛乱，信浓、上野、甲斐、武藏等国遭受重大损失。每当几国共同出兵追讨时，叛乱者便从上野国碓冰、相模国足柄两地越境出逃。昌泰二年（899），上野国接连上报群盗猖獗、损失惨重的情况。朝廷于是向上野国下发追讨敕符，派出推问追捕使。推问追捕使即犯罪调查团，握有发兵权。昌泰三年（900）五月，上野国报告抓获贼首物部氏永。同年，武藏国群盗蜂起。延喜元年（昌泰四年，901）二月五日，信浓国派“飞驿使”（快马信使）报告东国群盗蜂起之事态。朝廷再次下发追讨敕符，并于四月派出推问追捕使。这场叛乱于宽平七年形成规模，一直延续至延喜元年，前后共七年，史称“宽平、延喜东国之乱”。东国之乱在延喜元年达到顶峰，之后虽一度缓和，但骏河、越后、飞驒、下总等国群盗蜂起、受领遭袭事件仍未绝迹。

据上野国报告，坂东诸国的群盗实际上是由诸国富豪阶层结成的“僦马党”。被称为“僦马党”的坂东富豪阶层在此之前利用运京之便，运送私人物资至京城，私吞调、庸，摇身一变成为王臣家的家臣，以此牟取巨额利益。然而，国制改革剥夺了他们牟取利益的通路。这些富豪阶层中还包括原籍在京城、实际却住在地方诸国的前国司子弟及王臣子孙。

朝廷将主要精力放在了坂东诸国的问题上。宽平三年（891）九月，朝廷向全国各地下发指令，要求因婚姻、农商等关系在地方各国居住，与“土民”（当地人）做着相同的营生，同时又带领贼党横行乡里、拒绝纳税的前国司子弟、王臣子孙等富豪浪人做出选择，要么翌年七月前归京，要么留在当地（称“土着”），但要向国衙缴税，违抗国衙命令者将被流放他处（《类聚三代格》）。“僦马党”的主要成员正是以上提到的这些人。而宽平、延喜的东国之乱也正是国制改革下受领强化统治力度所引发的坂东诸国富豪阶层的反抗。

这一时期的骚乱不仅发生在东国。宽平五年（893）至翌年，新罗海盗袭扰对马及九州北部；宽平七年（895）以来，京畿地区群盗蜂起；延喜四年（904）三月，安艺守伴忠行在京城被群盗射杀；延喜三年（903）七月，出羽国爆发俘囚叛乱；宽平年间至延喜初年，全国呈骚乱状态。濑户内海地区稍有滞后，于承平年间爆发与东国之乱相同性质的叛乱（931—936）。改革常常伴有丧失利益和权利的集团进行的反抗和阻碍，只有坚决排除这些反抗和阻碍，改革才能成功。

坂东群盗蜂起事态于延喜元年达到顶峰后归于平静。那么朝廷与坂东诸国的受领是如何镇压这场前所未有的叛乱的呢？到了此时，原本可以依赖的武力后盾——俘囚集团已不复存在。需要注意的是，朝廷镇压10世纪上半叶爆发的“平将门之乱”时，其军事措施完全是依照此次镇压东国之乱时的军事措施制定的。也就是说，朝廷在镇压此次叛乱的过程中进行了军制改革。

宽平、延喜年间的军制改革内容如下：

第一，强化受领在军事动员方面的裁决权。在原来的捕亡令临时发兵规定中，国衙要想进行军事动员，必须向朝廷飞驿奏言，并得到朝廷的发兵敕符。然而在镇压东国之乱的过程中，接到飞驿奏言的朝廷屡次改用更为简便快捷的追捕官符替代发兵敕符。由于追捕官符动员的是人夫（非正规军追捕人员），因此受领可以自行决定动员人数。朝廷之所以改用追捕官符，就是想将镇压叛乱的责任和军事动员的裁决权委于受领。这一方针继承了前章所述的元庆七年（883）二月“上总俘囚之乱”中朝廷的应对措施，而且与国制改革基调（将地方统治事务全权委于受领）相一致。

第二，在各国任命追捕群盗的军事指挥官——“押领使”。押领使是以国为单位的军事指挥官，其任务是听从受领的命令，动员国内的武士镇压叛乱。平将门之乱后，押领使成为常设官职。到了镰仓时代，该军事官职演变为“守护[1]”。在镇压宽平、延喜年间的群盗时，朝廷首次设立押领使。自此以后，受领便将镇压叛乱的责任委于押领使。而押领使的任命，正是此次延喜年间军制改革的点睛之笔。

第三，武艺高超之人有义务遵从国衙的动员，即便此人贵为王臣。天庆二年（939）四月爆发“出羽俘囚之乱”时，朝廷要求“出羽国全体浪人服兵役，高家（王臣家）下人也不例外”。这种动员方式也出现在宽平、延喜东国之乱中，服役者被归入押领使麾下参加战斗。

通过一系列的军制改革，国衙军制最终得以建立。以全新军制为基础的镇压方式催生出了“武士”这一集团。关于国衙军制的内容，第三章将详细叙述。

---

1 守护，日本镰仓幕府、室町幕府按照武家官职体制，以国为单位设置的军事指挥官、行政长官。

“头号武士”——平高望、藤原利仁、藤原秀乡

在押领使的不懈努力下，长达七年的东国之乱终于平息。然而由于这一时期是史料空白期，因此有哪些人成为押领使无从知晓。不过以下列举的三位是最有可能在这一时期成为押领使的人。至少可以肯定的是，这三人在宽平、延喜年间的坂东地区十分活跃。他们被后世武士子孙奉为神话般的始祖敬仰，而且每个人身上都有与武士始祖身份相称的英雄传说。

首先是桓武平氏的始祖平高望。他是桓武天皇的孙子、终生无位（位阶）的高见王的儿子。据《平家勘文录》（盲僧琵琶师讲述《平家物语》由来的秘传）讲述，平高望平定都城的谋反，于宽平年间成为上总介，之后又平定国贼，受赐平姓。他的子嗣们后来一直定居在坂东诸国，成为国衙官员，以武士身份不断扩张势力。由此可以推断，平高望曾作为押领使到上总国赴任。

其次是以“利仁将军”之称深受人们喜爱的传奇武士——藤原利仁。在芥川龙之介的小说《山药粥》中，富裕豪族藤原利仁听说有个五位小官整天梦想着大吃一顿山药粥，于是将其召至越前宅邸，命下人拿来山药，为其熬制成粥。该小说取材于《今昔物语集》。而在《今昔物语集》的另一个故事中，被任命为新罗追讨将军的藤原利仁在出征途中不幸猝死。如此所示，藤原利仁是平安时代后期最先被描写成传奇武士的人物。

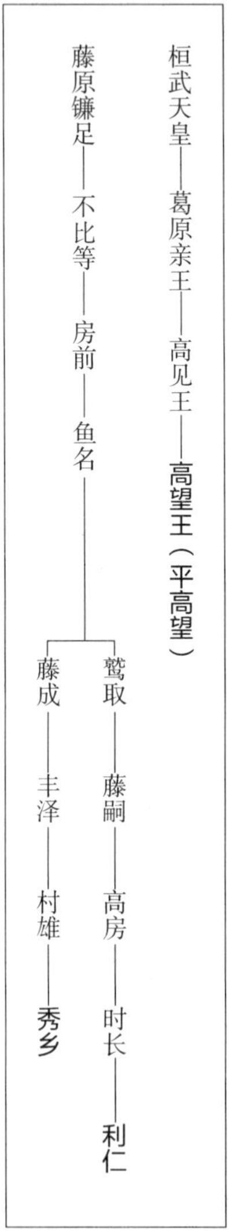

“头号武士”谱系略图

其祖父藤原高房被评价为“膂力过人，意气风发”，据说其曾在担任美浓介时单骑追捕施展妖术的团伙（《文德实录》）。或许藤原高房在受领时代曾学习过俘囚的马上个人战术，而藤原利仁则从祖父那里继承了自越前守时代累积起来的家产和俘囚战术。

《鞍马寺缘起》（故事原型成形于11世纪初）讲述了一个关于藤原利仁如何勇猛果敢的故事。在该故事中，接到追讨宣旨的藤原利仁凭借鞍马寺毗沙门天的护佑和自己的计谋，成功追讨劫掠运京调、庸的下野国高藏山群盗千人。《鞍马寺缘起》中的群盗，正是宽平、延喜年间叛乱的盗匪。在《尊卑分脉》（室町初期成书的诸氏世系图集成）中，藤原利仁被记录为上野介。笔者推测，藤原利仁大概由于武艺超群而被拔擢为上野国押领使。他的子孙以越前、加贺国为主要据点，结成强力的武士团“斋藤党”，不断扩张势力。不过，其中也有早早加入清和源氏、成为其家臣的支系。

最后是后世以“俵藤太”之称为人所熟知的传奇武士——藤原秀乡。藤原秀乡因在平将门之乱中斩获平将门首级而获最高武勋。其子孙后来演变为小山氏、藤姓足利氏等，在关东北部地区发展势力。奥州藤原氏也是藤原秀乡的子孙。

藤原秀乡身上流传着一个荒唐无稽的武勇传说。据说名箭手俵藤太秀乡在近江濑田桥受龙神委托，降伏了三上山的大蜈蚣。作为谢礼，龙神赠予秀乡一把黄金太刀和一身铠甲，并将平将门的致命弱点告诉给了秀乡，秀乡正是凭借这些成功斩杀了平将门。这便是室町时代的御伽草子[1]《俵藤太物语》的故事梗概。读起来不免让人联想到中世纪德国传说中的骑士齐格飞（Siegfried）。不过“俵藤太”这一称呼也可见于《今昔物语集》。可见，藤原秀乡降伏蜈蚣的传说应该在很早以前就已形成了。藤原秀乡的曾祖父藤原藤成曾以播磨介的身份管理俘囚，这一点已经得到考证。或许在管理俘囚时，藤原藤成也学习了俘囚战术。据《尊卑分脉》可知，藤原丰泽、藤原村雄、藤原秀乡子孙三代均由下野国下级官员的女儿所生。他们在下野国以王臣子孙（勇敢富豪阶层）的身份继承家产和马上战术。可想而知，藤原秀乡在宽平、延喜东国之乱时被任命为下野国押领使，并在镇压群盗中表现活跃，此后在下野国建立起了庞大的势力。

平高望、藤原利仁、藤原秀乡三人在与群盗势力的激烈战

1 御伽草子，出现于室町时代到江户时代初期的短篇故事形式，一般配有插图。

斗中，开创了新的马上个人战术，正因如此，这三人才被誉为武勋卓著的“头号武士”。而且，他们战斗时的英姿还孕育出了许多以超群武艺平定叛乱、降伏妖怪之人的武勇传说。平定叛乱后，平高望成为上总介，利仁从上野介升至镇守府将军（第四章第二节详述）。这些官职都是通过功勋得来的。通常来说，平高望、藤原利仁、藤原秀乡三人并没有机会跻身贵族社会。但他们梦想着有朝一日能建功立业，跻身贵族行列。或许正因如此，他们才投身于镇压叛乱的浪潮之中。

除这三人外，同一时期武名大震、成为武士的还有武藏权介源仕（嵯峨源氏，摄津渡边党之祖）以及晋升路线异于常人（先后担任秩父牧司[1]，武藏掾、介、守）的高向利春（亦称小野利春，武藏七党小野氏之祖）。延喜十九年（919），二人曾在武藏国府交战。

日本刀的问世与战术革命

说到中世武士是如何战斗的，人们的脑海里会率先浮现这样一种画面：身披华丽大铠甲的武士首先互通姓名，然后策马疾驰，使用日本独特的长弓放箭，或是挥舞着弯曲的日本刀进行一骑打。虽然近年来有人对这一质朴的武士作战方式

1 秩父牧司，秩父牧官员。秩父牧是向天皇进贡御马的机构“马寮”的下属官厅，又称“敕旨牧”。

提出质疑，但源平内乱之前的战斗的确就是这样的。

在武士的马上个人作战中，要想击倒远处的敌人，弓箭无疑是最主要的武器。但是，弓箭很难对甲胄护身的敌人造成致命打击，因此最终决定胜负的关键还是刀战。从这种意义上来说，日本刀完全可称得上是“决战兵器”。它的问世也是革命性的。进一步来说，我们也可以认为日本刀的问世促进了疾驰斩杀战术的发展，然后才有了中世武士的马上个人战术。值得注意的是，这种日本刀不是从律令军制时代的直刀发展而来的，而是从虾夷的蕨手刀进化而来的（参照石井昌国著述）。下页图清晰展示了蕨手刀一路演进成毛拔形太刀（日本刀的原型）的过程。

毛拔形蕨手刀就是在蕨手刀的刀柄上打一个镊子形（“毛拔”即镊子之意）的镂空花纹。这一设计旨在加强手指紧扣时的刀柄握力，缓解斩击时的“共铁柄”冲击力，增强斩击效果。这种毛拔形蕨手刀只在岩手县和北海道出土，关东以西地区没有出土。一般认为，蕨手刀向毛拔形蕨手刀的进化始于俘囚移配告一段落的弘仁年间（810—824），由胆泽地区的虾夷人一手推动。之后，毛拔形蕨手刀的蕨形柄尾逐渐变成了方形柄尾，于是便有了毛拔形刀。毛拔形刀刀身长约 50 厘米，仅在北海道、秋田县各出土过一把。秋田县出土的毛拔形刀被认为是元庆二年（878）“出羽俘囚之乱”中俘囚集团所持之物。据此推测，毛拔形刀是元庆年间之前由虾夷人亲手设计的。

当毛拔形刀的刀身延长至 70 厘米左右时，便有了毛拔形

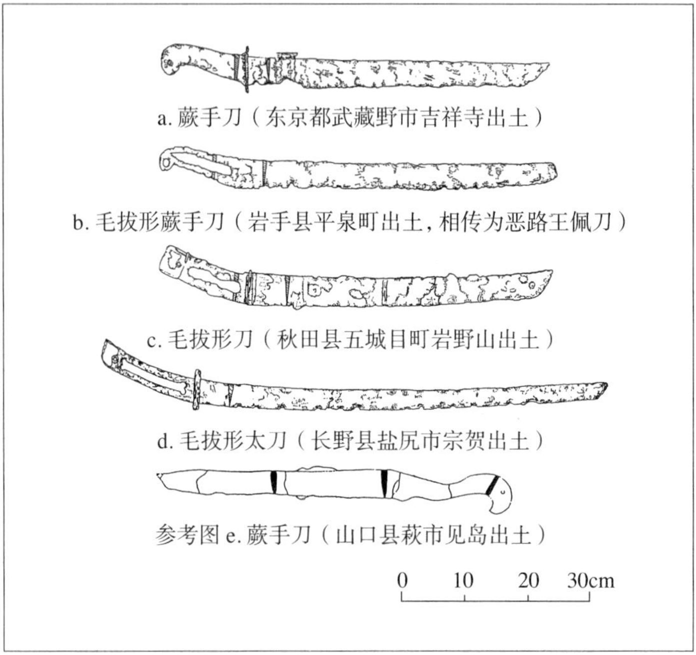

蕨手刀到毛拔形太刀的变迁 （a—d 出自石井昌国《蕨手刀》，参考图 e 出自斋藤忠、小野忠熙《见岛古坟群》）

太刀。年代最早的毛拔形太刀出土于长野县盐尻市宗贺，其年代被推测为 10 世纪。无论是出土的刀，还是神社供奉的传世刀，毛拔形太刀仅分布在关东以西地区，东北地区未见一例。因此人们认为，毛拔形太刀并不是奥羽地区的虾夷人或俘囚发明的，而是日本国内地区在毛拔形刀的基础上发明的。毛拔形刀在“元庆出羽俘囚之乱”后被带入日本国内，并在爱好武艺、此前一直使用蕨手刀的官员和勇敢富豪阶层间普及开来。问题是，毛拔形刀到毛拔形太刀的飞跃是在何时、何地、由谁推动的呢？由于宗贺出土的毛拔形太刀的年代与平将门之乱相距不远，因此可以推测，平将门和藤原秀乡当时正是使用毛拔形太刀交战的。进一步也可以说，从毛拔形刀到毛拔形太刀的飞跃是在爆发“东国之乱”的9世纪末至10世纪上半叶发生的。

在马上个人作战中，战士需要在追击中或擦身而过的瞬间完成斩杀，因此刀身的长度是决定胜败的关键。笔者猜测，使用毛拔形刀的平高望、藤原利仁、藤原秀乡等人有着常年与群盗进行追击战的实战经验，因此他们要求坂东的锻冶师加长毛拔形刀的刀长，这样便有了毛拔形太刀。之后，毛拔形太刀迅速普及，成为“卫府官人”的制式太刀。

毛拔形太刀的问世促使疾驰斩杀战术高度发展，而疾驰斩杀战术又使得中世武士的马上个人战术初见雏形。在此，笔者想将这一过程称为“战术革命”。在这场战术革命中，卫府所继承的“律令战术”以及追捕群盗时的“俘囚战术”被相继淘汰，同样来源于俘囚的马上个人战术得到高度发展。从这个意义上来说，俘囚在10世纪初的战术革命以及武士诞生的过程中起到了决定性的作用。也可以说俘囚在日本历史上留下了浓墨重彩的一笔。可即便如此，与欧洲中世纪的日耳曼民族（作为雇佣兵受雇于罗马帝国，攻灭西罗马帝国，以诸侯、骑士身份君临欧洲）相比，俘囚的作用还是太小了。

承平南海[1]海盗与西国的“头号武士”——藤原纯友

承平元年（931），海盗时隔半个世纪再次席卷濑户内海。之后，这些海盗在濑户内海盘踞六年之久，史称“承平南海海盗”，以区别于天庆二年（939）十二月爆发的“藤原纯友之乱”。

承平南海海盗由以小野氏彦、纪秋茂、津时成等人为首的三十多个小集团组成。尽管朝廷屡次派遣追捕海盗使，在各国设立“警固使”（相当于坂东诸国押领使的军事指挥官），但正如承平三年（933）十二月和承平五年（935）六月的奏报所报：“南海诸国海盗拒不伏法，萑苻遍野”“尚未平伏”。然而奇怪的是，承平六年（936）六月，这些海盗竟然在伊豫守兼追捕南海道使纪淑人的宽大政策下，以两千五百余人全部投降的方式结束了自己的海盗生涯。

如前文所述，9 世纪的海盗实际上是承包调、庸运京工作的富豪阶层。国制改革后，催生海盗的条件已不复存在。那么，10 世纪的海盗究竟是什么人呢？在承平南海海盗最为猖獗的承平三年十二月，朝廷将卫府舍人的骚乱视为强盗行径，命令全国国司予以追捕。这一点为我们提供了启发。

8 世纪的日本律令国家经常举办大型国家仪式。其中最具代表性的当属元日朝贺仪式。举行仪式时，全部官员、蕃国使

---

1 南海，日本的南海指纪伊半岛、淡路岛、四国周边海域。

节（新罗使、渤海使）、虾夷代表均列队于朝堂院[1]，叩拜驾临大极殿的天皇。这一仪式的目的在于，明确天皇与律令国家官员之间的臣属关系以及“东夷小帝国”日本与蕃国、夷狄之间的服属关系，通过仪仗队整齐划一的队列和行进来表现国家威严。这样的仪式自然需要大量的卫府舍人参与。然而9世纪，律令国家放弃小帝国的身份，以朝堂院为舞台的国家仪式转而成为以内里为舞台的宫廷仪式。这种优雅细致的宫廷仪式由天皇、公卿[2]、殿上人[3]主持，仅需身着华服的近卫中少将以及以马艺、射艺、舞乐为生的少数近卫下级官员和舍人在场即可。可以说，宽平、延喜年间的国制改革也是一场仪式制度的改革。

这样一来，卫府就出现了大量多余的舍人。其中大多数是不在京任职、居住在地方各国、仅享有免税特权、不服从国衙统治的富豪阶层。特别是播磨、备前、伊豫、赞岐等濑户内海诸国，由于这些国被指定为卫府“大粮米”（发放给舍人的粮食）的缴纳国，因此9世纪末，这些国的卫府舍人宣称自己有“大粮米”的分配权而拒绝纳税。等到国衙收纳使前来征收时，他们便聚集群党，将其驱回。因此，削减诸国卫府舍人数量、

1 朝堂院，举行天皇即位、朝贺、召见外国使臣等重要仪式的正殿。

2 公卿，公家中，基于日本律令规定，作为太政官的最高层官员，承担国政的职位，包括太政大臣、左大臣、右大臣、大纳言、中纳言、参议（或从三位以上的非参议）等高官（总称议政官）。

3 殿上人，旧时日本宫廷中服侍天皇的中级官吏。通常情况下，只有五位以上的官吏才能到天皇的日常居所清凉殿殿上间值班、服侍，称为“升殿”，也叫作“殿上人”。

使其服从国衙统治是国制改革的一大难题。

延喜元年（昌泰四年，901）闰六月，朝廷命令诸国受领说服本国卫府舍人成为负名，缴纳公田官物。不过受领并没有剥夺卫府舍人头衔的权限。延喜九年（909）十月，为解雇大量卫府舍人，朝廷命令诸国调查并上交本国卫府舍人的氏名和住所。对此，诸国卫府舍人不断发起抵抗运动，组成徒党，包围国府，欺辱受领。因此，朝廷于延喜十四年（914）赋予受领解除卫府舍人官职的权限。承平三年（933）十二月，受领进一步获得抓捕发动骚乱的卫府舍人的权限。

在上述政策体系下，最受打击的是濑户内海诸国拥有大粮米征收权的卫府舍人。被剥夺卫府舍人头衔的濑户内海富豪阶层组成徒党，以征收大粮米为口实，袭击国衙正仓和运京船，抢夺粮食。这便是承平南海海盗的实质。当一个国家向王朝国家过渡时，往往会伴随着富豪阶层的武力抗争。在这一点上，承平南海海盗与宽平、延喜东国之乱是相同的。

在前文提到的承平六年（936）六月所有海盗投降时，作为朝廷开出不以罪犯论处的条件，卫府舍人则需要做出政治性妥协，即服从国衙的统治。《扶桑略记》承平六年夏六月条开篇有言："班给田畴，下行种子。"如此所示，投降后的卫府舍人最终成为负名，服从国衙统治。至此，濑户内海诸国最后一批抗拒体制变革的卫府舍人也接受了负名体制。

由于《日本纪略》承平六年六月条开篇有言："南海贼徒

首领藤原纯友以伊豫国日振岛为据点，以千余艘兵船掠夺官物私财”，因此很长一段时间内，人们认为藤原纯友是承平南海海盗的首领。可是，主体部分与《日本纪略》相差无几的《扶桑略记》承平六年夏六月条开篇记载：“南海道贼船千余艘浮于海上，强夺官物，杀人害命，遮断海上交通”，其中并未出现藤原纯友的名字。一般认为，两则记事的共同原始史料是伊豫守纪淑人为自赞功绩而提交的“伊豫国解”。而且，两则记事近乎相同的主体部分均仅记载了小野氏彦等三十多个集团、共两千五百余人因伊豫守纪淑人的宽大政策而投降一事，并未提及藤原纯友。如果真如《日本纪略》开篇所言，藤原纯友为海盗首领的话，那么主体部分没有出现藤原纯友的名字实属奇怪。如果藤原纯友没有投降，那么又与“全部投降”的记述相矛盾。另外，《日本纪略》还有一处记载是《扶桑略记》中没有的，那就是末尾处的“此即前之海盗”。原来，《日本纪略》是将三年后爆发的藤原纯友叛乱当成了前提。这一点也是原始史料中没有的。再看看基于朝廷记录编成的《本朝世纪》（藤原通宪于久安六年［1150］奉鸟羽院之命编撰，是继《三代实录》之后的又一部国史，大部分已散佚），其中的天庆二年（939）十二月二十一日条记载：“前伊豫掾藤原纯友于承平六年接受追捕海盗之宣旨。”

从上述几点来看，《日本纪略》将藤原纯友写为承平南海海盗首领，明显是后世润色所致。也就是说，藤原纯友并非海盗。藤原纯友蒙受了一千多年的冤屈必须昭雪。

天庆二年十二月发生叛乱时，藤原纯友的头衔是前伊豫掾。也就是说，他是一个位阶六位但无官职的“失业官员”。藤原纯友的父亲是权势显赫的摄政太政大臣藤原忠平的堂兄弟藤原良范。藤原良范仕途止于从五位下大宰少贰[1]便英年早逝，留下年少的藤原纯友一人。也就是说，藤原纯友生在了摄关家族的旁支、一个没落的贵族家中。从其父藤原良范的堂兄弟藤原元名的生涯履历来看，藤原纯友大概是通过伊豫守藤原元名的举荐才成为伊豫掾的。据推断，其在任的四年为承平二年（932）正月至承平五年（935）十二月（参照福田丰彦著述）。不过，藤原元名拔擢藤原纯友并非单纯出于同情。藤原良范担任大宰少贰期间，正是朝廷加强海防、防备新罗海盗来袭之际。这一时期，年少的藤原纯友整日在大宰府中磨炼武艺。藤原元名前往备受海盗侵扰的伊豫国赴任时，一眼看中了武艺高强的藤原纯友，于是将其拔擢为掾。藤原纯友也的确取得了不俗的战绩，其威名甚至在海盗间流传开来，就连藤原忠平等朝廷首脑也对他赞赏有加。藤原元名期满卸任后，藤原纯友也随之归京，整日无所事事，一心等待叙位[2]、除目[3]的机会。

---

1 大宰少贰，设在九州地区的大宰府的次官，位于大宰大贰之下。

2 叙位，指授予位阶及其仪式，也称授位。

3 除目，指平安时代中期以后朝廷任命诸官员，也可指任官仪式。“除”是指除去前任官员、任命新的官员，“目”是指在目录上登记。

机会终于在承平六年三月到来。因海盗久久不能平定，万般无奈的朝廷向曾经立功的藤原纯友下发海盗追捕宣旨，任命其为伊豫国警固使。藤原纯友于是率军从京城启程，前往伊豫。不久后的五月中旬，年老的文人贵族纪淑人以伊豫守兼追捕南海盗使的身份赴任伊豫。六月，顽强抵抗六年的海盗在纪淑人宽仁品格的感召下全部投降，纪淑人也因此晋升至从四位下。

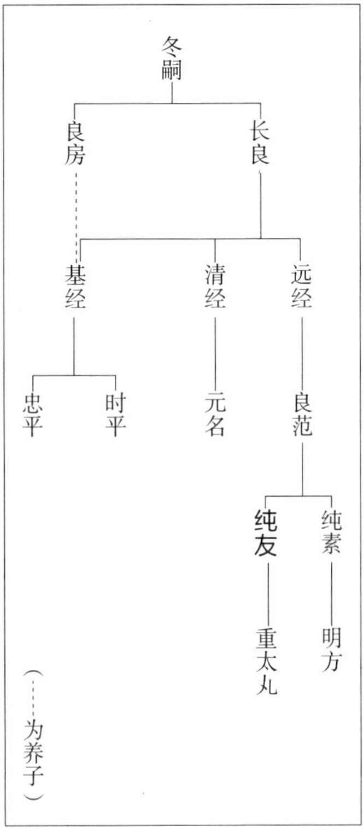

藤原纯友谱系略图

然而，海盗投降的原因并非真如纪淑人所言。三年半后的天庆二年（939）十二月，藤原纯友在摄津国须岐驿袭击了备前介藤原子高。事出之后，朝廷立刻对承平南海海盗之乱时申请过功勋的人补授官位，藤原纯友因此获封从五位下。原来，藤原纯友曾申请过平定承平南海海盗的功勋，然而当时朝廷并未理会。承平六年的真实情况是，比纪淑人早两个月进入伊豫的藤原纯友劝说海盗投降（这些海盗曾是卫府舍人，与藤原纯友是故交），海盗集团信赖藤原纯友的人品，于是决定全部投降。也就是说，纪淑人用笔杆子篡夺了藤原纯友的功绩。藤原纯友才是平定承平南海海盗的最大功臣。

除了前伊豫掾藤原纯友外，许多下级武官或掾一级别的官员也都以警固使的身份前往伊豫，镇压海盗，建立功勋。平定海盗后，藤原纯友留在了伊豫，其他功臣也都留在了濑户内海诸国，如备前国的藤原文元、播磨国的三善文公、赞岐国的前山城掾藤原三辰等人。他们才是真正的西国"头号武士"。然而，藤原纯友等人的功勋申请被朝廷束之高阁，这大大辜负了他们的期待。天庆二年（939）十二月，这种不满终于酿成了祸端。

第二节 | 平将门之乱

延喜功臣的子孙

延喜东国之乱后，藤原秀乡、平高望等在平叛过程中大显身手、建立功勋的功臣及其子孙就地留在了坂东诸国。

延喜十五年（915）二月，上野介（受领）藤原厚载被上毛野基宗、上毛野贞并等人射杀。这是一场大范围的反受领斗争，就连大掾[1]藤原连江等人也参与其中。或许是因为居住在邻国下野国的藤原秀乡也有参与，朝廷命令下野国流放藤原秀乡及其十八名同党，然而藤原秀乡等人拒绝前往发配地。

翌年八月，无可奈何的国衙请求朝廷下发指示，然而朝廷只是反复下发发配指令，藤原秀乡等人也继续无视发配指令。延长七年（929）五月，下野国国衙向朝廷控告藤原秀乡等人作奸犯科，朝廷于是向下野及其相邻五国下发追捕官符。不过，目前没有发现证据能表明坂东诸国真的对藤原秀乡实施过追捕。藤原秀乡面对受领时一贯我行我素，诸国受领也都忌惮这位有功之臣。

藤原利仁在延喜年间结束镇守府将军任期后，没有留在坂东，而是回到了越前国。其子孙在北陆地区结成武士集团，不断扩张势力。不过，藤原利仁的堂兄弟藤原言行的儿子藤原惟条例外。承平三年（933），藤原惟条被任命为武藏国秩父牧别当[2]（秩父牧司）。天庆二年（939）六月，为应对蠢蠢欲动的平将门，藤原惟条被任命为上野权介兼押领使。藤原惟条跟随藤原利仁的脚步，为镇压群盗从京城下到地方，并继承了藤原利

1 大掾，如前文所言，国司由“守”“介”“掾”“目”四个等级的官僚组成。不过国力不同，国司制度也稍有不同。其中实力最强的国（称“大国”）又将“掾”分成了“大掾”和“少掾”。

2 别当，原指在律令制下，官员在自己的本职官位之外，还兼任其他官司的管理、监督职务，其所兼任的职位就叫别当，后引申为官司的长官之意。

仁的势力范围，继续在上野、武藏两国扩张势力。

平高望膝下有平国香、平良兼、平良持、平良正、平良文。长子平国香留在常陆国，成为常陆大掾。次子平良兼留在上总国，担任下总介。三子平良持留在下总国，之后前往陆奥国胆泽城担任镇守府将军。五子平良文留在武藏国，人称“村冈五郎”。《今昔物语集》中有一则故事是说平良文与箕田源二宛（前文提及的源仕的儿子）决斗，结果两人不分胜负。平国香、平良兼、平良正三人都娶了常陆大掾源护（系源仕、箕田源二宛一族）的女儿，三兄弟与源护一族形成强有力的纽带关系。而平良持、平良文与源护一族没有姻亲关系，且与平国香、平良兼、平良正保持一定距离。或许这也是平良文没有参与平国香、平将门二人合战的原因。

镇守府将军可以在北方贸易（与虾夷的贸易）中获取马匹、金子、毛皮、鹫羽（高级箭羽）等财货珍宝。因此对于武士来说，镇守府将军是极富魅力的职位。平将门的父亲平良持在担任镇守府将军期间曾向左大臣藤原忠平进献财物，以此成为其家臣。出于这层关系，长子平将门在青年时代便来到京城，将名簿献给藤原忠平，奉其为主君（名簿载有自己的官位、姓名、出生年月，进献名簿是结成主从契约的礼仪）。在《尊卑分脉》中，平将门被称为“泷口小二郎”。“泷口”是指在内里清凉殿北侧的泷口（排水口）站岗把守的天皇亲兵卫队（第三章详述）。凭借藤原忠平的推举，平将门顺利成为泷口武

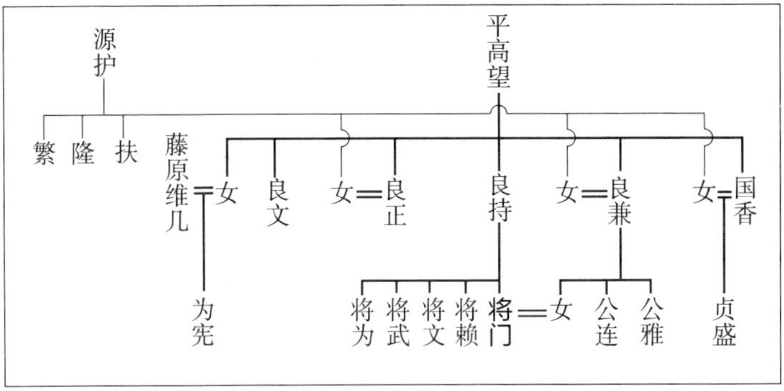

平将门之乱相关人物谱系略图（参照《周刊朝日百科·日本的历史59》制成，略有改动）

士。平将门平日里以桓武天皇第五代孙为荣，就任天皇警卫一职时，他大概也怀揣着一种“有朝一日跻身贵族”的愿望吧。承平元年（931）前后，平将门返回下总国。这是因为其父平良持去世，平将门需要回去继承和经营父亲遗留下来的领地。

学界有观点认为，管理官牧和掌握制铁技术是平将门得以扩张势力的基础。不过，官牧是向军团提供马匹的官方牧场，军团废止后，官牧也急剧衰退，因此不应该将平将门与官牧联系起来。另外，虽然1978年至1980年在平将门根据地附近的茨城县结城郡八千代町发现了9世纪后期的制铁遗迹，但是这只能说明9世纪至10世纪的东国动荡不安，为满足武器需要而大量制铁冶炼（参照福田丰彦著述），没有直接证据表明这与平将门有关，要说这一遗迹其实就是国衙铁匠的工房似乎也不为过。一般认为，平将门在下总国丰田郡、猿岛郡等地区拥有数座私宅，向国衙承包广袤的公田作为私田经营，并以负名身份向国衙纳税。另外，平将门还将丰田郡常羽地区的国衙御厩别当（管理马匹的官厅长官）多治经明收为郎党。据此推测，平将门对下总国的国衙行政也有干预。

延喜年间以后，延喜功臣及其子孙借助功勋留在了地方各国，并在此后被拔擢为敕旨牧别当、掾、权介等官员。失去俘囚集团这一武装力量的受领要想稳定地方统治，必须依靠延喜功臣及其子孙，即武士。正因如此，受领才会为武士登上历史舞台提供多方便利。如确保武士承包广袤的公田；为武士开发私人领地提供方便；认可武士的狩猎特权，允许武士将山林原野作为狩猎场磨炼武艺等。对此，有的武士会与国衙进行合作，以扩大自己的经营规模，但也有像藤原秀乡一般的武士，拒绝接受受领的统治，独立经营。不过无论是哪种情况，坂东诸国无疑都是武士大展拳脚的地方。

平氏的内部纠纷

在《将门记》中，平将门被描绘成了因独步天下的武艺而成为坂东王者、最终也因武艺命丧黄泉的悲剧式英雄。该书是平将门之乱平定后的天庆三年（940）六月，由接触到相关国解、“合战日记”（战斗报告书）的文人贵族以报告书、平将门的诉讼记录、平将门写给摄政藤原忠平的书信等资料为基础写成的。因此尽管有修饰成分，但《将门记》的大体内容是真实可信的。另外，这一时代的史料也较为充实，有编年史《本朝世纪》以及藤原忠平的日记抄本《贞信公记抄》。接下来，笔者将依据这些史料尽可能忠实地描绘出平将门之乱的真相（关于平将门之乱的合战人数，由于几乎所有记录都如同官方单方面公布的数字一般，带有修饰色彩和极度夸张的成分，而且这种情况不单单出现在《将门记》中，因此本书原则上不记述兵力）。

前文说到，平将门因父亲平良持去世而回到故乡。回国后，平将门与伯父、叔父之间形成敌对关系。尽管《将门记》开篇部分已散佚，但根据摘要本《将门略记》记载，平将门与伯父平良兼交恶的原因在于“女论”（女性问题）。平将门虽然娶了平良兼的女儿为妻，但平良兼大概并不赞同这门婚事。而在《今昔物语集》中，双方争执乃至兵戎相见的焦点在于已故平良持遗留下来的领地。考虑到《今昔物语集》中有关平将门的故事大多以《将门记》为蓝本，因此笔者猜测，《将门记》的开篇部分或许记载了“女论”和“领地争端”这两点原因。由此可以窥见，平国香、平良兼等人在平良持去世后，曾企图乘机夺取其领地。承平元年（931），平将门与平良兼发生第一次合战。此时的武士阶层出现一种风潮，即只要名誉受损，就以合战的方式解决争端，前文所述的平良文与箕田源二宛的合战也是如此。而平将门名誉受损的原因，恐怕就是平良兼阻挠这门婚事。此次合战也导致平将门在平氏一族中被孤立。

四年后的承平五年（935）二月，因父亲平良持遗留领地问题与同族结怨、孤立无援的平将门在平真树（与平将门关系不明，但与平国香、源护等人有隙）的劝说下，与伯父平国香及源护一族发生合战，杀死平国香及源护的儿子源扶、源隆、源繁等人，烧毁其私宅。平国香的儿子左马允平贞盛接到父亲战死的消息后，立刻从京城归国。但是为了能在京城继续任职，平贞盛与平将门达成和解，条件是平将门不侵犯其亡父平国香的领地。同年十月，平将门在常陆国新治郡川曲村击败出于姻亲关系而支援源护的叔父平良正。翌年六月，平将门又在下野国打败平国香死后成为平氏族长的前下总介平良兼及平良正、平贞盛、源护等人的军队。彼时，平将门要求国衙官员在国厅日记（国衙政务日志）中记录“平良兼挑起无道合战”。

三个儿子被杀后，源护立即发出常陆国国解，向朝廷控告平将门。承平五年十二月，朝廷下发官符传唤源护、平将门、平真树三人进京。翌年十月，平将门进京，在检非违使厅[1]接受审判。不过，不知是因为平国香等人夺取他人领地的行为惹恼了朝廷，还是因为平将门对平良兼等人挑起无道合战的指控得到了朝廷的认可，总之，朝廷对平将门从轻发落。不仅如

1 检非违使厅，负责京内治安、刑事审判的中央机构，第三章第二节详述。

此，平将门还因此在京畿威名大震，仅被关押数日后，便在承平七年（937）正月的大赦下被释放，于同年五月归国。

听闻平将门归国，复仇心切的平良兼与儿子平公雅、平公连以及源护、平贞盛等人，于八月六日在常陆、下总国交界处的子饲渡口攻打平将门，烧毁丰田郡常羽御厩及邻近百姓私宅。九月十九日，平将门得知平良兼正在常陆拜访源护等人。为报复，平将门与平真树一同烧毁了平良兼位于真壁郡的宅邸（名为“服织宿”）及平良兼同党的私宅。

平将门还要求下总国国衙罗列平良兼的罪行，书写解文（国解）上呈朝廷。十一月五日，朝廷向武藏、安房、上总、常陆、下野等国下发官符，授权平将门追捕平良兼、源护、平贞盛、平公雅、平公连等人。接到追捕官符的平将门决意彻底铲除平良兼等人，但诸国受领并无协助之意。十二月十四日，平良兼夜袭位于下总国猿岛郡的石井营所，但袭击无果而终。翌年即天庆元年（承平八年，938）二月，平贞盛认为参与同族私斗不利于个人发迹，于是计划沿东山道秘密回京。面对平贞盛违反和解约定、转而支持平良兼的行为，平将门勃然大怒，一路追击平贞盛至信浓国小县郡千曲川，然而并未捕获平贞盛。天庆二年（939）六月，平良兼因病去世，这场长达八年的平氏内部纷争似乎即将迎来终结的曙光。

如上所述，平将门与平国香、平良兼、源护等人的合战说到底不过是私人恩怨。无论是朝廷还是国衙均未积极介入。不

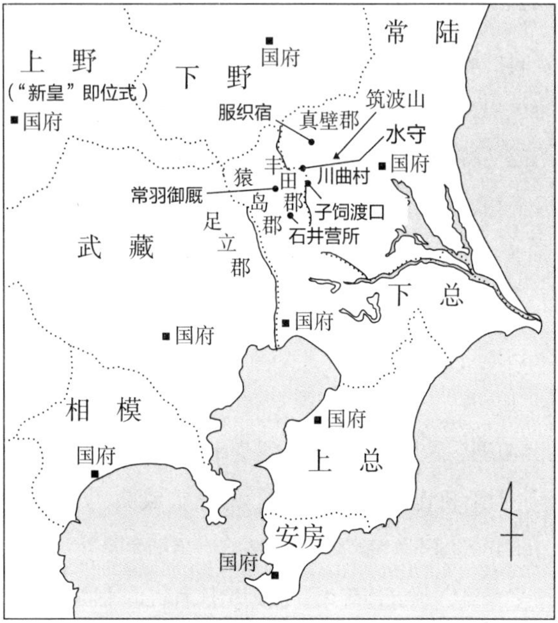

平将门之乱相关略图

过，常陆国国衙为源护书写国解，下野国国衙为平将门出具证明，下总国国衙同样为平将门书写国解。由此来看，国衙也不能说是完全没有参与。而且坂东诸国国衙还明显支持平将门一方。即便后来平贞盛拿到了朝廷下发的传唤平将门的官符，下总国国衙也无意执行。为使己方参战正当合理，平将门充分利用了国衙甚至是中央朝廷。而朝廷也明显对平将门有所偏袒，比如在审判中对平将门酌情处理、授予平将门追捕官符等等。其实，朝廷和国衙恰恰是想让平将门通过武力来平息平氏的内部纷争。对于朝廷和国衙来说，平氏的内部纷争根本不是什么大问题，因为双方敌对的对象都不是国衙。而《日本纪略》等编年史以及《贞信公记抄》等书籍也对这一时期的平氏内部纷争只字未提。

介入武藏国纷争

天庆元年（938），武藏权守兴世王、武藏介源经基欲巡检国内，然而足立郡郡司、判官代（管理土地和收税的官职）、在厅官人武藏武芝表示反对，理由是无受领就任前巡检国内的先例。国司巡检国内时需要隆重接待，准备众多礼品，郡司、负名不堪重负。因遭到反对而恼羞成怒的兴世王和源经基率领武装集团闯入足立郡，扣押武藏武芝各地私宅。而支持武藏武芝的在厅官人则在国厅前张贴国司弹劾文以示抗议，要求返还武藏武芝被扣押财物。然而，兴世王等人此时正着手备战。

据朝廷一方记录，五月二十三日，武藏国提交解文控告橘近保（与后文的橘远保为兄弟，与橘最茂为同族，系延喜功臣子孙）。对此，朝廷向武藏国及其邻国下发了追捕官符。武藏国之所以控告橘近保，或许正是由于作为负名的橘近保反对兴世王等人闯入自己的领地。同年十一月，应伊豆国国解要求，朝廷向骏河、伊豆、甲斐、相模诸国下发官符，授权追捕平将门的弟弟平将武。想必在十一月上缴官物之际，平将武也曾反对过受领。如上所述，天庆元年以武藏、伊豆为中心的反受领斗争一触即发。

同年冬，抑或翌年春，得知武藏武芝与兴世王、源经基双方正在整备军队、随时开战，平将门主动提出为双方调解。平将门首先说服武藏武芝前往武藏国国府，之后又设宴邀请了兴世王，并促使兴世王与在厅官人、郡司、负名阶层达成和解。然而就在此时，意想不到的事情发生了。武藏武芝的军队将尚未解除备战状态的源经基团团包围，从中逃脱的源经基误以为兴世王、平将门受武藏武芝唆使，欲杀害自己，于是上京状告平将门谋反。

可是，仅凭企图杀害源经基的罪名并不构成“谋反”，那么源经基口中所说的“谋反”指的是什么呢？后来当平将门征服坂东诸国后，曾在给藤原忠平的书信中写道：“吾乃桓武天皇第五代孙。中国史书随处可见以武力夺取天下之例，而吾欲统治日本半壁江山，也未尝不可。”这句话深刻体现了平将门武艺至上的理念。或许在斡旋兴世王等人的宴席上，平将门也曾在众人面前说过不符合身份的豪言壮语，因此才被人揪住了辫子。实际上，此时的平将门并无谋反之意。

天庆二年（939）三月三日，朝廷收到源经基的密告。此前的二月十二日，朝廷还收到了摆脱平将门追击、成功进京的平贞盛的控告，对此朝廷决定派遣传唤使传唤平将门。针对平将门的控告接踵而至，这使得平将门在以藤原忠平为首的朝廷眼中的形象一落千丈。三月二十八日，平将门的私人主君藤原忠平写信询问平将门谋反一事是否属实。对此，常陆、下总、下野、武藏、上野五国为平将门书写解文，证明平将门非但没有谋反之心，反而一直在为坂东诸国的和平尽心尽力。五月二日，平将门将解文和申辩书一同上呈朝廷。五月五日，朝廷对坂东诸国境内混乱问题进行了问责，并在十六日的临时除目中，任命百济王贞连为武藏守，任命武士橘最茂、小野诸兴（与高向利春同族）、藤原惟条（与藤原利仁同族）分别为相模、武藏、上野国权介（以上三人系延喜功臣子孙）。随即前往武藏国的贞连禁止兴世王在国厅就座，并以密告被告人的身份对待他。心生怨恨的兴世王于是出走下总国，投靠平将门。此事被立即通报朝廷，平将门在朝廷首脑心中的形象进一步恶化。

六月九日，朝廷进一步将三名权介任命为押领使。二十一日，朝廷向三人下发官符，命其追捕国内群盗。对此，武藏国、据守足柄关的相模国、据守碓冰关的上野国分别加强了追捕力度。与此同时，平贞盛从朝廷成功拿到传唤平将门的官符，回到常陆国。然而，诸国无意协助平贞盛。十月，平贞盛在赴任途中拜访正在下野国国府的故友陆奥守平维扶，欲暂时藏身奥州，不料遭遇平将门追击，因此只好隐藏山野之中。

时间回溯到六月七日，为确认平将门、兴世王谋反一事真伪，朝廷委任推问密告使（密告调查官），并于九日拘禁源经基。律令规定，在判明密告是否属实前，须拘禁密告者。如果谋反密告不属实，源经基即构成诬告罪。收到诸国证明平将门无罪的解文后，朝廷召开“阵定”（公卿会议）进行讨论。会议中，甚至有人提出应褒奖平将门维护坂东和平之功绩，对其叙位任官。事态究竟会向哪一方倾斜，是谋反，还是诬告？在这期间，源经基和平将门同时在政界多方打点，然后屏息凝神，静观事态之变。然而令人意想不到的是，推问密告使源俊直到十一月都没有动身。他给出的理由是没有发兵权。就这样，密告一事于天庆二年（939）冬不了了之。

介入常陆国纷争

同样是在这一时期，进行大规模负名经营的常陆国人藤原玄明遭到受领藤原维几的抨击，称其“佃租广袤公田，不缴官物”。然而藤原玄明却反过来控诉称：“藤原维几子弟郎党依仗受领权力，提出无理要求。”天庆二年（939）冬，常陆国受领藤原维几与藤原玄明等负名阶层的紧张关系进一步升级。藤原维几娶了平高望的女儿为妻，是平将门、平贞盛的姑父，然而藤原维几偏袒平贞盛，再三通知平将门响应传唤。朝廷先是授予平将门官符，批准其追捕平贞盛，而后又授予平贞盛传唤平将门的官符，如今姑父藤原维几也站在平贞盛一边，因此平将门对朝廷和藤原维几越来越不信任。

藤原维几向藤原玄明下发移牒（通知），命其缴清拖欠官物，前往国府说明情况。然而藤原玄明拒绝补缴认错，于是藤原维几打算依据同年六月下发的群盗追捕官符，追捕藤原玄明。得知这一消息的藤原玄明掠夺行方、河内两郡国衙仓库的官物后，携妻带子出走下总国丰田郡，投奔平将门。藤原维几数次发送移牒，要求下总国国衙及平将门引渡藤原玄明，然而得到的回应只是“藤原玄明已经逃走”。

由于藤原维几偏袒平贞盛，因此平将门对藤原维几心怀芥蒂，对想要复仇的藤原玄明表示同情。十一月二十一日，平将门整顿军队，开往常陆国国厅。此时，藤原维几的儿子藤原为宪（工藤氏等伊豆骏河武士集团之祖）与平贞盛已在国厅做好战斗部署，准备随时迎战。平将门向藤原维几一方开出两个条件：第一，允许藤原玄明在常陆国内居住；第二，不逮捕藤原玄明。然而藤原为宪等人根本不讲条件，立刻发起攻击，结果败北逃散。平将门于是占据国厅，夺取象征受领权力的“印镒”（即国印和正仓钥匙），逼迫被俘的藤原维几下跪，书写教子无方、引发兵乱的谢罪文。之后，平将门又将藤原维几挟持到下总国丰田郡镰轮一地的将门馆。据说平将门军队在占据国厅后，肆意掠夺财物，烧毁私宅，凌辱妇女。

平将门出兵只是想惩戒常陆介藤原维几、藤原为宪父子，而后来发生的夺取印镒、烧毁私宅、掠夺财物、挟持受领藤原维几等一系列事件完全超出了他的预想。平将门完全不知道该如何处理这一棘手事件。就在此时，兴世王向平将门进言称："占领一国已然犯下大罪，不如干脆占领整个坂东，再看朝廷态度如何。"据说听闻此言的平将门也夸下海口称："吾乃桓武天皇第五代孙，占领八国、攻打京城又如何！"十二月二日，常陆国通报平将门、兴世王袭击国衙的解文送抵京城。此事大概为藤原为宪、平贞盛等人所为。然而，朝廷并未马上采取行动。或许朝廷认为，此次事件仍是一场私人间的争斗。

不属实的"坂东独立王国"

天庆二年（939）十二月十一日，率军进入下野国国厅的平将门端正威仪、坐上受领的座位，新任受领藤原公雅、前任受领大中臣全行匍匐在地，奉上印镒。十五日，平将门的军队开赴上野国国府，从上野介藤原尚范手中夺取印镒，并将下野、上野两国受领遣返京城。十九日，平将门在上野国国厅举行"新皇"即位仪式。自称八幡大菩萨[1]使者的巫女现身仪式现场，传达神谕"八幡神率八万大军，持菅原道真起草之位记（授位文书），将己位授予将门"（八幡神之位是授予亲王的最高品阶，即一品）。平将门对神灵附身的巫女行二拜之礼，一时间麾下军阵齐声高呼，伏地而拜。

1 八幡大菩萨，日本八幡神的别称，八幡神自古就是弓箭之神，后来成为日本赫赫有名的战神。现今日本有四万多座八幡宫和八幡神社。

紧接着，主持即位仪式的兴世王向平将门敬奉“新皇”之号，平将门临军阵而立，训诫麾下士兵：“武艺乃国之根基，功勋乃立命之粮。吾以武名震动坂东、京畿，如今已是强者掌权之世。近来有耶律阿保机灭渤海国，兴东丹国，即此理也。如能集诸君之力，吾将所向披靡。既已占领坂东八国，如若朝廷来攻，彼时亦可于足柄、碓冰二关将其击退。”

演说完毕后是除目仪式，平将门将自己的兄弟和实力雄厚的郎党任命为国司，将兴世王、平将赖、多治经明、藤原玄茂、文屋好立、平将文、平将武、平将为分别任命为上总介、下野守、上野介、常陆介、安房守、相模守、伊豆守、下总守。诸国受领对平将门即位、任官一事分外震惊，纷纷逃回京城。之后，新皇平将门巡检八国，从在厅官人手中获取印镒，训示官员各尽其职，并在相模国将即位一事上奏京城的天皇，而后返回根据地下总国。

平将门的打算是暂且如此统治坂东，与朝廷展开和平交涉，最终达成和解。从平将门写给藤原忠平的书信来看，可以推测出平将门的以下几点要求：第一，对占领坂东一事不予追究；第二，认可平将门维护坂东和平之功绩，对平将门及其属下叙位任官，以作褒奖；第三，授权平将门追讨平贞盛、藤原为宪等人。如果朝廷接受以上条件，平将门就将解除对坂东的占领并进京陈词。

“新皇”即位仪式的目的无非在于将坂东八国的延喜功臣

子孙、在厅官人、负名集于麾下，令其宣誓臣服于平将门。而夺取印镒、放逐受领也正符合在厅官人、郡司、负名阶层的利益。只不过，平将门扣押了检田、征税需要用到的国衙账簿，命令在厅官人按照以往规定进行检田和征税。平将门这样做是为了维护国衙的统治秩序。有了稳定的秩序，军粮才会有保障。受领之位是延喜功臣子孙梦寐以求的职位。因此平将门命令常陆、上总、上野三国的受领依然由介来担任（此三国为“亲王任国”，即由亲王担任名义上的守，且享有守的待遇）。这一做法不仅让延喜功臣子孙当上了受领，还延续了亲王一直以来的待遇，同时也保障了地方三国向中央朝廷、寺院、神社、王臣家进贡的贡品。向京城天皇上奏即位一事是平将门与朝廷的首次交涉。实际上，平将门并非想要建立“坂东独立王国”。

平将门的末日

天庆二年（939），信浓国连续三次派飞驿使上奏朝廷。十二月二十二日报：“平将门占领坂东。”二十七日报：“下总国丰田郡武士奉平将门、武藏权守兴世王之命谋反，占领东国。”二十九日报：“上野、下野国司被夺印镒，遣送回京。”此前的二十六日，朝廷还收到藤原纯友在摄津国须岐驿造反的奏报。东西同时发生叛乱令朝廷一片哗然。二十九日，摄政藤原忠平连忙召开会议，讨论如何应对东西叛乱。针对平将门之乱，朝廷暂且做出以下决定：第一，征召信浓国士兵守备国境；第二，保卫内里；第三，向伊势国铃鹿关、美浓国不破关、近江国逢坂关三关派遣固关使，向东海、东山两道诸国要塞派遣警固使。会议进行期间，甚至有公卿小声嘀咕平将门可能与藤原纯友有勾结。同日夜，藤原忠平等人将入京的武藏守、百济王贞连召至殿前，向其询问叛乱情况。

转过年的天庆三年（940）正月元日，朝廷任命藤原忠舒、小野维干、小野好古为追捕东海道使、追捕东山道使、追捕山阳道使。三人于之后的十四日率亲兵百人向各自任职地进发。三日，为防备平将门进犯京城，藤原忠平下令在宫城诸门建造矢仓（防御高塔），配备士兵。九日，朝廷奖赏密告者源经基，授从五位下，解除逾期不赴任的推问密告使源俊等人职务。因为事已至此，已经没有必要再“推问”（调查谋反是否属实）。

十一日，朝廷许诺，斩杀平将门者授五位以上官爵，斩杀副将者，根据功勋授予相应官爵，并向东海、东山两道诸国下发追讨平将门的官符。十四日，朝廷举行临时除目，将未加入平将门麾下的八名坂东武士任命为坂东八国掾兼押领使。这八人分别为常陆掾平贞盛、上总掾平公雅、下野掾藤原秀乡、相模掾（尚不确定）橘远保等。朝廷向坂东诸国的平将门敌对势力（平贞盛、平公雅等人）以及静观其变的延喜功臣子孙（藤原秀乡、橘远保等人）抛出了橄榄枝。朝廷的破格奖赏承诺让这些人突然燃起了战胜平将门的斗志。十九日，参议[1]藤原忠文被任命为征东大将军。二十五日，远江、伊豆两国奏报称，朝廷使者的追讨官符被进入骏河国的平将门军队夺走。二月八日，朝廷向征东大将军藤原忠文下赐节刀（象征天皇的最高军事指挥权），举行出征仪式。

接到平将门占领坂东的报告后，藤原忠平等朝廷首脑连日召开会议，收集、分析诸国情报，制定对策，向相关诸国下发指示。尽管会议讨论了平将门的要求，但朝廷讨伐平将门的决心十分坚定，这表现在下发追讨官符、任命坂东诸国押领使上。与此同时，朝廷还举行了平定叛乱的神佛祈愿仪式，这一点也体现了朝廷的决心。可以说，平将门与兴世王的构想太过天真了。

正月中旬，平将门率军向常陆国进发，搜寻平贞盛、藤原为宪的藏身之地。尽管平将门成功抓获平贞盛及源扶的妻子，但并未能找到平贞盛、藤原为宪等人，因此平将门决定暂时解散诸国军队。到了春天，公田承包契约需要更新，田地需要翻土，平将门麾下的诸国武士、负名需要回去打理家业。这样一来，平将门手下只剩下了少数士兵。另一方面，此时士气正盛的新任常陆国押领使平贞盛瞅准时机，与终于下定决心对抗平

---

1 参议，日本律令时代朝廷最高组织——太政官的官职之一，属于令外官，地位仅次于纳言。一般从四位以上的廷臣中选择有才能的人担任。

将门的下野国押领使藤原秀乡一道向平将门发起冲击。

惊慌的平将门急忙集结剩余兵力，进军下野国，讨伐平贞盛、藤原秀乡。然而，充当平将门后方的藤原玄茂、多治经明的军队在途中遭遇藤原秀乡的军队，败北逃散。藤原秀乡、平贞盛一路追击至平将门军队驻扎的川口村，与迎击的平将门展开激战。其间，高举追捕官符的朝廷军逐渐占据优势，背负叛军骂名的平将门军队节节败退。二月十三日，为追击撤退的平将门军队，藤原秀乡、平贞盛进入下总国境内，将平将门的大本营——猿岛郡石井营所连同其属下私宅一并烧毁。

平将门暂时逃脱，率领极少兵力，伺机与藤原秀乡、平贞盛展开决战。十四日晌午，呼啸的狂风好似要卷走士兵手中的盾牌。在猿岛的一片旷野上，两军展开激战。据说战斗初期，位于上风向的平将门占据优势，人数占优的朝廷军被打得七零八落。然而没过一会儿，风向突然逆转，藤原秀乡、平贞盛乘顺风之势展开反击。最终，平贞盛将平将门射于马下，藤原秀乡将其砍倒在地，取下其首级。武艺独步天下的平将门就这样倒在了猿岛的旷野上。

讨灭平将门的第一份战报于二月二十五日送抵朝廷。三月五日，飞驿使报告称藤原秀乡已诛杀平将门。九日，朝廷举行临时叙位，藤原秀乡获封从四位下，平贞盛获封从五位上，位记、位袍（正式朝服，不同位阶对应不同颜色）当场交至

藤原秀乡高举平将门首级进京 （出自《秀乡草纸》，宫内厅书陵部藏）

二人手中。之后，诛杀兴世王等叛军将领的奏报也相继送抵朝廷。四月二十五日，藤原秀乡进献平将门首级，悬于京城东市，围观者甚众。随后的五月十五日，大将军藤原忠文归京，奉还节刀。

时间来到十一月十六日，在濑户内海的藤原纯友之乱尚未平定的情况下，朝廷举行军功除目，藤原秀乡被任命为下野、武藏两国国守，平贞盛被任命为右马助（马寮次官，后文详述），其余任官者达数十人。另外，朝廷还将没有取得较大功绩的源经基、橘远保分别任命为大宰府警固使、伊豫国警固使，将二人派往西国镇压藤原纯友之乱。

第三节 | 藤原纯友之乱

留在当地的承平功臣

藤原纯友之乱虽然缺少如《将门记》一般详细的实录史料，但基于朝廷记录编撰的编年史和《贞信公记抄》，依然可以将朝廷的动向还原得比平将门之乱还要清晰。此外，在国解、合战日记的基础上成书的《纯友追讨记》（部分逸文载于《扶桑略记》）也具体描绘了战乱的发端和双方交战的情况。

承平六年（936）六月平定海盗后，藤原纯友留在了伊豫。天庆二年（939）十二月，藤原纯友率武装集团离开伊豫、前往备前时，国内民众惶恐不安。作为劝服海盗和平投降的首要功臣，藤原纯友的名声早已传遍伊豫国。伊豫守纪淑人曾劝说藤原纯友不要离开伊豫，即便后来藤原纯友发动了叛乱，纪淑人也继续为其辩护了一段时间。纪淑人大概是信赖藤原纯友的，不然也不会将国内的维稳工作交给他。

然而，藤原纯友不顾纪淑人劝阻，坚决出击备前国，这表明藤原纯友已建立了独立于受领的势力。藤原纯友此时的地位和立场酷似坂东的平将门和藤原秀乡。备前的藤原文元等人也不例外，这些人在各自根据地承包广袤的公田进行负名经营，修建私宅，购置船只，参与海运，其影响力甚至渗透了船所（国衙的船舶管理部门）。

这些承平功臣对于朝廷无视论功申请的行为非常不满，他们时常会以功绩为由，拒绝检田和纳税。这些镇压海盗后留在当地的承平功臣，渐渐演变成了威胁濑户内海诸国稳定的新危险因素。

藤原纯友叛乱——要求朝廷论功行赏

藤原纯友之乱始于天庆二年（939）十二月二十六日，藤原纯友在摄津国须岐驿（今芦屋市）袭击备前介藤原子高。关于战乱的原因存在许多疑点。藤原纯友为何突然率军离开伊豫？朝廷为何会提前知道藤原纯友将出现在濑户内海东部，并向山阳道东部诸国下发传唤官符？藤原纯友为何出现在须岐驿，并袭击备前介？要想解开种种谜团，我们需要将着眼点放在备前国受领藤原子高与藤原文元的对立关系上。

天庆二年夏，西国发生严重旱灾。在朝廷忙于应对平将门谋反密告的五月至六月，西国爆发群盗蜂起的危险性正在逐步提高。然而，这一时期的藤原纯友完全没有行动的迹象。六月二十一日，朝廷向东海道、东山道、山阳道、西海道诸国下发官符，命其加强警戒，其中不包括伊豫国等南海道诸国。数月之后爆发藤原纯友之乱时，从朝野的震惊程度以及后文将要说到的藤原纯友离开伊豫的原因来看，藤原纯友与此次群盗叛乱并无关联。山阳道的群盗首领为备前国人藤原文元。闰七月，藤原子高被任命为备前介，其任务为镇压群盗。九月，朝廷向全国下发禁止使用武力的官符，东西武装叛乱一触即发。彼时正是收缴官物之际，恰巧又遇到严重旱灾，山阳道诸国国衙与负名之间在减免税役问题上发生异于常年的激烈争执，反受领情绪正在逐步蔓延。

与藤原子高在摄津须岐驿交战，将请降的藤原子高绑起来，切耳、劓鼻，杀其儿、掳其妻的，其实也是藤原文元。这是藤原文元出于怨恨而采取的报复行为。而这一报复行为的残忍程度，恰恰说明了藤原子高担任受领时对藤原文元等负名的所作所为。可以想象，藤原子高因藤原文元等人极力反对自己，命令子弟郎党对其进行了严酷镇压。与此同时，在相邻的播磨国，三善文公呼应藤原文元，奋起反抗播磨介岛田惟干。藤原文元与藤原子高的关系，就好比常陆国藤原玄明与藤原维几的关系。无法忍受严酷压迫的藤原文元、三善文公如同藤原玄明求助平将门一般，向曾经的盟友藤原纯友请求援助。十二月，为惩戒藤原子高和岛田惟干，藤原纯友不顾纪淑人劝阻，率武装集团出海，剑指备前、播磨两国。

接到伊豫守纪淑人告知藤原纯友前往备前的奏报后，朝廷于十二月二十一日向备后国以东的山阳道诸国下发官符，传唤藤原纯友。为使藤原纯友响应传唤，其侄子藤原明方也在使者行列。传唤官符送达备前、播磨两国后，藤原子高、岛田惟干才得知藤原纯友要袭击自己，因此万分惊愕。两人计划携妻儿逃往京城，将与藤原纯友没有任何关系的京城数日大火事件栽赃给藤原纯友。得知藤原子高逃跑的藤原文元在藤原纯友的帮助下一路追击，于二十六日黎明在摄津须岐驿将其捕获。为了实施报复，藤原文元对藤原子高处以私刑。藤原子高的随从于二十六日当天将此事报告给了朝廷。藤原忠平立即将公卿召至府邸，召开紧急会议，但无果而终。

藤原纯友通过侄子藤原明方，向朝廷提出三点要求：第一，备前、播磨两国纷争的责任在于藤原子高和岛田惟干，藤原文元和三善文公是受害者；第二，不追究藤原文元对藤原子高施以私刑的责任；第三，公正审核被一直搁置的镇压承平南海海盗的功勋申请，褒奖功臣。藤原纯友想利用这一绝佳时机，获得令自己不满多年的功勋奖赏。

此时的朝廷将全部精力放在了应对平将门之乱上，藤原纯友早就意识到了这一点。二十九日，朝廷举行会议，同时商讨应对平将门之乱和藤原纯友之乱的对策。会上，有人煞有介事地推断："藤原纯友一定与平将门通过气，之后才袭击了藤原子高。"在室町时代成书的《将门纯友东西军记》中，藤原纯友与平将门登上比叡山，俯瞰京师，约定叛乱之后，平将门为天皇，藤原纯友为关白。此外，《大镜》中也有二人共谋篡夺天皇、关白之位一说。可见，共谋的说法在很早以前便流传开来。然而，这只不过是公卿出于对东西同时叛乱的恐惧产生的幻想罢了。

荣光与误算

对于摄关时期的公卿来说，天庆二年（939）年末至翌年元日（新年第一天）的公卿会议恐怕是最具危机感的会议。为全力镇压平将门之乱，朝廷于天庆三年（940）正月接受了藤原纯友的要求，为三年半之前镇压承平南海海盗时的功臣举行了除目仪式（尽管有些唐突），对备前国反受领魁首、向藤原子高施以私刑的藤原文元授予官职（官名不明，而且朝廷也可以不对其授官），藤原纯友获封从五位下。朝廷的这一做法并不仅仅意味着让步，朝廷为藤原文元等人授官的同时，还将其任命为征东军幕僚，利用藤原文元的势力对付平将门。然而藤原文元拒绝出任幕僚，割据一方。对此，朝廷转而任命小野好古为追捕山阳道使，但考虑到对藤原纯友采取军事行动应万分慎重，因此二月三日，朝廷向藤原纯友派出使者，授予藤原纯友五位位阶，并于翌日命令小野好古暂时停止军事行动，观察藤原纯友的反应。

二月三日，授予藤原纯友位记的使者刚一出发，藤原纯友的侄子藤原明方便将“纯友申状”提交给了朝廷。原来，已经不耐烦的藤原纯友向朝廷提出了第二次叙位的要求。同时提交的还有伊豫解文，这是伊豫守纪淑人称赞藤原纯友的叙位推荐信。藤原纯友在伊豫国国衙接受位记后，于二月下旬踏上进京之路，一是为了进献叙位“奏庆”（给天皇的谢礼），二是为了彰显军事实力。此时的藤原纯友认为自己的要求已经实现，因此想平息事态。只要这次进京不出现意外，藤原纯友将作为平定群盗的山阳道诸国最高功勋者受到热烈欢迎。

然而，事态远远超出了藤原纯友的预想：第一个误算是平将门过早兵败身死；第二个误算是备前国的藤原文元、赞岐国的前山城掾藤原三辰等人不满足于朝廷所授官职，因此无视藤原纯友的命令，继续开展叛乱运动。藤原纯友不断与朝廷交涉，促成藤原文元等人重新被授予官职。然而藤原文元继续无视朝廷的授官，在备前、备中两国割据。与此同时，响应藤原文元的赞岐国人藤原三辰掀起针对赞岐介藤原国风的叛乱。藤原国风在与藤原三辰的交战中败北，经阿波国逃亡淡路。藤原纯友本以为任官、叙爵（授予爵位）后便可以平息事态，然而藤原文元、藤原三辰的行动彻底搅乱了藤原纯友的构想。

二月二十三日，朝廷得知藤原纯友朝京城而来，于是制定对策，阻止藤原纯友进京，以武力镇压藤原文元和藤原三辰。朝廷的一系列对策为任命备后国警固使、追捕山阳道使、追捕南海道使，命令逃亡的阿波、赞岐两国国司返回自己的任职国。朝廷的态度之所以会有如此大的转变，是因为朝廷已经得到了平将门战死的情报（在正式奏报送达之前，藤原忠平拿到相关情报并不奇怪）。

不过，朝廷在这一时间点上还未将藤原纯友定性为“凶贼”。放弃进京的藤原纯友将谢状委托给了归京的使者，以此向朝廷表示自己并无叛意。三月二日，谢状送至朝廷，同时送达的还有伊豫守纪淑人为藤原纯友辩护的伊豫解文。此后，藤原纯友在事实上统治伊豫，藤原文元统治备前、备中，藤原三辰统治赞岐、阿波。之后，朝廷与上述三人维持了一个月的对峙状态。这也为朝廷将军队从东国调到西国赢得了时间。

四月十日，追捕山阳道使小野好古“疑有凶贼叛乱”的解文送抵朝廷。十三日，朝廷向山阳、南海两道诸国下发追捕官符，明确认定反叛势力即为“凶贼”“谋反”，重申坚决镇压的方针。不过，此时的朝廷仍未直接定性藤原纯友就是凶贼。四月至六月，朝廷命令诸国征发士兵、军粮、兵船，为镇压藤原纯友做准备。六月十八日，摄政藤原忠平向山阳道使小野好古下达攻击命令，命追捕“凶贼藤原文元”等“藤原纯友手下残暴士卒”。可见藤原忠平还是没有直接针对藤原纯友，这大概是藤原忠平采取的一种策略，想让摇摆不定的藤原纯友自行脱离反叛势力。与此同时，藤原纯友也在摸索着如何妥协。

攻防

八月，政府军和叛乱军进入正面对抗阶段。追捕山阳道使小野好古攻下备前、备中、备后，渡海追击逃往赞岐的藤原文元。藤原文元虽与统治赞岐的藤原三辰合流，但在政府军的攻击下依然处于被动。走投无路的藤原文元和藤原三辰只好向统治伊豫的藤原纯友求助。十八日，藤原纯友率四百余艘兵船进入赞岐，击败政府军，烧毁其兵船，占领赞岐。至此，一直保持沉默、谋求政治解决的藤原纯友公然表明了自己叛军首领的身份。与此同时，此前一直各自为营的叛乱势力也首次集结统一，在伊豫、赞岐、阿波三地对抗朝廷。对于濑户内海诸国的承平功臣和反受领势力来说，藤原纯友一直是他们心目中的英雄。而成就藤原纯友这一点的，是平定承平南海海盗的功勋以及摄关家族庶系的贵族属性。在这一点上，藤原纯友与平将门是相同的。

二十六日，伊豫、赞岐、阿波等国飞驿使相继抵达京城，朝廷由此得知政府军在赞岐国败北的消息。伊豫守纪淑人是第一个奏报藤原纯友叛乱的人。到了此时，他也放弃了为藤原纯友辩护的立场。

追捕山阳道使小野好古败北的战报让朝廷再次明确了坚决镇压的决心。二十七日，朝廷任命追捕山阳道使小野好古兼任南海道使，并在进京的通道要塞配备警固使。二十八日，

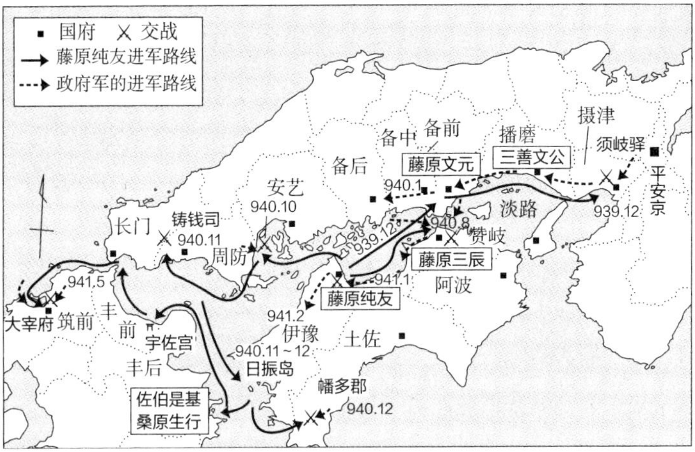

藤原纯友之乱相关地图

朝廷下发飞驿敕符，命令诸国动员士兵。重整旗鼓的政府军在赞岐击败了叛军。藤原纯友留下藤原三辰固守赞岐，自己则从赞岐撤退，并于十月下旬袭击安艺、周防，十一月上旬袭击周防国铸钱司（铸造钱币的官厅），十二月中旬袭击土佐国幡多郡。为了保持士兵的斗志，确保粮食和武器供应，藤原纯友不得不连续出击，掠夺国府和官仓，造成更大规模的破坏，逼迫朝廷妥协（对于藤原纯友来说，朝廷的妥协就是胜利）。

天庆四年（941）正月之前，政府军以投诚的叛军首领藤原恒利为先锋，驱逐赞岐叛军，攻打伊豫。正月二十一日，赞岐叛军首领藤原三辰的首级被悬于京城西狱门示众。二月九日，伊豫国解送抵京城，政府军击溃伊豫叛军，伊豫国已在朝廷控制之下。

决战

然而天庆四年（941）正月前后，朝廷失去了对藤原纯友等人行踪的掌控。到了五月，藤原纯友突然现身并占领大宰府。这期间藤原纯友去了哪里呢？前文说到，《日本纪略》承平六年（936）六月条开篇的“南海贼徒首领藤原纯友以伊豫国日振岛为据点，以千余艘兵船掠夺官物私财”并非事实，而是后世润色的结果。笔者推测，润色的素材来自天庆四年夏天前后的伊豫国解。该国解奏报，藤原纯友叛军攻占大宰府前，曾在日振岛集结。然而集结的原因并非“掠夺官物私财”，而是重整刚刚摆脱政府军追击的军队。

江户时代，宇和岛藩主为了参勤交代[1]，从佐田岬翻山越岭，到濑户内海一侧乘船。据说即便是在今天，仅凭丰后水路的潮汐都无法从日振岛进入濑户内海。因此，以日振岛为据点在濑户内海活动是不可能的。反过来，战国时代，丰后大友氏频繁以日振岛为中转基地入侵宇和地区。而在《日振岛村志》

1 参勤交代，江户幕府统治大名的政策，规定大名在江户和各自领地轮流居住，其妻子和儿女则长期在江户居住作为人质，以此控制大名，削弱其财政。

中，明治四十年（1907）前后的日振岛交通贸易状况被描述为“与宇和岛交通频繁，与若松（今北九州市）、佐伯（今日本九州岛北中部大分县的东南端）、宫崎（位于九州东南部）等地亦有往来”“有往大分县的贩运通道”等。可见，从中世到近代，日振岛一直是连接南豫（宇和岛）与丰后佐伯、日向（位于宫崎县中北部）方面的海上交通要冲。

在日振岛重整旗鼓后，藤原纯友于天庆四年（941）初夏秘密渡过丰后水路，联合佐伯是基、桑原生行等丰后、日向反大宰府势力，于五月中旬突破关门海峡[1]，突袭大宰府，火烧政厅。这是藤原纯友的最后一次攻势。他想用占领大宰府这一军事胜利来逼迫朝廷妥协，然而朝廷没有半点和平谈判的意思。

五月二十日，政府军从海陆两线同时向占领大宰府的藤原纯友发起进攻。追捕使长官小野好古率军从陆路逼近，追捕使主典（最低一级追捕使）大藏春实（原田氏等大宰府武士之祖）率军队经海路从博多登陆，与前来迎战的叛军展开战斗。大藏春实披头散发闯入叛军阵中，藤原恒利等人紧随其后，烧毁叛军船只。在决战中败北的藤原纯友等人慌忙逃回各自的根据地。

六月十一日，备前国奏报：“藤原纯友弃船上岸，似有进

---

1 关门海峡，旧名马关海峡，日本本州西端山口县下关市与九州岛北端北九州市门司区之间的水域。

京打算。”此时的藤原纯友似乎是想进京向藤原忠平辩解。然而，当他意识到自己无法进京时，便带着儿子藤原重太丸逃回了伊豫。二十日，疲惫不堪的藤原纯友父子被伊豫警固使橘远保发现，随即遭斩首。七月六日，橘远保进献藤原纯友首级。九日，首级先后在京城东市、西市示众（《师守记》）。

另一方面，藤原文元与其弟藤原文用、三善文公等人于九月十六日前后在备前国邑久郡上岸，逃往播磨。二十日前后，藤原文元等人在赤穗郡与追击而来的国衙军队发生激战，三善文公被杀。逃脱追击的藤原文元、藤原文用兄弟于十月十八日化装成僧人，前往但马国朝来郡贺茂贞行官邸（藤原文元有恩于贺茂贞行），以求短暂休息和逃往东国的路费。贺茂贞行假装痛快答应，于翌日十九日，包围其下榻处后将其射杀，随后斩首。

天庆四年十月二十三日，追捕山阳南海道使与诸国警固使接到停战命令，战时状态被解除。十一月，朝廷宣布“本月以后，天下安宁，海内清平”，通告全国恢复和平（此后不再设诸国警固使，相关职务由诸国追捕使继承）。天庆五年三月，朝廷胡乱行赏，橘远保的美浓介、大藏春实的对马守正是在此时任命的。回头想想，藤原纯友发动叛乱正是为了得到本就属于自己的功勋，然而讽刺的是，朝廷却将功勋赏给了打败藤原纯友的人。

第四节 | 天庆之乱的历史地位

两次叛乱的共同点

平将门和藤原纯友出生在9世纪末至10世纪初的体制过渡期。在这一时期，由公卿、殿上人组成的宫廷贵族社会逐渐形成，通向叙爵五位的途径逐渐固定下来。因此，两人父亲的早逝对其日后的晋升造成巨大影响，这是两人从宫廷贵族社会掉队的主要原因。

平高望的父亲高见王无位早逝，这意味着其子孙将被贵族社会所淘汰。这与高见王的哥哥高栋王一支的平氏（称“公家平氏”）世代担任公卿形成对比。父亲去世后，平将门放弃在宫中任职，身无爵位回到家乡。而藤原纯友之所以在藤原元名的举荐下才当上伊豫掾，也是因为其父亲藤原良范的过早离世。也就是说，藤原纯友同样被宫廷社会拒之门外。可即便如此，两人依然为了步入贵族社会而不懈努力。他们一定都幻想过有朝一日能当上兵卫尉或卫门尉[1]，然后叙爵五位，成为受领。在有限的选择中，通过功勋获取爵位是其中一种方式。二人全力追捕海盗、调停纷争，正是为了获得功勋。

---

1 兵卫尉、卫门尉分别是六卫府中的兵卫府和卫门府的官职，负责京城巡逻、保卫宫城、保护天皇等，是获封五位的途径之一。

因此当期望受挫、愤懑达到顶点时，他们也只能走上反叛的道路。

二人都是武名赫赫、无可匹敌的英雄。平将门在武艺上非常自负，他在写给藤原忠平的信中说："将门天赐武艺，思来想去，同辈岂有与我比拟之人。"的确，平将门的武名响彻坂东、京畿，就连坂东诸国受领也有赖于平将门的维稳能力。而藤原纯友则是不费一兵一卒使承平南海海盗全部投降的最高殊勋者。平定海盗后，伊豫守纪淑人继续委托藤原纯友维护国内稳定，希望他能发挥濑户内海纷争调停者的作用。另一方面，藤原纯友能以闪电战占领赞岐和大宰府，这也彰显了他的果敢和英勇。

二人都不满足于朝廷的褒奖和待遇。平将门曾明确向藤原忠平提出抗议："朝廷非但不予褒奖，反而屡次谴责，实乃耻辱，颜面丧尽。"此处的"耻辱"和"颜面丧尽"，正是平将门愤而起事的内在动机。藤原纯友是平定承平南海海盗的最高殊勋者，然而朝廷抹杀了他的功勋申请。藤原纯友出手帮助盟友藤原文元是一种积怨的爆发，也是对功勋申请被搁置的抗议。

然而，二人都抱有一种错觉。正如平将门信中所言，他们对自身的武艺盲目自信，相信可以凭借武艺撼动世界。然而，这些刚刚登上历史舞台的武士未免太过自负了。的确，他们是货真价实的英雄，但他们没有意识到一个严酷的事实，那就是只有当朝廷赐予他们追捕官符、任命他们为军事指挥官时，他们才能真正地施展武艺。事实也是如此，两人最终都败给了受追捕官符驱使、为功勋奖赏拼命厮杀的政府军。

平将门叛军的指挥者是平将门的兄弟及延喜功臣子孙。藤原纯友叛军的指挥者是藤原纯友、藤原文元、藤原三辰等承平功臣。另外，二人麾下也都有反对受领的属于田堵、负名阶层的人加入。在爆发旱灾、饥馑的情况下，叛军占领国衙，流放受领，导致征税体制瘫痪，暂时解除了国衙与负名（田堵）之间的统治关系。因此对于田堵、负名阶层来说，叛乱是符合他们的利益的。从另一个层面来说，平将门和藤原纯友也是负名。“将门、纯友之乱”一方面是田堵、负名阶层对王朝国家所制定的受领统治政策的反抗，另一方面也是之后的反受领斗争（称“凶党蜂起”）的先声。

而政府军一方，镇压平将门之乱的主力是坂东诸国押领使藤原秀乡、平贞盛、平公雅、橘远保等延喜功臣子孙，镇压藤原纯友之乱的主力是现役下级武官以及从东国战场转战而来、成为追捕山阳及南海道使小野好古幕僚和诸国警固使的延喜功臣子孙。另外，诸国动员的军队也是田堵、负名阶层。也就是说，在阶层属性上，叛军和政府军是一致的。在武士和田堵、负名阶层中，有人反抗受领的剥削而站到平将门、藤原纯友一边，也有人为了建功立业而投身政府军。其中，向政府军倒戈、在赞岐和伊豫之战获胜的藤原恒利以及暗算藤原文元的贺茂贞行等人是追求功勋的武士的典型代表。

“将门、纯友之乱”后，武士们认识到武力对抗朝廷是没有意义的，朝廷也认识到对武士施以冷遇会带来怎样的祸端。天庆之乱（“将门、纯友之乱”）后的一百年间，日本再也没有发生过大规模的武士叛乱。武士从此变成了以功勋为阶梯获取位阶和官职的“国家战士”。

两次叛乱的不同点

以下所说的两次叛乱的不同点仅限于政治史层面。

第一，平将门之乱的前提是长期的族内斗争，藤原纯友之乱的开端是藤原纯友突然介入备前国反受领斗争；第二，统治坂东诸国时期，平将门有藤原秀乡、平贞盛等强劲对手，藤原纯友的统治范围内则没有敌对势力；第三，平将门发动叛乱缺少明确的政治目的，占领坂东诸国也只是为了观察朝廷的态度，相反，藤原纯友明确向朝廷提出了叙爵五位、授予昔日盟友官职等要求；第四，平将门即位新皇后，重新任命了坂东诸国受领，构建起自己的统治机构。藤原纯友则没有采取类似举措；第五，镇压平将门之乱的主力是当地的反平将门势力，镇压藤原纯友之乱的主力是中央派遣的追讨军；第六，平将门之乱在平将门统治坂东后仅仅两个月内被镇压，藤原纯友之乱耗时近两年才完全镇压。

一般认为，导致上述不同的根本原因在于坂东诸国和濑户内海诸国在向王朝国家体制过渡时面临的问题有所不同，这导致两地的叛乱情况也有所不同。

在坂东诸国，宽平、延喜年间的国制改革与暴力抵抗同时进行。在镇压暴力抵抗运动的过程中，武士登上历史舞台。平将门是在东国之乱中大放异彩的“头号武士”平高望的第三代子孙，平将门的伯父、叔父、堂兄弟等平氏也都盘踞在坂东诸国。第二、第三代坂东武士虽然同属负名阶层，面对国衙，两者利害关系相同，但实际上竞争关系更为明显。平将门无法彻底消灭族内敌对势力，叛乱目的变得模糊不清，其原因就在于此。另一方面，这也使得朝廷可以利用追讨官符轻易集结起反平将门势力和伺机而动的势力。因此，平将门要想继续占领坂东诸国，必须构建起独立的权力机构。然而这也导致平将门尚未与朝廷进行和平谈判，便遭到地方敌对势力的镇压。

而在濑户内海诸国，宽平、延喜年间的国制改革并未遭到大规模暴力抵抗。遗留下来的卫府舍人问题最终是以“承平南海海盗”的形式爆发出来的。藤原纯友、藤原文元、藤原三辰等人是当地的第一代武士，他们有着平定承平南海海盗的共同经历，都对朝廷抹杀他们的功绩有所不满。而且他们还有着共同的负名立场，且自身所在地区内没有敌对势力。因此在濑户内海诸国，受领与叛乱势力的敌对关系更为直接。藤原纯友之乱之所以以突袭国司为开端，且具有明确的政治目的，原因就在于此。由于自身所属地区内不存在敌对势力，因此藤原纯友之乱呈现出长期化的趋势，这使得朝廷不得不投入朝廷军进行镇压。

最后是叛乱的名称问题。此前，平将门之乱与藤原纯友之乱一直被统称为“承平、天庆之乱”。可实际上，承平年间的坂东之乱是平将门与其伯父、叔父之间的私人纷争，朝廷、国衙甚至寄希望于平将门能够恢复地区和平。平将门真正与国家形成敌对关系是在占领常陆国的天庆二年（939）十一月。而藤原纯友的叛乱之路则始于天庆二年十二月。综上所述，“承平、天庆之乱”的称呼难以区分承平年间战乱与天庆二年之后战乱的不同性质，容易给人一种平将门和藤原纯友自打承平年间就是叛乱者的错误印象。因此如果要统称两场叛乱的话，也应该叫“天庆之乱”。

第三章

摄关时期的武士与国家军制

第一节 | 武士身份的确立

天庆功臣子孙才是正式的武士

天庆之乱平定后，那些曾经参与镇压的人有的成了武士，有的则没有。上野国押领使藤原惟条和山阳、南海两道追捕使长官小野好古及其子孙没有成为武士。反而是逃回京城密告平将门时被评价为“尚不精于兵法”、后来在藤原纯友之乱中担任追捕使次官的源经基走上了武士之路。那么，是否成为武士的分歧点是什么呢?

五位以上官员去世后，其经历和评传将以“薨卒传”的形式载入《三代实录》等正史中。其中，纪、伴、坂上、小野、文室等氏族的卒传中，随处可见所谓“家业武艺”“武艺绝伦”的评价。也就是说，他们是以“武艺”为“家业”的“武艺之士”。因此有人认为，他们是武士之鼻祖。可是，他们的武艺是从卫府继承下来的“律令武艺”，是骑射、赛马等在宫廷仪式上进行表演的细致考究的武艺，而非在实战中磨炼出来的武艺。因此，不能说这些在 9 世纪拥有“家业武艺”“武艺绝伦”等美名的武艺官员家系到了 10 世纪就自然成了武士。即便参加了平定天庆之乱，如果没有建立功勋也不能被称为武士。只有在 9 世纪末至 10 世纪上半叶的体制过渡期内，在镇压叛乱

天庆之乱后的论功行赏（含推测部分）

氏名	行赏前的官职	行赏后的位阶及官职	出典	始祖关系
藤原秀乡	下野掾	从四位下，下野、武藏守	《日本纪略》	小山氏、足利氏等始祖
平贞盛	常陆掾	从五位下，右马助	同上	伊势平氏始祖
源经基	武藏介	大宰少贰	《扶桑略记》	清和源氏始祖
平公雅	上总掾	安房守	《浅草寺缘起》	尾张长田氏等始祖
平清干	上野介	因幡守	《类聚符宣抄》	安房安西氏始祖
橘远保	远江掾	美浓介	《日本纪略》	骏远橘氏始祖
藤原贞包		筑前权掾	《本朝世纪》	
巨势广利		左卫门少志	同上	
大神高实		左兵卫少志	同上	丰后绪方氏始祖（？）
藤原为宪		兵库权少允	同上	骏远工藤氏等始祖
藤原远方		左兵卫权少尉	同上	
藤原成康		右马权少允	同上	
大藏春实	右卫门志	从五位下，对马守	《大藏系图》	大宰府大藏氏始祖
藤原伦实		左马允	《乐音寺缘起》	安艺沼田氏始祖
越智用忠		从五位下	《贞信公记》	伊豫何野氏等始祖

的过程中接受过战术革命的洗礼，并利用新的战术建立过功勋的人，才能被社会认可为武士。

如上表所示，中世武士大多奉天庆之乱中的功臣为始祖，如奉源经基为始祖的清和源氏、奉平高望为始祖的桓武平氏、奉藤原秀乡为始祖的小山氏、足利氏。就像《平家物语》所描绘的那样，武士在一骑打之前需要自报家名，列举本族自始祖以来所创功绩（称“读氏文”）。比如藤原秀乡的子孙会说："你们远处的听着，近处的看着！吾乃昔日攻灭朝敌平将门，蒙受恩赏的俵藤太秀乡十代孙、足利太郎俊纲的儿子又太郎忠纲，生年十七……若觉得自己有本事，过来与我一较高下！"如此可见，身为源经基、平贞盛、藤原秀乡等天庆功臣的子孙，其身份包含着一种特殊的意义。再如《今昔物语集》，谈及源经基、平贞盛、藤原秀乡的子孙时，必定要加上"田原藤太秀乡的孙子""贞盛的孙子""承继家业之兵""兵之家"等套话。可以说，这些天庆功臣才是中世时期以"武艺"为"家业"的武士鼻祖。选择武士之道的源经基、平贞盛、藤原秀乡等人特别注重将自己在实战中磨炼出来的武艺传给后人，其子孙则以成为武士、不辱英雄始祖之名为目标，日夜磨炼再磨炼，刻苦钻研。

反之，如果不是功臣子孙，无论其武艺如何优秀，都不能称之为武士。长元元年（1028），以藏人[1]一职出仕宫廷的藤原范基不知被何人贴上"杀害郎党"的标签。此事在殿上人、藏人之间引起不小的骚动。时任右大臣的藤原实资从藏人头处听到这一传闻后说："荒谬至极，范基喜好武艺是任何人都不允许的，其父母双方均非武者种胤（后裔）。"（《小右记》）此外，曾出任藤原道长和藤原实资的家臣、担任大和守等职务的藤原保昌也是如此。藤原保昌虽是摄关时期勇名远播且可与源氏、平氏武士比肩的武勇之士，但在《今昔物语集》中却被评价为

1 藏人，宫廷机构藏人所的官员，长官称藏人头。起初掌管机密文件和诉讼文书，后来变成掌管天皇衣食起居、仪式庆典等一切宫廷事务。

“既非兵之家，然以武艺立身，此即无后之由”。

藤原实资所说的“武者种胤”以及《今昔物语集》所说的“兵之家”，指的就是是否为天庆功臣子孙一事。宫廷贵族之间存在一种共识，即父母双方与天庆功臣无血缘关系者，不可妄自习武。朝廷在这一时期一共举行过两次军功除目。一次是在天庆三年（940）十一月藤原纯友之乱尚未平定之际，受赏者数十人。另一次是在平定藤原纯友之乱后的天庆五年（942）三月，此次军功除目较之上次规模更大。能够享有武士资格的，只有这些在军功除目中受到恩赏的天庆功臣子孙。武士身份的确立，正是建立在朝廷、宫廷贵族以及地方国衙对这些天庆功臣武士身份的认可之上。

武士乃“国家支柱”

平定平忠常之乱（第四章详述）的源赖信，在永承元年（1046）供奉石清水八幡宫的祈愿文中说：“文武两道乃朝家（国家和天皇）支柱。”他认为，武道（武艺）与文道（学艺）是支撑国家和天皇的、不可或缺的技艺，而以武艺侍奉国家和天皇，以此建立功勋者，正是“我等源氏”。文武两道乃国家支柱的思想来源于中国自古就有的传统文武观念。奈良时代初期的养老五年（721）正月，元正天皇下诏：“文人、武士乃国家重器，挑选官员中学问、技艺特优者，予以褒奖，以激后进”，将武艺纳入明法（律令法学）、明经（儒学）、文章（汉文学和史学）、算术、阴阳、医术之列，一同褒奖（《续日本纪》）。这是“武士”一词第一次出现在史料当中。因此有人认为，将奈良时代的武艺官员称为“武士”也未尝不可。然而，此处的“武士”是相对于“文人”而说的，指的是精于“律令武艺”的武艺官员，与中世时期的武士是两回事。

《续本朝往生传》（大江匡房著，12世纪初成书）在列举一条天皇时代（摄关政治的全盛时期，986—1010）的名人时，先举出了管弦、文士（写作）、和歌、画工、异能（相扑）、近卫、阴阳、医方、明法、明经等方面的名人，接着又指出“有名的武士有源满仲、源满正、平维衡、平致赖、源赖光，此皆天下一等”。摄关时期，在天皇身边服侍的必须是藏人或殿上人。然而在儒学、写作、武艺、棋艺、管弦、歌舞等方面有特殊才能的官员，也被登记在了藏人所的名簿上，可以随时在天皇御前表演技艺（《西宫记》）。该名簿还有一项功能，即政变时可以以此召集武士进宫（后述）。一条天皇特别喜爱这些被《续本朝往生传》称为“天下一等”的人物，曾亲口称赞这些人为“皇家支柱”。其中，源满仲、源满正、平维衡、平致赖、源赖光等人将在后文中以武士的身份大放异彩。

传授、培养这些专业技艺的是律令国家的大学寮（培养中央官吏的机构）和各个专业官司，如刑部省、阴阳寮、民部省、卫府等。若是学习武艺，则在卫府的弓场和马场接受训练。一条天皇退位以后，官方训练、培养技艺的体系逐渐崩溃，转而变为家族继承制，如阴阳道的贺茂氏、安倍氏，明法道的中原氏、坂上氏，医道的丹波氏，算道的小槻氏、三善氏等。要想以这些特殊技艺立身，只有出生在这些家族、成为其养子、拜师学艺这三种途径。这种传承方式的转变是武艺家族化、内部化的条件。在此做一总结：9 世纪末至 10 世纪上半叶的长年叛乱引发了“战术革命”，其中诞生的全新武艺被源氏、平氏以及藤原秀乡一支的藤原氏所继承并奉为家业。

在将武士视为特殊技艺者（称“职能人”）的历史学者中，视武士为职业杀手的倾向较为明显。然而武士自己并不这么认为。就像明经、明法、文章、算数等技艺是一个国家必不可少的专业技术一样，武士也认为自己的技能是国家的必要特殊技能，他们也和其他官员一样，思考着如何以自己的技能侍奉天皇和国家，以此获得晋升。

在《平家物语》中，源三位赖政称：“自古朝家设置武士是为了击退逆反之人，消灭违敕之人。”在白河、鸟羽院政时期担任摄关的藤原忠实称：“不应该任命源为义为检非违使，既然天下安稳，就应该任命他为受领。”（《中外抄》）在保元之乱（第六章详述）中，源义朝曾大呼：“有幸生逢此等机遇，以往私合战时须顾忌朝廷而束手束脚，然而今日蒙圣旨，平朝敌，受恩赏，此乃光耀门庭之事。为使武名流芳后世，恩赏惠及子孙，请众将士务必奋勇杀敌！”（《保元物语》）可见，武士认识到了自己是国家的军事力量，并将建功立业视为最高荣誉。

武士的名誉与“私合战”

武名是武士的一切。为了维护武名，武士必须要有“人若犯我，我必犯人”的复仇观。武士认为复仇是一种“义”，因此他们常常会帮助想要复仇的其他武士。平将门之乱的导火索是平将门帮助藤原玄明复仇，藤原纯友之乱同样是以藤原纯友帮助藤原文元复仇为发端。

当被他人中伤、“一以当千”的自尊受到伤害时，武士便会以“私合战”即决斗的方式证明自己的强大。《今昔物语集》中有一则著名的故事是说，早在平将门之乱以前，箕田源二宛与平将门的叔父村冈五郎良文（平良文）在武藏国的原野上就进行过一骑打决斗，未能决出胜负。然而此后，两人成为欣赏彼此射术的亲密朋友。这次决斗就起源于他人的中伤。这种为竞逐武名而进行决斗、复仇的特殊行为，随武士诞生而登上了日本历史的舞台。

长德四年（998），平贞盛的儿子、在伊势国居住的下野国前国司平维衡，与平公雅的儿子、散位（位阶五位，但无官职）的平致赖决斗，两人因此被伊势国和伊势大神宫投诉至朝廷。平维衡和平致赖被《续本朝往生传》评价为“天下一等”，是可以代表一条天皇时代的一等一的武士。十二月，朝廷传唤二人前往检非违使厅接受审讯。对此，平维衡上交“过状”（谢罪状），平致赖则拒绝认错。长保元年（999）十二月，朝廷决定保留平维衡五位位阶，将其发配淡路，剥夺平致赖五位位阶，将其流放隐岐。但是不久之后，平维衡被赦免回京，平致赖也在长保三年被召回，恢复位阶。据《今昔物语集》描述，是由于有人挑拨，才导致平维衡和平致赖在伊势国进行私合战（伊势平氏部分参照高桥昌明著述）。

比拼武艺的敌对关系由各家子孙继承了下来。平维衡和平致赖的敌对关系被下一代的平正辅和平致经继承下来，二人于长元三年（1030）在伊势国交战。另一方面，平贞盛的弟弟平繁盛为向延历寺敬献《大般若经》，于宽和三年（987）前后进京。然而在进京途中，平繁盛受到叔父村冈五郎良文的儿子、昔日旧敌陆奥介平忠赖、平忠光兄弟的阻挠。为了与二人交战，平繁盛甚至打消了进京的念头。而平繁盛与平忠赖兄弟的敌对关系，也被平繁盛的儿子平维干、平忠赖的儿子平忠常继承。

如此而言，武士为了证明自己的强大而进行私合战，袭击和暗杀则是受到中伤的武士挽回颜面的报复行为。失去颜面，就意味着失去身为武士的资格。

正如源义朝所言，武士在私合战中通常会对朝廷有所顾忌，因此不会真刀真枪地拼杀。而武士动辄以受中伤为由进行私合战，其实也是借此机会来向对方夸耀自己的武名，因此这种私合战带有一定的表演成分。诚然，在交战中，田园会被践踏，民宅会被烧毁，百姓会蒙受巨大的损失。但是另一方面，百姓也成了私合战这场表演的“看客”。在众多百姓的围观下，参与决斗的武士夸张地展示自己的武艺，故意制造出精彩场面，以此彰显自己才是天下最强的武士。《今昔物语集》收录了许多关于合战的故事，这也说明当时上至贵族，下至普通百姓，都对武士的合战抱有极大兴趣。

武士在私合战中有所收敛的另一个原因是，私合战实际上是一种犯罪行为，一旦被国衙或当事人诉诸朝廷，私合战便会成为刑事案件，有些武士还会因此遭到监禁或流放，更严重的还会惊动朝廷下发追捕官符或是被悬赏通缉。帮助他人实施报复的平将门和藤原纯友，即是其中的典型。

第二节 | 武士的在京供职与在地性

武士大量任官与在京供职

朝廷领导层从平将门和藤原纯友之乱中认识到，如果不能很好地处理武士的待遇问题，他们便会发动大规模的叛乱。有鉴于此，朝廷在平定叛乱后举行除目仪式，对大量武士委以官职。其中，藤原秀乡任下野、武藏两国国守，平贞盛任右马助，其他许多功臣也都被任命为卫府和马寮官员。此外，朝廷还要求在卫府任职的官员要按期进京，不服从命令者将被朝廷督促进京。朝廷意识到，允许延喜功臣、承平功臣结束任期后留在当地，是引发平将门之乱、藤原纯友之乱的原因之一。因此，朝廷制定了新的方针，命令成为卫府官人的功臣在京供职，以防止再发生类似的叛乱。

另一方面，武士也从平将门、藤原纯友的悲惨结局中认识到，与朝廷进行军事对抗是完全没有意义的。因此，他们开始以检非违使、受领等身份到宫廷社会中发展，即成为“在京武士”。在摄关、院政时期，担任史、外记、八省的丞、藏人、检非违使等职务，且位阶在五位及以下的实务官员被称为“诸大夫”。这些人后来还形成了有别于公卿、殿上人的下层贵族阶层。源氏、平氏、藤原利仁一支的藤原氏、藤原秀乡一支的藤原氏等，正是梦想着有朝一日能够跻身“诸大夫”之列，成为受领，积蓄财富，才在京中努力供职的。

大内守护与泷口

源经基的长子源满仲在京城任藏人、左马助，后出任陪伴村上天皇鹰猎的“御鹰饲”，作为天皇的侧近武士服侍天皇。源满仲的长子源赖光在圆融天皇时代同样担任藏人一职，后在三条天皇尚为皇太子的二十六年间，作为东宫大进、权亮[1]服侍皇太子，一生出任三条天皇、后一条天皇两朝内藏头[2]、殿上人，官至正四位下。长和四年（1015）闰六月，三条天皇在源赖光的私人法会上，将念珠赐予长年奉公的源赖光。而长年担任藏人、殿上人的源赖光也以“大内守护”的身份守护在内里清凉殿的殿上间[3]，时时陪伴天皇。源赖光继承了其父亲源满仲在摄津国多田的领地，其子孙因此称“摄津源氏”，世代承袭“大内守护”身份，并在与公卿、殿上人的交往中展示出了歌人所具备的才华。治承四年（1180），拥护以仁王举兵攻打平氏、后于宇治平等院兵败自杀的源赖光后人源赖政（后文详述），即是平安时代末期王朝歌坛的权威。

9世纪时，守卫内里是近卫府的任务。每天夜里，近卫将曹要在弓场殿向近卫大将汇报当班的近卫官人、舍人的姓名，此称“宿申”。然而到了9世纪末，警卫内里清凉殿的工作变成了藏人所的职责范围，殿上间由位阶为四位、五位的殿上人

1 大进、权亮，均为处理皇太子相关事务的官厅春宫坊的官职。大进为三等官，从六位上。亮为二等官，从五位下。权亮即政令规定以外临时任命的亮。
2 内藏头，内藏寮是律令体制下，中务省下属的一个机构，内藏头是内藏寮的长官。
3 殿上间，位于清凉殿南配房供公卿、殿上人谒见天皇的房间。

轮流把守，泷口武士（以下简称“泷口”）则在清凉殿东庭东北侧的泷口（内里排水口）附近的游廊站岗把守（称“泷口之阵”）。近卫府被从把守清凉殿的任务中排除出去，其职责被限定在了把守日华门、月华门（称“左右近卫阵”）以及内里的夜间巡逻上。

新皇即位之际，由摄关、公卿从家臣中推举，而后在藏人所接受射艺考试，合格者方可成为泷口。泷口名额最初为十人，之后逐渐增加，到白河天皇在任时增至三十人。成为泷口的未必都是武士，但其中也有藤原利仁一支的藤原氏、摄津渡边党世袭泷口一职。源氏、平氏武士之中，也有不少人像平将门一样年纪轻轻便当上了泷口。

殿上人、泷口站岗时要进行点名（称“名对面”）。在天皇御前伺候的藏人首先要逐个询问殿上人“是谁”，殿上人须依次报上自己的姓名。紧接着，藏人走出内里，背对着立于东庭的泷口（即面向天皇），以藏人清嗓为信号，泷口先要鸣弦（后述）两次，然后藏人逐一询问，泷口逐一上报。报名完毕后，藏人回到内里向天皇报告出缺勤情况（称“见参”）。前文提到，“宿申”是由将曹整理好当班官员的姓名后统一上报。与之相反，泷口的点名需要在天皇的御座前逐一进行，这象征着每一位泷口都直接对天皇负责。武士的奉公观，就是在其年轻时担任泷口的过程中形成的。

前述的“鸣弦”就是用力弹响弓弦，以驱邪气。除点名外，天皇患病、沐浴或有皇子出生时也要鸣弦。《平家物语》记载，堀河天皇不知为何夜夜生怯，守在紫宸殿厢房的源义家于是鸣弦三次，大呼："前陆奥守源义家在此！"彼时殿上人、藏人无不寒毛直竖，此后天皇果然痊愈。

泷口鸣弦、名对面，无非是向所有威胁天皇安全者（不仅是物理威胁，也包括鬼怪等心理威胁）宣告，自己将保护天皇。在《枕草子》中，清少纳言列举了"殿上名对面时的可爱之处"，如集合时殿上人的脚步声、鸣弦声、泷口的杂沓声与藏人高亢的点名声，以及因点名声奇怪，引得泷口发笑的窃窃私语声等。在清少纳言轻妙的笔下，女官会互相品评殿上人与泷口报名时的好坏，听到心仪的殿上人的名字，有些女官还会羞红脸。而这些人声、物声、笑声以及实实在在的站岗把守，是处于黑暗之中的天皇、皇后、女官能够安然入睡的重要保障。

"源赖光四天王"之一的渡边纲（与村冈五郎决斗的箕田源二宛的儿子，因降伏大江山酒吞童子的故事而闻名）及其子孙便世袭泷口一职。在治承五年（1181）五月二十六日的宇治川之战中，渡边唱、渡边竞等渡边党武士追随源赖政战死，而大内守护、源赖光嫡系子孙则指挥泷口保护天皇，并通过这一指挥关系将出身渡边党的泷口收为郎党（后文详述）。

近来有观点认为，泷口的作用不在于以武力保护天皇，而在于确保天皇的神圣性不受鬼怪侵犯，即"辟邪"。可是话又说回来，如果泷口不具备强大的武力、无法消除或减轻天皇的恐惧和不安的话，那么辟邪也就无从谈起。正是有源义家这种武艺高强的武士鸣弦，鬼怪才会退去，天皇的不安才会被驱散。如果硬要说“武士就是为了辟邪”的话，那么现代各国的军队、核武器也都成了辟邪。因此笔者认为不应该用“辟邪”来解释泷口夜间警卫和鸣弦的作用。

摄关时代的京城虽然频发打斗、盗窃事件，但谁都不认为京城会发生叛乱或天皇遇袭事件。所以就没有必要保护天皇了吗？事实并非如此。即便是在内里，也时常发生打斗和盗窃事件，这让天皇常常处于不安和恐惧之中，就连深夜里的不明响动或是静谧诡异的气氛也会让天皇一阵胆寒。实际上，这些深夜里的响动和诡异的气氛，大多数情况下是闯入内里的猫狗、狐狸或是鸟类制造的。《今昔物语集》中有源赖光奉太子（后来的三条天皇）之命，于东三条殿（摄关家的本邸）射狐的故事。《平家物语》中有源赖政击退妖怪、降伏鵺的故事。这些略显儿戏的武勇故事虽然很符合大内守护来往于宫廷贵族之间、保护天皇的形象，然而其蓝本只不过是大内守护赶走一些不值一提的小动物罢了。不过，黑暗中的奇怪响动有时也的确出自打斗或盗窃。参与打斗的当事人或盗贼，大多数情况下是藏人或藏人所的下级职员，即宫内人。而阻止打斗、逮捕盗贼的，还是泷口。

检非违使

检非违使厅（简称“使厅”）是负责京内治安、刑事裁判的中央行政机构，由兼任左右卫门督（卫门府的最高官职）的中纳言或参议出任别当（即长官，也称“使别当”）。不过，使别当不在使厅办理实务，其工作是接受使厅的报告，通过“别当宣”给使厅下发指示。如遇重大问题，使别当需要接受天皇、摄关的裁决，之后再向使厅下发指示。检非违使佐（由卫门府的次官卫门权佐担任）是使厅的实务负责人，统筹诉讼案件的受理、审理以及犯人的追捕、审讯、判决、收监等工作。实际操作中，各个环节又有不同的负责人。如负责审理、判决诉讼案件的是出身明法家的检非违使（称“道官人”），追捕犯人的是出身卫门尉的检非违使（称为“追捕尉”）等。追捕犯人时，追捕尉要率领使厅下级职员以及自己的郎党一同出动。尽管追捕尉并不全是武士，但这些官员在追捕犯人时极为活跃，这也让京城百姓在感到安心的同时又有一丝恐惧。担任几年检非违使、获封五位之后，便可获得出任受领的资格。源氏、平氏两个家族中有许多人就是通过这一途径成为受领的。

武士中也有人被任命为管理宫廷仪式用马的马寮官员。马寮长官（称“左右马头”）须按照近卫大将的指示，负责与马寮相关的宫廷仪式的准备和举办。据《小右记》描述，长和三

《法然上人绘传》中描绘的检非违使 （知恩院藏，京都国立博物馆提供图片）

年（1014），右马头源赖亲（源满仲次子）想以生病为由偷懒，结果遭到右大将藤原实资的严厉叱责，不得不去准备赛马仪式。武士中有许多人曾在马寮担任实务官员，如著名的平贞盛曾担任右马助、源满仲曾担任左马助等。可见，武士的官职并非都是虚职。

然而另一方面，追讨平将门的首要功臣藤原秀乡在担任上野、武藏两国国守后，并没有进京任职的迹象。也就是说，他将毕生精力都用在了地方经营上。他的子孙也继承了这一传统，以“在地武士”的身份在下野国等地扩张势力。此后，藤原秀乡的儿子藤原千常的曾孙藤原公行成为佐渡守，因此其后世子孙便以佐藤为姓、以“在京武士”身份进京任职。以《山家集》而闻名的歌人西行法师就是藤原公行的子孙，俗名佐藤义清，后成为白河院的“北面武士”（后述）。

贵族与武士的主从关系——九条流与源氏、小野宫流与平氏

众所周知，源、平武士会以摄关家的家臣、贴身警卫或受领等身份，为摄关家提供经济方面的服务。这种贵族与武士之间的主从关系被认为是中世封建主从制的源流。但另一方面，学者也强调，此时的主从关系还不成熟，尚未达到真正的封建主从制的程度。那么，摄关时期贵族与武士之间的主从关系到底是怎样的呢？

源经基的子孙与藤原师辅、藤原兼家、藤原道长一脉的摄关家嫡系（称“九条流”），就是一种密切的主从关系。宽仁二年（1018）六月，源满仲的嫡子源赖光为藤原道长的新宅“土御门第”奉上全套家居用品，其中体现出的忠诚和财力之巨大不免令人咋舌。乔迁当天，源赖光差人将礼物运至藤原道长新宅，途中道路被京城百姓围得水泄不通，人们交口称赞家具之“风流”（华美）。大纳言藤原实资在日记（《小右记》）中记下了礼物清单，并感叹此乃“稀有中的稀有之事”。藤原道长的新宅土御门第是在长和五年（1016）七月烧毁后重建的。新寝殿的各个房间由各国受领分摊建造，源赖光也承担了其中一间。与火灾前相比，重建的土御门第格外豪奢。其后，源赖光立即从美浓守迁任伊豫守。这当然也是基于其参与营造寝殿的功劳。

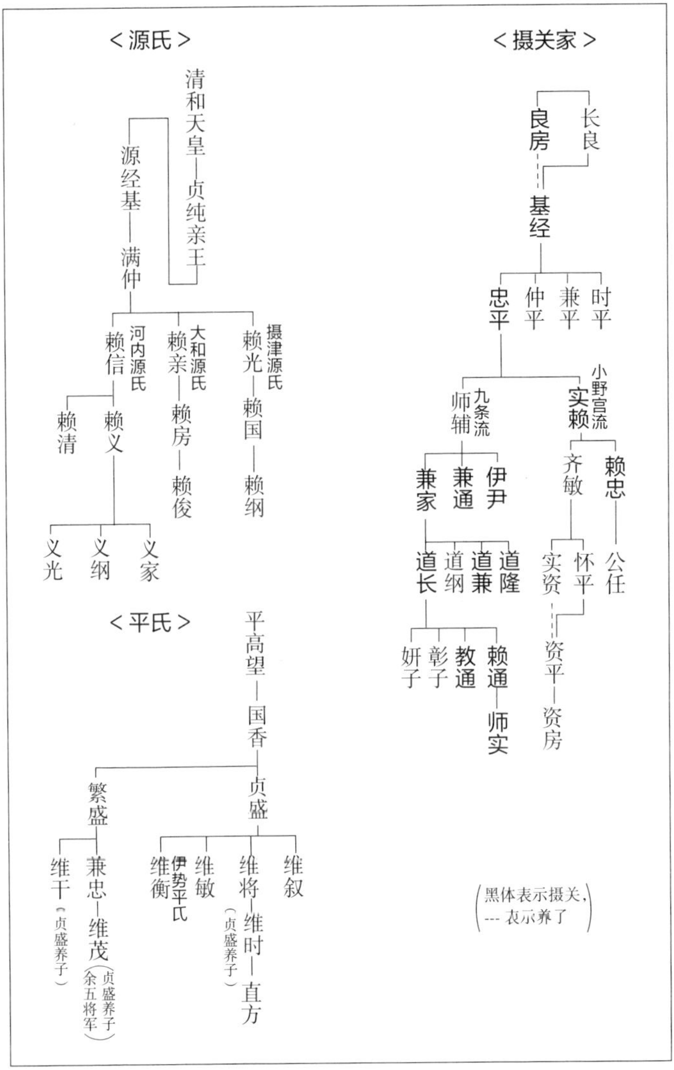

摄关家、源氏、平氏谱系略图

源赖光的弟弟源赖亲、源赖信也为藤原道长服务。敦成亲王与祯子内亲王[1]的“五十日仪”（出生五十天的庆祝仪式）时，源赖亲曾献上“折柜”（盛在木盒中装盘精美的菜肴）。这一折柜的华丽程度被藤原实资评价为“尽善尽美”。而历任上野、常陆等东国受领的源赖信则以五匹、十匹为单位向藤原道长献上良马。长和元年（1012）六月，患病的藤原道长身边接连出现凶兆，如皇太后宫（即藤原道长的女儿彰子居住的枇杷殿）、藤原道长的宅邸、藤原赖通的宅邸时常出现彩虹。就连与藤原道长关系密切的源赖光、源赖亲等人宅邸也出现了这一征兆。阴阳师占卜后称“彩虹反常为大不吉”。对此，对专横跋扈的藤原道长及其亲信有所不满的人大呼快哉（《小右记》）。

另一方面，平贞盛及其子孙则服务于藤原北家[2]的藤原实赖、藤原赖忠、藤原实资一支（小野宫流）。藤原实资曾四处打点疏通，将常陆国家臣、平贞盛的养子平维干推举为五位，也曾送给赴任常陆介的家臣平维衡一匹马作为饯行的礼物。相对地，平维时曾献上一卷据说为弘法大师真迹的《大般若经》，藤原实资请求身为“三迹”（平安中期的书法家小野道风、藤

1 敦成亲王为一条天皇与皇后彰子所生，即后来的后一条天皇。祯子内亲王为三条天皇与皇后妍子所生，是后三条天皇之母。彰子、妍子均为藤原道长的女儿。

2 藤原北家，藤原氏的一支。奈良时期，藤原不比等的四个儿子振兴起四个家族，分别为以武智麻吕为先祖的藤原南家、以藤原房前为先祖的藤原北家、以藤原宇合为先祖的藤原式家、以藤原麻吕为先祖的藤原京家。

原佐理、藤原行成）之一的权大纳言藤原行成鉴定真伪，藤原行成赞叹“非凡之笔，应珍重随喜”。此外也有证据表明平维敏、平维叙也侍奉过藤原赖忠、藤原实资。

然而，当藤原兼家、藤原道长以及九条流长期占据摄关地位保持不动时，平贞盛及其子孙也向藤原道长一方靠拢。不过，从平维叙将出家一事首先告知藤原实资，然后由藤原实资转告藤原道长，以及平维时在赴任上总介途中患病，进京后第一时间联络藤原实资等事来看，比起藤原道长，平贞盛及其子孙与藤原实资的主从关系更为亲密（《小右记》）。

经历史学者野口实研究，平贞盛的弟弟平繁盛的孙子、后成为平贞盛养子的平维良，实际上与《今昔物语集》中以“无可匹敌之兵”的威名亮相的“余五将军”（“余五”即十又余五，指平贞盛第十五子）平维茂是同一个人。长保五年（1003）正月，下总守宫道义行向朝廷提交“兵乱”报告，称平维良烧毁国府馆，掠夺官物。朝廷随即下发追捕官符，任命藤原惟风为追讨使。然而同年九月，左大臣藤原道长因藤原惟风递交的调查报告未署名而未予认可，追讨最终不了了之。实际上，藤原道长是在通过妨碍调查来解救家臣平维良。长和三年（1014），平维良向藤原道长进献巨额财物而连任镇守府将军，对此藤原实资评价“曾被追捕官符通缉之人如今却获封五位，任镇守府将军，此皆财货之力也”（《小右记》）。由于宫道义行是藤原实资的家司[1]，平日竭尽忠勤，因此藤原实资将宫道义行提交的兵乱报告被认定为虚假报告视为一种屈辱。与此同时，其他平氏一门此时尚且算是小野宫流的家臣，可平维良却明目张胆投靠九条流，这种恩将仇报的行为也让同族深感愤怒。只要成为摄关家的家臣，不论多么恶劣的罪行都能被掩盖。平将门写给藤原忠平的辩白书、平忠常写给内大臣藤原教通的书信（第四章详述），正是希望借当权者之口避免被追讨的命运，然而这些奢望最终都扑了空。

另一方面，平贞盛及其子孙也没能像源氏那样，与摄关家发展成牢固的主从关系。平氏世代承袭检非违使，在京城打击犯罪，源氏则世代承袭藏人、殿上人，身处内里，直接保护天皇，二者在宫廷社会中的地位差距不言自明。而地位差距又直接关系到了与摄关家的主从关系。可以说，摄关时期的平氏一直蛰伏在主角源氏的阴影下。直到与院权力联手，平氏才终于得以凌驾于源氏之上（第五章详述）。

主从关系与官职位阶

武士在年轻时通过将名簿进献给权贵家族成为其家臣，依靠主人的推举成为泷口，再通过功勋成为兵卫尉或八省丞，然

1 家司，亲王、内亲王家，以及职事三位以上的公卿、将军等人家里设置的，掌管家政的职员。

后晋升藏人、卫门尉、检非违使。在此期间，武士需要在“本官非番”（本职工作不当班）时守卫主人的宅邸，或在主人进宫、参拜神社和寺庙时作为护卫随行。有些武士还需要在飨宴（主人的宴会）、法会上承担工作，或作为家司参与家政。服侍院宫（上皇、法皇以及皇后、内亲王等女性皇族）和权贵家族的人最初称“侍”，监督他们的机构称“侍所”。后来“侍”被特指为武士。再后来到了平安后期，诸大夫之下、位阶为六位以下的家臣和下级官员被统称为“侍”或“侍品”。“侍”并非仅指武士，为诸大夫级别的源氏、平氏武士效力，手下有泷口、兵卫尉等郎党的人也被称为“侍”。

但是，在所属官厅供职是在京武士的本职工作。在京武士侍奉权贵家族，说白了只是为了得到推举和斡旋，以获得官职位阶。只要通过功绩获封五位，他们便有了成为受领的资格。这一晋升方式不仅限于武士，其他技能类的官员也普遍如此。在这一点上，武士与其他技能类官员也地位相同。包括武士在内，技能类官员须从官龄最长者（称“上腊”）顺次受爵，获封五位后脱离原职被称为“巡爵[1]”。如果没有与权贵家族结成主从关系，便很难获封五位。

成为巡爵并想担任受领者，必须在除目之前提交“申文”，指出希望供职的国。“申文”就是以华丽的辞藻堆砌成的自荐

1 巡爵，平安时代以后，位阶六位的藏人中，勤务达六年以上，成为其中最上席，获封五位者。

书，目的在于说明自己在京任职时如何忠勤、有能力，担任受领后如何保证缴清四年任期的贡品。在众多候补者中，只有一人能在公卿考核中脱颖而出，成为受领。而且公卿并不考虑对方是第几次提出申请，对于新人和多年申请者来说，门槛都一样高。任期结束后，受领必须缴清四年贡品，获得各项清偿证明。如果没有获得清偿证明，便无法在“受领功过定”（功绩评定会议）上获得“功”或“无过”的评定，也就无法再担任其他国的受领（参照大津透、寺内浩著述）。所谓“某某国前国司”，指的就是曾经担任受领、如今无官可当之人。而前文中源赖光献上家具、源赖亲献上“尽善尽美”的折柜，也都是为了顺利通过受领功过定，转任下一国的受领。

如前文所述，武士侍奉权贵家族是为了获得官职位阶、历任受领。换言之，为天皇（国家）效劳、得到天皇的恩典晋升官职位阶是最基本的主从关系。而权贵家族与武士的主从关系，不过是宫廷贵族社会中权贵家族与技能类官员间主从关系的一部分，这种关系并未发展成为封建主从制。武士既非宫廷贵族社会的异类，亦非宫廷贵族社会的敌对势力，而是宫廷贵族社会中不可或缺的构成要素。

武士受领与受领郎党

摄关政治时期，武士常常被任命为存在军事问题的诸国受领。长德三年（997）六月，高丽方面向日本提交国牒（外交文书），抗议日本海盗袭击高丽沿岸。担心高丽报复的日本朝廷于是命令大宰府采取一系列措施加强沿海警戒。其中一项就是接受大宰府的申请，任命大宰大监（大宰府的上判官）、“堪能武者”（“堪能”即技艺精湛）平维时的儿子平中方为对马守。“刀伊入寇[1]”后的治安二年（1022）四月，为防御敌人入侵，大宰府申请让“武艺者”出任对马守。对此，朝廷任命有长年在京担任“带刀”（皇太子亲卫队成员）、兵卫尉经验，曾在击退刀伊时立有战功的大宰府官员藤原藏规（菊池氏之祖）为对马守。由于对马临近高丽，因此对马守将武士与受领之间的关系最为直接地表现了出来。同样，在与虾夷接壤的陆奥国，藤原利仁于延喜十四年（914）担任镇守府将军后，平将门之父平良持以及平将门之乱后的藤原秀乡、平贞盛本人及其子孙也都相继担任该职。为威慑奥羽俘囚，朝廷通常会提拔实力强劲的武士任职。

坂东诸国也是如此。平将门之乱后，藤原秀乡出任下野、武藏两国国守。以此为先例，武士担任受领的案例越来越多。与此同时，坂东诸国也形成一种定式，即战乱之后，受领须兼任押领使。朝廷常常任命武士为坂东诸国受领，大概也是为了震慑下野国的藤原秀乡子孙以及武藏、上总、下总、常陆诸国

1 刀伊入寇，指宽仁三年（1019），以女真族为主的海盗集团入侵壹岐、对马，进而进攻筑前国的事件。“刀伊”来源于高丽语“东夷”一词的音译。

的平良文子孙及平繁盛子孙。再者，如源满仲、源赖光、源赖信、源赖国（源赖光长子）等人，每隔十年便有一名源氏武士成为美浓守。这大概是因为美浓国坐拥不破关（即“关原”），而不破关又是连接东国与京城的要冲，因此此举有着防范东国的意味。

这样看来，实力强劲的武士分布情况正好符合了朝廷“巩固天下”的观念。以摄津国多田为根据地的源满仲、源赖光防范西国方面；以伊势为根据地的平维衡防范东国及伊势神郡方面；以越前为根据地的藤原利仁一支藤原氏防范北陆方面；下野藤原秀乡一支的藤原氏、武藏和上总平良文一支的平氏、常陆平维干一支的平氏防范奥羽俘囚；构成大宰府官员阶层的大藏春实子孙以及平维干一支的平氏负责对外防卫和戒备九州。

不过，朝廷并不会让武士长期在一国担任受领。和其他报名者一样，武士也想被分配到收入丰厚且与自己关系密切的国。由著名武士担任受领的国，其国内的反受领运动的确比较少。朝廷起用武士出任受领，正是希望借助他们的力量抑制反受领运动。武士受领可以凭借武威打压寺院、神社势力，使田堵、负名阶层顺从于自己，以此实现国内统治，积蓄庞大私财。朝廷能够期待这样的武士受领缴清任期内的贡品，摄关、公卿也对他们进献的马匹财物甚是喜欢。

对于朝廷和公卿来说，任命武士为受领即便从财政方面来看也是上策。反过来，大寺院、神社以及国内百姓慑于受领的武威，不敢轻易采取抵抗运动，只能一忍再忍，期待下一任受领是位温和的文人。而朝廷很少让同一位武士连续在同一国担任受领，或许就是出于这一原因。可以说，正是因为有四年一轮替的制度，朝廷才可以任命武士为受领。

武士受领在任职国内积蓄的财物并非只用于进献主君，购买武器、饲养骏马、郎党俸禄、下人薪水都需要财源。而且要想维持、创新、继承武艺，武士也必须拥有庞大的财力。除此之外，武士还将部分钱财投入到私田的经营中。

受领一般会以统治一国的行政首脑的身份，率领子弟郎党赴任当地。藤原明衡于永承七年（1052）前后写就的《新猿乐记》在某种程度上算是一本“手艺人大全”。因为此书对住在西京（京城西郊）、前来观赏猿乐（日本传统艺能，类似于曲艺杂耍）的右卫门尉一家所有人的职能进行了逐一介绍。其中出现了一名叫作四郎君的受领郎党，书中是这样介绍他的：

“他武艺精湛，擅长簿记和书道，在就任时的礼节、换任时的杂务和税务处理方面有出色的能力。对所目代[1]、检田使和收纳使的工作得心应手。不使百姓疲敝而缴清税役，不使朝廷受损而稳增私财。受万民支持，宅邸时常丰裕，堆积诸国特

1 所目代，遥任国司的代表。平安中期以后，随着遥任和知行国制度的实行，国司的子弟或家人作为其代表被派往所任国，作为留守所的首长，率领在厅官人管理国政。

产。除目时最先获得新任受领的任命。”

现实中这种完美的受领郎党很少。四郎君不仅有处理行政实务的能力，还具备一定的武艺。当然，在现实中受领不会要求郎党文武兼备，只要有其中一项技能即可。

可说是新任受领指导书的《国务诸条》要求受领在赴任时从郎党中挑选出“清廉勇士”，令其监管其他郎党不要在途中打架斗殴；从“堪能武者”中挑选二三人担任良吏（从任职的国内挑选武士亦可），即便良吏不应由武士充任，但赴任途中人多事杂，此为权宜之举。无论是等待任官的实务官员还是在京武士，即便没有就任正式官职，只要跟随受领前往任职国，便可获得丰厚的报酬。后来奠定伊势平氏基础的平正盛在成为受领前，就担任过播磨国司、加贺国司的郎党。有的在京武士会自己投身受领门下，有的则会将自己的郎党介绍给受领，有的是受领反过来请在京武士介绍郎党。武士郎党成为受领郎党后，便可大发横财。

武士郎党以检田使、收纳使的身份前往国内诸郡时，常常会以武士特有的粗野方式执行公务，为田堵、负名阶层所忌惮。永延二年（988），尾张国郡司、百姓控告受领藤原元命，称其子弟郎党执行公务时，犹如夷狄豺狼一般残酷贪婪，竟然掠夺百姓财物，运往京城私宅。在贵族眼中，武士是以杀人为生、罪孽深重之人，因此对他们既害怕又蔑视，而百姓对武士的看法也是如此（参照户田芳实、村井康彦著述）。值得注意的是，武士与俘囚存在一定的共同点。9 世纪时，诸国受领将俘囚作为统治国内的军事力量。到了 10 世纪，失去俘囚军事力量的受领便将武士郎党作为新型军事力量统治国内。

受领与郎党的主从关系，是以任期四年为期限、以利权为报酬的雇佣关系，是实打实的雇主与佣兵的关系，是比贵族和家臣的主从关系更加冷冰冰而功利的关系。清少纳言在《枕草子》中曾列举人生“扫兴之事”，其中，“除目中未获官职之人”一段描述道：“人们传闻这家主人今年一定叙爵封官，于是曾经侍奉过这家主人的人便从四面八方赶来，提前向主人敬酒于庆功宴。结果得知这家主人并没有获封官职，于是一人开溜、两人开溜，最后竟然全都散去了。”这一段便清晰揭示了受领与郎党之间冷冰冰的利益关系。

不过武士受领不同，他们没有必要雇用武士郎党，只要带着自己的郎党赴任就可以了。有时赴任国的武士仰慕武士受领的威名，也会主动请求成为其郎党，只不过这种主从关系大多仅限于武士受领在任期间。

武士的在地性质

摄关政治时期，在京供职的武士同时还在地方大规模经营私田（称“负名经营”）。这种经营模式与进入院政时期以后郡、乡、庄园等领地全部由在地领主（在地武士）统治的模式不同，二者完全建立在不同的经营基础之上。源赖亲的子孙居住在其曾三次担任受领、拥有巨大权势的大和国，自称“大和源氏”。而源赖亲本人则居住在其父亲源满仲的根据地摄津国，拥有广阔领地，完全与“土人”无异（《小右记》）。与此同时，源赖亲在京城也有宅邸，因此频繁往来于京城、摄津、任职国之间。其他在京武士也是如此。此外，根据地较远的在京武士还会在京城近郊建造宅邸，用作练习武艺的场所。比如，以相模国镰仓为根据地的平维时，就在水运要冲同时又是狩猎场的山城国宇治郡冈屋以及纪伊国拥有宅邸。

他们之所以能往返于京城和地方之间而在京任职，是因为以下原因：以近卫府为例，每日前往官厅听候大将指示、承担各种仪式庆典的准备和举办工作的，其实只有由中将、将监、将曹各一人组成的“年预”（事务负责人），其他官员无须承担繁杂劳累的工作，只须轮换站岗或陪同天皇出行、参加祭祀即可（参照鸟谷智文著述）。检非违使、马寮的情况也是如此。因此，武士往返于京城和地方之间而在京任职是十分有可能的。

另一方面，也有不少武士专注于地方的私田经营或国衙公职。《今昔物语集》将这些人称为“国中应有之兵”。在此，笔者暂且将这些人视为“在地武士”或“国内武士[1]”。镰仓初

1 国内武士，指在地方诸国土生土长的武士，与因公职、战乱等原因留在地方诸国的武士相区别。

期，赞岐国有“御家人”（直属于镰仓幕府的家臣）十四人，若狭、伊豫、萨摩、大隅诸国的“御家人”共计三十余人。考虑到刚刚结束全国内乱的镰仓时代只有这么多人，因此在相对稳定的摄关时代，各国至多不过几名或十几名“国内武士”。

在地武士也并非一直守在地方，他们有时也会成为权贵家族的家臣、在京武士的郎党或是受领郎党往返于京城和地方之间。藤原实资的家臣、常陆国在地武士平维干年轻时就曾担任卫门尉，回到常陆国后获封五位，在当地被称为“水守大夫”（“水守”是其根据地）。像平维干这样被称为“某某大夫”、获封五位的在地武士非常多。不过，即便有过在京任职的经历，但只要没能晋升为检非违使或受领，那么回国之后其身份地位就要低于诸大夫，称“侍”。被称为“诸大夫”的源氏、平氏武士，与被称为“侍”的在地武士之间的身份差距，就是这样固定下来的。

另一方面，奈良时代似乎位阶在五位以上即可称为“贵族”。位阶五位、居住在地方诸国的武士被称为“地方军事贵族”，居住在京城的武士则被称为“中央军事贵族”，这是近年来学界的普遍观点。但是在摄关政治时期，“贵族”一般指居住在京城的公卿和殿上人。即便将“诸大夫”也视为贵族，能被称为贵族的武士也只有源氏和平氏。在平安时代，是否下发追捕官符的决定权，即国家的军事指挥权，掌握在朝廷（天皇、摄关以及公卿会议）手中，武士不可能参与其中。因此笔者认为，武士说到底终究是战士，将武士称为“军事贵族”实在不太合适。

武士馆、军事训练、郎党

留在地方时，武士居住在由壕沟、围墙、篱笆环绕的府邸中。检非违使厅曾向源满仲提出引渡强盗罪犯的要求。不过，检非违使厅不是差人直接前往源满仲的府邸“多田馆”，而是采取下发文书的方式。如此所示，武士府邸享有属于治外法权的“不入权”，武士有权拒绝公权力介入府邸。武士的府邸中有一套自成体系的成规和秩序，一家之主基于家长制统治子弟、郎党、下人、随从。在《今昔物语集》中源满仲有言：“如有违我心者，则像碾死虫子一样杀掉。若罪行较轻，则断其手足。”到了平安时代，检非违使厅和国衙保留杖笞、罚款、监禁、驱逐、流刑等刑罚，已在事实上废除以国家权力强制执行的死刑。然而武士作为战斗集团，其内部秩序仍然依靠死刑、断手足等严酷的军纪来维护。

武士府邸既是军事基地，又是武艺训练场。如平将门据点之一的下总国猿岛郡“石井营所”就配备有武器库、哨所、马场等设施；源满仲的多田馆配备有收纳甲胄、弓箭、兵器的武器库，鹰屋，鹫屋，收纳大渔网的仓库，供府邸郎党居住的房舍，当然也有马厩、马场和弓场。四周环绕着壕

美作国押领使漆间时国的府邸 《法然上人绘传》局部，漆间时国为法然上人的父亲（知恩院藏，京都国立博物馆提供图片）

沟的四方大门还常设矢仓，有士兵把守，从不懈怠。据说永延元年（987）八月，源满仲将主要郎党叫到跟前，告知自己将在明日出家，并下达命令："今夜是最后一夜，务必保护周全。"众人听后一边哭泣，一边背好弓矢，穿上甲胄，将府邸团团围住，彻夜燃着篝火，庄严肃穆地守卫着主人。这是世俗性质的主从关系即将解除时，出于礼节的最后一次守卫。而平日里守卫只需当班的郎党负责即可。上图《法然上人绘传》中描绘的府邸大致与摄关政治时期的武士府邸相差无几。

武士就像这样在府邸的庭院、弓场、马场进行剑术、相扑、马术、步射、骑射等训练。在山林原野中狩猎、在河海中捕鱼也算是一种军事训练。据说年过六旬的源满仲依然养鹰养鹫、在河上架鱼梁、在海里撒网，带领一众郎党上山猎鹿，以杀生为乐。这样一来，院政时代广袤的山林就成了在地武士的领地。即便摄关政治时期山林依然属于国衙，但武士却拥有在山林原野狩猎的特权。将山林原野围起来，将野猪、鹿、鸟当作猎物，策马追赶，最后以弓矢射杀，这实际上是武士的马上个人作战演习。往返于京城和地方之间而在京任职的武士会将根据地的经营权委托给同族或“谱代[1]郎党”，同时也将教授子弟武艺的任务交给了他们。而这种自小就在府邸和周边林野间进行的英才教育，也让武士得以在磨炼中成长。换句话说，武士磨炼武艺的舞台必然是地方诸国而非中央。

在地武士一方面是贵族武士的郎党，另一方面他们自己也有人数不等的郎党、下人和随从。有的在地武士会让郎党住进自家宅邸，有的则会让郎党在宅邸周边建房居住。前文的源满仲就是让自家郎党住进多田馆，与同族子弟一同寝食。而多田馆周边及各处私田，则盘踞着“常年前来服侍的亲近郎党”。

在《将门记》中，平良兼承诺让平将门的下人丈部子春丸成为“乘马郎党”，丈部子春丸因此才为平良兼做了夜袭向导。如此所示，郎党实际上是马上战士。能否将在地武士的郎党称为武士有着微妙之处，笔者暂且将其称为“见习武士”。马上武士需要有人执缰、牵换乘马、拿装备、传令等。因此一名马上武士至少需要两三名下人或随从徒步跟随。这些人是武士的

1 谱代，即世袭。

隶属民，而非战斗人员。一名在地武士奔赴战场时，有数名骑马的子弟郎党跟随，而数名子弟郎党又各自带着两三名下人或随从，因此步、骑人数相加为几人至十几人不等，这就是一个战斗集团或战斗单位。平将门挥舞白刃、藤原秀乡拉满强弓，这些都不是他们独自完成的，而是一个战斗单位共同完成的。

在地武士的郎党有的是从当地百姓中选拔出来的，有的是像丈部子春丸这样从下人、随从中提拔上来的，其中不乏有前科的罪犯和流民。这些人虽然出身各异，但成为武士郎党之后，其中一部分人会学习该家族的家传武艺，最终成为一名被认可的武士。这一点与明法、纪传、算道家族将家业传给子嗣，或如无亲生子嗣，则收优秀弟子为养子继承家业的做法十分相似（参照曾我良成著述）。武士就是这样通过兴旺人丁、培植郎党来壮大势力的。

第三节　王朝国家的军制与武士

天皇动员在京武士——守卫内里与大索

因为平安时代国力衰落，地方治安混乱，受领只想着如何搜刮百姓，有实力的农民只能依靠自己保卫领地，于是他们武装起来，成为武士——这是对武士如何形成的传统认知，目前日本小学到高中的教科书大体上也都是这样描述的。

然而笔者认为，平安时代的地方社会在很大程度上是依靠法律和制度来维护秩序的。只要持有“公验”，人们之于土地的权利就会受到国衙依据法律和司法的保护。而且随意使用武力的话，一来会被司法机关审判和处罚，二来还有被没收领地的可能。因此以武力保护、扩大领地，并非那么简单。

武士是为了保护领地而诞生的——这种说法不过是一种想象罢了。那么，武装起来的武士为什么能获得官方认可？他们又为什么要磨炼武艺呢？这是因为，武士是“国家支柱”和“巩固天下”的利器，是镇压叛乱的战士。接下来，笔者将讨论武士在王朝国家镇压武装蜂起体系即国家军制中是如何被定位的。

首先是京城发生紧急事态时在京武士的动员问题。摄关政治时期，内里清凉殿的日常警卫工作由摄津源氏武士所担任的大内守护指挥，泷口具体负责。京城内的一般追捕工作由检非违使负责。遇到特殊情况，如统一抓捕全城盗贼（称“大索”）或发生政变、需要守卫内里时，天皇会下发宣旨，无论官职大小，直接召集源满仲、源满正（源满仲的弟弟）、源赖光、源赖亲、源赖信、平维叙、平维时等源氏、平氏在京武士。这种由天皇直接召集在京武士的方式也可被视为国家军制的一环。

据《北山抄》（藤原公任著）等仪式书（公卿举办仪式、处理政务的指南）记载，大索时召集武士不会事先通知。前一天秘密接受天皇命令的上卿（负责具体政务、仪式的首席公卿）会以守卫内里、陪同行幸为名，命令在京武士于翌日天不亮就到内里集合。当天凌晨，上卿才告知武士们集合的目的是进行大索，并为武士们分配负责区域以及由马寮、公卿提供的马匹。上卿会对每一名武士逐一下发命令，如“命你搜捕嫌犯，在京城搜查完后要接着前往山中搜查”，之后武士便会奔赴各自负责的区域。任务结束后，回到内里的武士要向上卿复命，如“负责区域内未发现嫌犯”等。之后上卿再向天皇禀报。内里的搜查工作由藏人头指挥泷口进行，负责指挥的是源赖光一支的源氏武士所担任的大内守护。

对于在京武士来说，大索和守卫内里、普通勤务不同，这是一种为天皇服务的、带有军事性质的临时勤务。大索更大意义上是一种仪式，所谓的发生政变时守卫内里，实际上也不够紧迫。说到底，天皇无非用这种方式召集武士，重申天皇与武士之间的“君恩与奉公”的关系，强化武士对于天皇的忠节之心。到了院政时期，由于寺庙、神社频繁强诉[1]，政变接连不断，因此摄关政治时期这种召集在京武士的方式也

1 强诉，僧众强诉，指当时延历寺或兴福寺等寺院的僧人强行抬着供奉神的牌位的轿子进京上诉。

被继承了下来。在保元之乱中，后白河天皇正是以这一方式动员武士的。

追捕官符

10 世纪至 12 世纪，延喜东国之乱至源平争乱（第六章详述）期间所有的叛乱，都是以朝廷下发追讨宣旨或追捕官符的方式镇压的。一国规模的武装蜂起也是如此，接到武装蜂起的国解后，朝廷下发追捕官符，命国衙追捕犯人。王朝国家通过下发追捕官符的方式，垄断了全国的军事指挥权和合法行使武力的权力。这一武装蜂起的镇压方式，就是 10 世纪至 12 世纪王朝国家所固有的国家军制。这种国家军制在制度上起源于 8 世纪的捕亡令临时发兵规定，在 9 世纪追捕群盗海贼的过程中被反复使用，之后又在 9 世纪末至 10 世纪初的宽平、延喜军制改革中逐渐成型。

适用于追捕官符的犯罪行为必须是国家所认定的“重罪”。文治元年（1185）十月，后白河院向右大臣藤原兼实（亦即九条兼实）征求意见，询问是否应该向源义经下发追讨源赖朝的宣旨。藤原兼实的回答是：“追讨宣旨应针对触犯八虐、与国为敌之人。”追捕官符适用于与国家敌对的“八虐”（谋反、叛乱等）。此外，追捕官符还适用于“谋杀罪”。不过被害者仅限于位阶五位以上的官人、院宫和权贵家族的家臣、寺庙和神社的僧侣和神人[1]、执行公务的国衙官人等。

八虐、谋杀、打劫、盗窃等不予恩赦的罪行被称为“重犯”，以区别于可予恩赦的“轻犯”（持刀伤人、打斗等）。然而到了摄关政治、院政时期，“重犯”变成了特指谋反、谋叛、谋杀等需要动用追捕官符进行武力镇压的罪行。犯下此类罪行的人被称为“凶贼”或“凶党”。平将门、藤原纯友、源赖朝均为“凶贼”“凶党”。反之，如果无法认定此人为重犯或凶党，则不予下发追捕官符。因此，当国衙想要打压反抗势力，或一股势力想要战胜另一股势力时，往往就会称敌人为重犯或凶党，将其诉诸朝廷，获得朝廷下发的追捕官符。为了获得追捕官符，敌对双方会不遗余力地在朝廷四处打点疏通，得到追捕官符的一方也往往更有底气。

那么，作为王朝国家最高军事指挥权象征的追捕官符会给予国衙、追讨使哪些权限呢？

第一，发兵权。被动员的自然是武士。

第二，根据需要征用军粮和兵船的权力。

第三，解除罪犯刑事特权的权力。凶党势力有时是位阶五位以上的达官贵人，有时是王臣家臣或僧侣、神人。这些人受种种刑事特权的保护，如位阶五位以上者，若无天皇许可，不得对其加以拘禁；隶属于官司、卫府、王臣家的官人

1 神人，指神社的下级神职或隶属于神社的人，负责神社杂务。

和家臣，若无本司、本主的许可，不得拘禁；位阶五位以上者，若无天皇许可，不得擅自搜查其家宅；对位阶五位以上者及其子孙、僧侣、神人不得进行拷问，取证必须依据目击者的证词。以检非违使厅、国衙的普通权限，很难处理这些享有身份特权的罪犯，但若拥有追捕官符，这些身份特权便会失效。

第四，诛杀抵抗的凶党势力成员的权力。诛杀凶党势力成员、取其首级乃最高功勋。

第五，承诺对有功者授予功勋奖赏。反之，如果没有得到朝廷下发的追捕官符、官员仅以个人判断出兵、战斗被定性为私合战时，则没有功勋奖赏。武士积极响应追捕官符的动员，就是为了获得功勋奖赏。

第六，对拒绝动员、临阵脱逃者进行处罚的权力。

凭借附带以上权限的追捕官符进行武士动员，就是10世纪至12世纪王朝国家的国家军制的实际形态，也是王朝国家政府拥有统一权力、统治全国的理由之一。

国衙征税与反受领斗争

10世纪至11世纪中叶，朝廷下发追捕官符、国衙进行武力镇压的事件非常多。其中大多数是田堵、负名阶层不满于受领的横征暴敛，因而聚众袭击、杀害受领或国使的反受领斗争，即“凶党蜂起”。

国衙的征税程序与反受领斗争的关系如下文所示。

在收获前的七月份前后，国衙会向国内各郡派遣检田使。检田使须调查“见作”（实际耕作）面积、“得田”（预计收获）面积、“损田”（预计无法收获）面积，以此制作账簿“马上账”。其中，如何认定损田成了国衙与田堵、负名阶层争论的焦点。这是因为被认定为损田的田地可免除税役。之后，受领根据收成情况确定税率，国衙田所（专门负责土地事务的机构）根据马上账统计各个负名的课税面积、税额、扣除面积、免税额，制作“检田账”（参照佐藤泰弘著述）。紧接着，国衙税所（专门负责税务的机构）为每个负名制作“征符”（纳税通知书），在收获后的十月份前后陆续派遣收纳使携“征符”前往各郡。收纳使以郡司的府邸为办公地，指挥郡司、“刀祢”（乡绅）开展征缴工作。受领在设定税率、制定附加税等方面拥有相当大的裁定权，而设定税率正是受领与负名阶层发生冲突的焦点。

收纳使并非从负名手中直接收税。国衙要求负名在一年内陆续上缴米、绢、布、木材、纸、油等必要物品，完成一项便出具一张“返抄”（收据）。负名在完成缴税任务之后，整理返抄，妥善保管。而收纳使的工作，就是核对每个负名征符上的应缴额和返抄上的实缴额，对未缴纳的部分进行追征（参照大石直正著述）。当损田不被认可或是税率升高时，负名的未缴额自然就会提高。负名在郡司的府邸接待收纳使（受领的子弟郎党），围绕着损田和税率问题进行协商，以期达成一致。一旦协商失败，负名便会奋起反抗。

在收获季，尤其是受领为完成任期四年的所有收缴份额而进行最后一年的征缴工作时，全国各地的田堵、负名阶层常常会集结起来控告受领横征暴敛，或是袭击、杀害受领及其子弟郎党。永延元年（987）十一月的收缴季，尾张国郡司、百姓向朝廷控诉将于翌年结束任期的受领藤原元命实施苛政。而藤原玄明向平将门求助、藤原文元向藤原纯友求助也都是在十一月的收获季。尾张国郡司、百姓向朝廷提交三十一条控告，其中有一多半是控诉受领子弟郎党以国使身份暴力检田、无理收纳（参照大石直正著述）。有人认为，这种依靠子弟郎党进行统治的方式是10世纪后期才诞生的新动向，但实际上，引发平将门之乱的常陆国藤原为宪所实施的苛政，与尾张国藤原元命所实施的苛政并无二致。可以说，正是因为10世纪初期的国制改革确立了受领的统治权，才有了后来受领依靠子弟郎党进行统治的方式。

大和国国解中的凶党蜂起事件

长保元年（999）八月，大和国受领源孝道的郎党藤原良信在大和国城下郡东乡征收早稻时，被“凶党数十人”杀害。

幸运的是，大和国向太政官提交的有关逮捕犯人和调查结果的国解被偶然保存了下来。

该国解不仅还原了当时发生在诸国的凶党蜂起的真实情况，还向我们展示了“重犯检断[1]”的全过程。现存的平安时代古文书大多是权贵家族、寺院、神社保留下来的庄园领地的相关权利文书，而国司向朝廷提交的调查记录等文书一般会在使用后废弃，根本不会保存下来。那么大和国国解为何会留存至今呢？在探讨重犯检断之前，我们必须弄清这个问题。

该国解之所以能被保存下来，是因为摄关政治时期的公卿藤原公任在撰写《北山抄》时，将国解的背面当成了草稿纸。在纸张极其贵重的时代，被废弃的文书背面还可以再利用（这样留存下来的文书称“纸背文书”或“里文书”）。不仅是大和国国解，藤原公任还将长德二年（996）十一月二十五日至长保二年（1000）三月二日检非违使厅的十四份相关文书用作了《北山抄》的草稿纸。由于这一时期藤原公任正好担任检非违使别当，因此他才能获得废弃的文书。而藤原良信被杀事件也正好发生在这一时期。

据大和国国解记载，该事件的主谋是右卫门权佐藤原宣

1 重犯检断，从发生犯罪到调查、追捕、审判、执行判决等一系列刑事程序。

孝[1]的领地“田中庄”的庄官文春正。此外还有田中庄、前法隆寺别当仁阶的领地“丹波庄”、兴福寺僧人明空的领地“纪伊殿庄”三个庄园的凶党数十人参与。追捕之际，有十七名凶党逃入京城或藏匿于兴福寺。该犯罪团伙下手果断，完事后立即分散逃走，迅捷程度与9世纪的群盗不相上下。

以上三个庄园不是免税的免田，因此必须向国衙缴纳早稻。结果前来征收早稻的受领郎党与兼任庄公的负名在税率、损田确定等问题上发生冲突，最终引发了凶杀事件。杀害国使的方式的确会让受领吃到苦头，迫使受领在税率、损田确定等问题上做出让步。但是另一方面，杀害国使是重罪，很有可能惊动朝廷下发追捕官符，被捕入狱或是直接被诛杀，即便天下大赦也不能释放，再加上许多权利（私人领地权、公田承包权等）将被撤销，因此杀害国使这一招怎么看都不划算。

国衙虽然已经查明了大部分凶党的真实姓名，但是由于这些凶党是庄园的庄官或负名，因此犯罪后纷纷逃往本主家寻求庇护。也正是因为有本主的庇护，他们才敢做出杀害国使这种过激行为。平日里，这些人倚仗庄园领主的权势，对国使和周边的田堵、负名进行恐吓，犯下谋杀、抢劫等诸多罪行。就算被捕入狱，在本主的压力下，国衙也只能赦免他们。而且一旦被释放，这些人就会重操旧业。实际上，这些人就是庄园领主

1 藤原宣孝，以身为《源氏物语》的作者紫式部的丈夫而闻名，当时正值二人新婚不久。

雇用的职业杀手。如果庄园领主恰好是武士受领，那么这些人还会获得武士的身份。

大和国境内有诸多大型寺院和神社，因此庄园百姓就是国之主体。而在其他地方诸国，更多爆发的是在厅官人、郡司、国内武士指挥各地田堵、负名集结成党，袭击国衙，杀害受领或国使的凶党蜂起事件。这种由当地田堵、负名阶层实施的一国规模的反国衙武装造反是“负名体制”的必然结果，也是国衙内部发生的重大犯罪事件、凶党蜂起事件最普遍的形态。平将门之乱、藤原纯友之乱、平忠常之乱（第四章详述）都具有这一性质。

重犯检断的流程

国衙军制是重犯检断流程的一环，并不是在检断之外还存在另外的军事或军制。所谓国衙军制，无外乎是以武力动员的方式实现重犯检断中的追捕。下文将以大和国国解为依据，探明国衙的重犯检断过程。

事发后，大和国城下郡郡司第一时间进行了初期调查，将事发日记（调查记录）和郡解一并提交国衙。事发日记是向国衙或检非违使厅提起诉讼、申报损失的必要材料，其中包括事发时间和地点、损失明细和程度、嫌疑人姓名。

平安时代中期，郡司在行政、征税方面几乎没有个人权限和职务，但这并不意味着郡司已经失去作用。为买卖私有领地提供保证的是郡司，提供被盗、遗失、火灾等损失证明的是郡司，掌握土地所有关系和耕作情况的也是郡司。此外在维护郡内日常秩序等方面，郡司也发挥了巨大作用。在该事件中，郡司进行初期调查、写事发日记、提交郡解就是其中一环。

受领源孝道接到郡司报告的当天，立刻将郡解、事发日记连同国解一并提交了朝廷。朝廷在当日（或为次日）向大和国国衙下发"追捕勘纠官符"，命其搜查、追捕嫌犯。摄关政治时期的宫廷虽然给人一种效率低下的印象，但是遇到紧急事态时，天皇、摄关会紧急召开"阵定"（公卿会议），下发追捕官符。追捕官符最终是以天皇旨意的形式下发的。

接到追捕官符的源孝道率领官人、追捕使迅速赶赴现场，成功抓获嫌犯四人。实施追捕的是以军事指挥官的身份设在各国的押领使和追捕使。他们无权以个人判断指认凶党、随意动员武装。只有在受领接到追捕官符并下发指令的情况下，他们才可以实施追捕。从词源来看，"押领使"一词来源于将军团士兵"押领"（带领）至集结地点的临时使者，"追捕使"来源于受追捕宣旨之命、由中央派至地方的临时使者。不过，后来国衙常设的"国押领使"和"国追捕使"与朝廷设立的押领使、追捕使之间并没有制度上的继承关系，而是国司的临时发兵权、追捕权逐渐转化为独立机构后的产物。而且一国之内不会同时设押领使和追捕使。据笔者调查，东海、东山、北陆、山阴、西海道诸国大体上设立的是押领使，而畿内近国、山阳、南海道诸国大体上设立的是追捕使。

回到大和国早稻使被害事件。受领源孝道不仅命追捕使展开追捕，还亲自率领官人前往事发现场“勘纠”。“勘纠”指现场勘验、审讯犯人、询问证人等一系列调查和审理程序，所获内容均将记录在“问注申词记”“勘问日记”“过状”（犯人的自白书）等报告书中。负责实际勘纠的是国衙检非违使所的在厅官人。如果勘纠不完善、犯罪事实存在疑点，下发的追捕官符甚至还会被取消。因此国衙必须依照合法手续进行勘纠，提交完备的报告书。在早稻使被害事件中，国衙将逮捕的四名罪犯及四份调查记录连同国解于八月二十七日提交朝廷。此时是事发后的第十日，接到追捕官符后的第七日。在重犯检断程序中，国衙的任务到此为止。

值得一提的是，负责勘纠的检非违所是与田所、税所、调所并列的，下属于国衙的几个“所”之一。它是9世纪中叶在诸国设立的“国检非违使”的延续，而国检非违使则是国司监察“非违”（违法行为）的职能形成独立机构后的产物。国检非违使（检非违所）与之前谈到的押领使、追捕使并称“国衙三使”，虽然常被认为与押领使、追捕使发挥同等职能，实际上其职务和权限与押领使、追捕使有明确不同。

延喜十四年（914），面对醍醐天皇的询问，三善清行献上《意见十二条》。其中提到，国检非违使必须具备法律素养，有审理案件、量刑定罪的能力。从已知案例来看，检非违所的职务包括调查盗马贼、监禁犯人、核实斩首情况、传唤案件当事人等。由此可见，国检非违使（检非违所）的工作侧重点在于搜查、审理、定罪等勘纠工作，而非武力追捕。国内发生的盗窃、斗殴、纵火以及其他日常性轻罪本来就没有申请追捕官符的必要，此类案件仅凭受领的行政权即可处理。国衙审理轻罪案件时，检非违所的官人须以国使身份赶赴现场，指挥当地郡司、刀祢进行追捕和勘纠，在郡司的厅舍审讯犯人、询问证人，然后将犯人拘禁在检非违所的监舍，课以罚金。综上所述，在重大犯罪案件中，押领使、追捕使是率领国内武士追捕重犯的军事指挥官，而检非违所则负责勘纠；在轻罪案件中，检非违所则相当于负责追捕、勘纠的警察机关和检察机关。

检非违所的官人由受领的郎党武士或国内武士担任，如加贺守藤原为房的郎党平正盛被任命为检非违所目代等。这些人一方面通过执行追捕、勘纠等公务来为稳定国内秩序做出贡献，另一方面又以罚金等名目，夺取犯人、嫌疑人的私有领地和财物。

前文提到，大和国国解于八月二十七日提交至太政官手中。该国解经藤原道长内览[1]后上奏一条天皇，之后被移交给使别当藤原公任，然后又与犯人本人及附带文书一并移交给检

1 内览，意指阅览文件的人，在摄关政治时期，则指呈送给天皇的文件首先由摄关阅览。

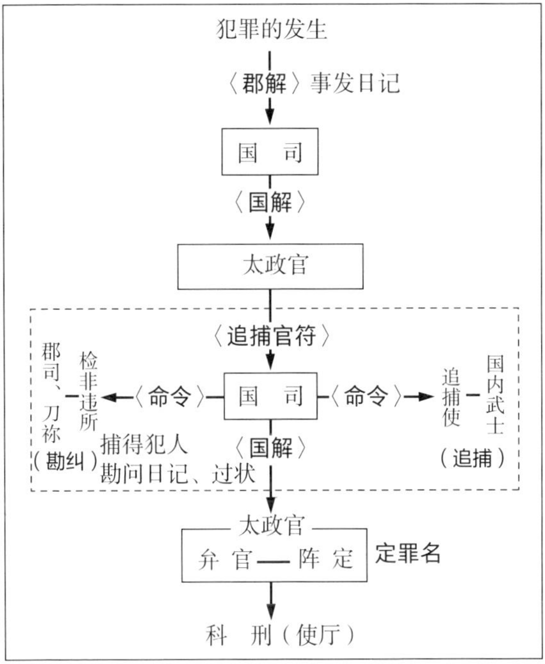

重犯检断的流程

非违使厅。在检非违使厅，道官人以这些材料为基础重新进行调查，编写“问注日记”（审讯、询问报告书），之后再制作“罪名勘文”（判决草案）提交给使别当藤原公任。再次经过藤原道长内览、上奏一条天皇等程序后，犯人即被收监。其中丈部有光、橘美柿丸被判为重犯，不予赦免。然而翌年五月十八日，两人竟然出现在了赦免的名单中（《权记》）。可想而知，两人的主人藤原宣孝在藤原道长身上做了多少工作。案件最终裁决后，相关文书便被废弃了。直到后来被使别当藤原公任拿来当草稿纸，此案卷才重见天日。

如上所述，正因为有国衙严格执行重犯检断程序，10世纪以后的受领才能有效地统治国内。在国衙检断程序中，国内武士担任押领使、追捕使，检非违所官人承担追捕、勘纠等职责。反过来说，只要成为追捕、勘纠的责任人，且已获得追捕官符，国内武士就可以合法地使用武力。

以“回文”动员武士

那么，受追捕官符之命实施追捕的押领使、追捕使是如何动员武士的呢？由于没有10世纪至11世纪实例史料留存，因此我们试着以12世纪末内乱时期相关史料中的动员案例来进行类推。在《平家物语》卷六“回文”中，源义仲在信浓国举兵时曾以“回文”号召国内武士举事。在卷八“绪环”中，威震一方的丰后国武士绪方惟荣将“驱逐平氏”的国司命令谎称为“追讨平家之院宣”（上皇或法皇下发的命令），并以“回文”动员九州诸国武士。那么这里所说的“回文”又是什么呢？镰仓初期成书的文例集《杂笔要集》《儒林拾要》中载有实例，以下是寿永三年（1184）平氏追讨使源义经在攻打一之谷前，动员摄津国御家人时使用的回文：

回　次第不同

摄津国御家人等

丰岛太郎源留　奉　　　远藤七郎为信

牧权追捕使中原宗景　奉　　　垂水武者所橘正盛

孙太郎藤原友盛　奉　　　行岛二郎源为重

上述几人，未来几日发兵一之谷。当国御家人等，应响应总追捕使号召，无一遗漏，全员出兵，于七条口参见。如有不参之辈，即以谋叛同谋论处，不日处罚。尽相传阅。

年月日

追讨使源朝臣判

（原文为汉文）

如上所示，回文要以“回”字开头，然后列举动员武士的姓名（称“交名”），最后在正文中写明合战的地点和目的、指挥官的姓名、集合的时间和地点以及对拒绝动员者的处罚声明（有的还包括对有功者的奖赏承诺）。回文由发起者（该文中为追讨使源义经）发出，按名簿上的姓名顺序传阅。接到回文的武士必须表明态度，响应动员者在自己名字的下方写一“奉”字，辞谢者写“不参”二字，并注明理由，然后传给下一名武士，最后一名武士须将回文送还至发起者手中。这一形式与自治会的板报或是学校保安、某些组织的电话联络网十分相像。

由上述例子可知，治承、寿永年间的内乱时期，地方诸国的武士动员工作是依靠回文完成的。无论是信浓、丰后还是摄津，地方诸国都理所应当地使用回文来动员国内武士，这也说明地方诸国从很早以前就开始使用回文了。10 世纪至 11 世纪虽然没有使用回文进行军事动员的案例史料留存，但有史料证明，在同时期的宫廷社会中，回文被广泛利用在通知贵族、僧侣参加仪式、法会等工作中。而且发给贵族的回文同样会事先声明无故不参者将会受到怎样的处罚。综上所述，10 世纪至 11 世纪的押领使、追捕使在接到追捕凶党的命令后，发出回文，说明动员原因、凶党罪行、集合时间和地点、对有功者的奖赏、对不参者的处罚等内容，以此动员国内武士。

“国内武士注文[1]”——武士的权利与义务

回文动员的都是国内武士。而国内武士又是有权利和义务服从追捕官符、响应国衙动员的战士。那么，哪些人会出现在回文名单中？挑选的标准是什么？从另一个侧面来看，这一问题与国衙如何认定武士的身份是同一问题。

1 注文，有多种含义，此处的注文是指日本的一种古文书，是统一记录人名、物品种类、数量等的文件。该种文书在中世时流行，有各种注文，例如记录人名的“交名注文”、记录筹集物资明细的“筹备注文”等。

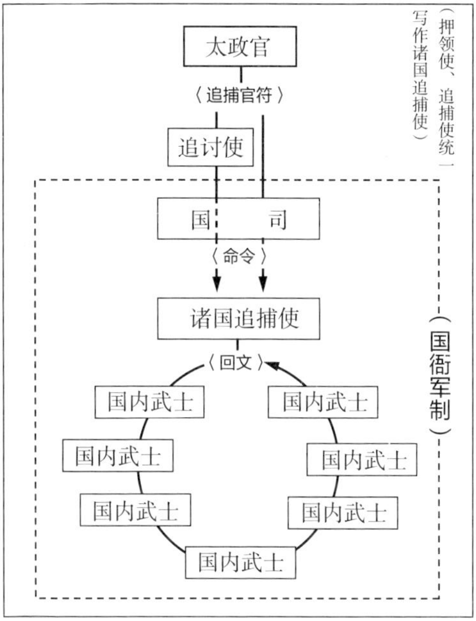

国内武士的动员手续

为了能够直接动员国内武士，院政时期的朝廷会命令国衙提交“国内武士注文”，这样的例子在日本历史上屡见不鲜。对此，国衙必须定期整理国内武士名簿。摄关政治时期、院政时期，新任受领赴任前会命令在厅官人提交详细记录国内行政事项的资料“杂事注文”，而“国内武士注文”大概就包含在其中。自摄关政治时期以来，每当受领换任，国衙在厅官人都需要对国内武士进行新一轮的普查，更新“国内武士注文”，上交给新任受领。当受领、押领使、追捕使接到追捕官符时，便会以“国内武士注文”为依据动员国内武士。

到了镰仓时代，幕府会命令在厅官人制作并提交“国内御家人注文”。这样做的目的不仅在于战争状态下的军事动员，另一方面也是让国内御家人承担起守卫内里和镰仓等日常工作（参照石井进著述）。同样，在摄关政治时期、院政时期，“国内武士注文”的目的也不仅仅在于军事动员，它同时还是为了让国内武士承担“役”的账簿。

平时，国内武士以武艺为职能而服役，其服役内容具体包括以下几点：

第一，守卫国厅，在受领官邸值夜站岗。守卫国厅一开始是军团士兵的任务。军团士兵制废除后，这一任务先后由“健儿[1]”和国内武士继承。

第二，护送国衙贡品进京。

第三，在国内神社的祭礼上参加“流镝马”、相扑等带有军事色彩的神事活动。“流镝马”是指策马奔驰、以镝矢依次射向三个标靶，以此观测神意、占卜吉凶的活动。到了镰仓时代，这一职责被国内御家人所继承。这一带有军事色彩的神事活动是只有武士才可以参加的神圣仪式，同时也是武士在众人面前施展技艺的绝佳舞台。

第四，参加受领组织的“大狩”。受领对狩猎迷恋到何种

1 健儿，军团士兵制废除后，部署在地方诸国守卫国厅、武器库的士兵，主要从郡司子弟中选拔。

地步？9世纪的朝廷甚至下令限制狩猎活动，这一点便可说明一切。到了镰仓时代，这种狩猎活动的主办人由受领变成了守护，参与者由国内武士变成了国内御家人（以上参照石井进、户田芳实著述）。

以上就是国内武士之于受领的权利和义务。在此做一总结："国内武士注文"上登记的是以武艺为家业世代相传的武家子孙。而是否登记在"国内武士注文"上，决定了此人是否会出现在回文的动员名单上。从这个意义上讲，"国内武士注文"才是认定武士身份的依据。

申请功勋奖赏的流程

那么，响应国衙动员、参与追捕任务的武士应该如何申请功勋奖赏，朝廷又该如何审理这些申请呢？宽仁三年（1019）六月二十九日，大宰府向公卿会议提交击退刀伊的"功勋者注文"，其部分内容如下（《小右记》）：

> 大宰府急报勋功者交名
>
> 散位平朝臣为贤、前大监藤原助高、仗大藏光弘、藤原友近、友近随兵纪重方
>
> 以上五人在警固所合战中射中贼徒，立下大功。前日府解已急报为贤等四人功勋，然重方未列其中，此乃重方

之战果无详尽报告所致。后经确认情况属实，故在本次功勋者急报中追加报告。

筑前国志麻郡住民文屋忠光

贼徒袭击志麻郡之合战中，忠光射中贼徒甚众。又斩贼徒之首进献大宰府。缴获武器一并献上。

同国怡土郡住民多治久明

贼徒来袭之时，于该郡青木村南山一带与之交战，射杀贼徒一人，斩其首级进献大宰府。

前肥前介源知

贼徒败退之时，于肥前国松浦郡与之交战，射杀贼徒数人。另生擒一人，进献大宰府。

（下略）

刀伊入寇之际，朝廷向大宰府下发追讨敕符，其中承诺“若舍身出战、建立功勋，将受到相应褒赏”。而上述“功勋者注文”正是大宰府为推举建立功勋的武士而第二次提交的报告。该注文记录了立功者的作战时间和地点、立功情况、斩获首级、生擒人数、缴获武器等情况。为使大宰府能够提交如此细致的“功勋者注文”，参与战斗的武士必须详细报告自己的战况和战果。在收到武士的报告之后，就像上述关于纪重方的记载一样，大宰府还要确认这些功勋是否属实（比如向与其一同参战的武士求证），而后再制作“功勋者注文”，并上交政府。

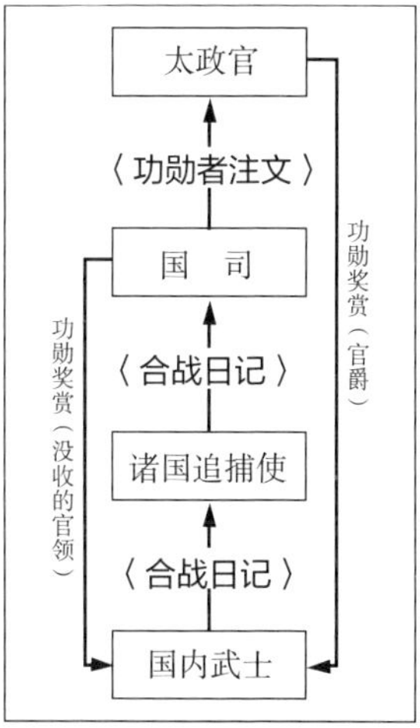

授予功勋奖赏的手续

参加战斗的武士在上交首级、俘虏的同时还要提交战况报告书，其中有的报告书较为属实，有的则明显夸大。纪重方之所以最初被遗漏，正是因为他没有提交报告书。这种战况报告书被称为“合战日记”。天庆四年（941）十一月六日，大宰府警固使源经基与袭击丰后国海部郡佐伯院的“贼徒”桑原生行等人从申时鏖战到酉时（下午3点至7点）。最终，源经基生擒负伤的桑原生行，击杀贼徒数人，缴获马匹、船只、绢绵、武器等物。翌日，源经基将合战日记提交大宰府。被活捉的桑原生行死后，源经基又将桑原生行等人的首级和战利品交至大宰府，大宰府将这些首级和战利品连同府解一并送至朝廷。其他地方诸国的功勋申请方式也大致如此。

如上文所述，被回文动员起来的国内武士要想得到功勋奖赏，必须向国衙提交合战日记和实物战果（如犯人本人或其首级），接受审查核定，再由国衙向太政官提交“功勋者注文”。反之，没有国衙的推举就不能领取功勋奖赏。也就是说，国内武士积极响应国衙动员，完全是为了获得国衙的功勋认可和举荐。此外，如大宰府“功勋者注文”中记录的纪重方一样，国内武士的郎党一旦获得功勋奖赏，就等于被认可为正式的武士。

本节结合具体事例，对 10 世纪至 12 世纪一以贯之的王朝国家的国家军制（镇压叛乱的体系、军事动员体系、国衙武士的编制）进行了复原。尽管上页图的模式不适用于所有情况，但这种制度性、手续性的体系确实存在。而政府、国衙以及各方当事人也都默认并利用这种体系，并在此基础上采取行动。

第四章

武家栋梁的形成

第一节 | 平忠常之乱与源赖信

平忠常造反与追讨使的选定

通过镇压平忠常之乱、前九年之役、后三年之役这三场发生在11世纪的叛乱，河内源氏的三代栋梁源赖信、源赖义、源义家以王朝国家的军事指挥权为媒介，与东国武士建立起军事主从关系，斩获了王朝国家军事指挥官的地位，被后世尊称为“武家栋梁”。本章将在探明几次叛乱不同性质的同时，对创立了镰仓幕府的源赖朝军团（“御家人制”）的根基——源氏主从制的形成过程及其特殊性进行具体分析。

在距平将门之乱近一个世纪的万寿五年（1028）五月前后，上总权介平忠常（平良文的孙子）袭击了安房守惟忠（其姓不详）的官邸，并烧死惟忠（《应德元年皇代记》）。在自己居住的上总国，平忠常还占据了受领（介）县犬养为政的官邸，并将其软禁（以下内容主要依据《小右记》《左经记》）。事件发生后，上总“国人”“州民”针对受领妻儿的返京问题进行了强烈反抗，可见这是在厅官人和田堵、负名阶层广泛参与的凶党蜂起事件。平忠常之所以越出自己居住的上总国领导反受领斗争，是因为他本身就是大名田堵和在厅官人，同时又在上总、下总、安房等多国拥有私田。平忠常之乱爆发于五月，而春天至初夏这段时间又是负名从国衙承包公田，进行起田、播种、插秧的劝农季节。平将门之乱以来，坂东诸国已然荒废，被视作“衰敝”之国。因此，“复兴”坂东诸国，增加耕作面积，将公田面积恢复到延喜年间“基准国图”的水平，便成了受领的使命。而受领强制在厅官人、田堵阶层垦荒所导致的不满，正是导致平忠常之乱爆发的诱因。

但是，平忠常本无意与朝廷为敌。正如后文所述，占领上总国国衙的平忠常得知朝廷的追讨方针后，立即于七月下旬秘密写信给内大臣藤原教通（藤原赖通的弟弟）、中纳言源师房（藤原赖通的养子）等人，恳求朝廷停止追讨。与此同时，平忠常率领二三十名随行士兵从上总国国衙撤出，据守夷灊山（位于上总国与安房国交界处的房总丘陵），等

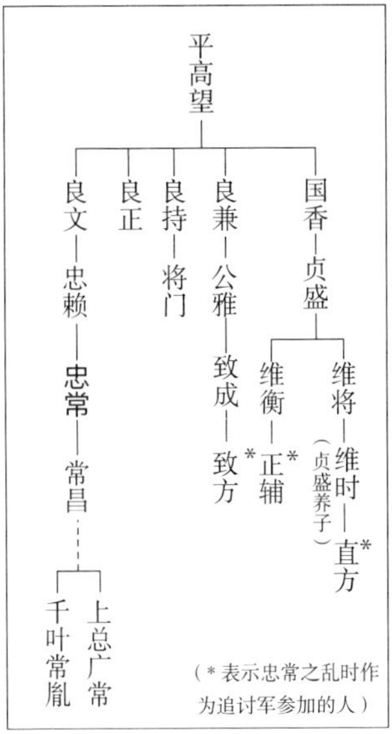

平忠常之乱相关人物谱系略图

平忠常之乱相关略图

藤原教通回信。

另一方面，被平忠常造反奏报惊动的朝廷当即决定派遣追讨使进行追捕。在六月举行的方针会议上，众公卿推举伊势前国司源赖信为候补追讨使。在此之前，源赖信并没有太多施展拳脚的机会，不过在担任受领期间，他的政绩、武名和行事谨慎等特点为他赢得了公卿的信赖。然而出人意料的是，后一条天皇竟然任命了检非违使平直方（平维时的儿子）为追讨使，并任命检非违使志（道官人）中原成通为副追讨使，负责勘纠。后一条天皇为何力排众议，任命平直方为追讨使呢？

目前的研究成果表明，为了扩大其坂东势力，出身摄关家家臣的平维时、平直方父子曾在关白藤原赖通身上多方打点，因此才被任命为追讨使。可是，论及与摄关家的亲密程度，源赖信一方远远胜出，而且按理说关白藤原赖通也不会无视公卿们的举荐，执意站在平直方一边。实际上，这一时期的藤原赖通多是在政界长老、右大臣藤原实资的授意下做出决定，藤原实资也着实为藤原赖通提供了不少帮助。在两人的协作关系下，最终是由应对叛乱的实际负责人藤原实资向天皇和藤原赖通举荐了平直方。对此，藤原赖通表示同意，天皇也予以认可。笔者这样说的理由有三点：

第一，此时的平直方是现任检非违使。中央派遣的追捕使、追讨使一般会从卫府官人中选拔而出，这是 9 世纪以来的惯例。藤原实资自己也说过："此次追讨与下赐节刀的将军不同，仅是派遣检非违使的寻常追捕。”

第二，平直方在相模国镰仓拥有据点，与坂东诸国武士交往甚密，藤原实资想利用这一点，不令诸国疲弊而使追讨成功。

第三，源赖信的两个兄长源赖光、源赖亲平日仗着自己摄关家家臣的身份骄横跋扈，藤原实资对这两人并无好感。与其让源赖信夺取功勋，不如给小野宫流家臣平氏一个立功机会。

以上便是行事谨慎的藤原实资的考量。不过对外宣称任命平直方的理由只是因为他是现任检非违使。既然天皇和关白都认可平直方，众公卿也就不敢置喙了。此后，藤原实资一直在朝廷内部主导着叛乱对策的制定和实施。

吊诡的追讨

平直方、中原成通就这样成了追讨使及其副官。两人请求朝廷下赐国衙指挥权、军粮征收权等九条权限。对此，藤原实资要求将权限缩减为三条，重新提交申请。由于制定九条草案的中原成通拒绝修改，因此这项工作最终由平直方完成。藤原实资基于三条申请，于七月二十三日下发追讨官符，命坂东诸国协助追讨使追讨平忠常。平直方二人之所以如此拘泥于权限，是因为他们想在征收军粮时趁机大赚一笔，藤原实资对此心知肚明。在这场博弈中，违背藤原实资指示的中原成通与老实顺从的平直方之间产生了不和。中原成通出发后，又以母亲生病为由，申请奉还追讨使之位。追讨使的前路充满了不确定因素。

其间的七月下旬，平忠常派数名使者持密信入京，企图令朝廷的态度软化。结果检非违使厅逮捕了平忠常的使者。在逼问下，使者一五一十交代了平忠常率二三十骑据守夷灊山、等待藤原教通回信的实情。可是，藤原赖通、藤原实资等朝廷首脑完全没有缓和的意思。八月五日，平直方、中原成通终于率二百名随行士兵，在“观者齐出，万人空巷，纵马疾驰，车轮飞旋，如云而动”（《小右记》）的热烈欢送氛围中进军坂东。如果能出色完成任务，二人凯旋时，想必也是此番景象。与此同时，为促使坂东诸国受领支援追讨使，朝廷还对一众铮铮佼佼之武士委以官职，如任命平直方的父亲平维时为上总介、平公雅的孙子平致方为武藏守（参照野口实著述）、最有实力的追讨使候补源赖信为甲斐守、平维衡的儿子平正辅为安房守等。其中，藤原实资的家臣藤原兼资被任命为常陆介，这大概是出于藤原实资收集情报的考虑。转年长元二年（1029）二月，朝廷下发第二道追讨官符，命令东海道、东山道、北陆道诸国协助平直方。

据称，抵达当地的平直方与平忠常在房总三国（安房、上总、下总）展开激战。如果果真有战斗发生，理应提交追讨使解文、战时日记、国解等战况报告书（第三章前述）。然而自京城开拔以来，平直方从未向朝廷提交过报告书。实际上，这期间连一场像样的战斗都没发生过，连一项拿得出手的战果都没有。追讨使平直方等人只是儿戏般地浪费时间。失去耐心的朝廷开始考虑找人替换平直方。十二月，公卿会议决定提升副追捕使中原成通为正追捕使。面对这一决定，举荐平直方的藤原实资想必也是脸上无光。长元三年（1030）五月，平直方终于送来战报，然而该战报仅称夷灊山的敌军正在减少，朝廷对此并不满意。之后，有情报称平忠常已出家，法名常安。六月，有情报称，此前不知所踪的平忠常通过下野国前镇守府将军藤原兼光（藤原秀乡子孙）斡旋，向平直方赠予了“志”（礼物）。接到这一情报的朝廷终于在七月决定正式解除追讨使平直方的官职，将其召回。

另一方面，平忠常继续据守夷灊山，观察事态。坂东诸国武士也不响应追讨官符，而且常与平忠常互相通气。在这种情况下，平直方就算不听从命令，朝廷也奈他不得。他刚从京城出发便与中原成通产生矛盾，不敢向朝廷报告，也不敢与平忠常正面交战。这种气量小、胆子小、优柔寡断之人，怎么看都不是优秀的武将。可藤原实资偏偏拘泥于现任检非违使这一点，最终看走了眼。两年零三个月前，平直方在京城官民热烈欢送的氛围中离京。十一月，平直方掩人耳目，悄悄回京。平直方的武名已然蒙羞，其子孙也不能作为在京武士留在京城。

值得一提的是，平直方将女儿嫁给了源赖信的嫡子源赖义，生下源义家、源义纲、源义光三兄弟。此外，源赖朝的外戚、后来作为其流放地伊豆国在厅官人的北条氏也自称是平直方的子孙。

平直方担任追讨使期间没有打过一场像样的仗，那么这两年里他都做了些什么呢？

叛乱平定后，地方诸国流传诸多说法，如“坂东诸国是在追讨使平直方在任期间衰敝的”“下总国为追讨平忠常，征发人力物力，最终衰敝”“相模国长期应对军务，衰敝尤甚”等。由于追讨使平直方等人的缘故，上总国三年国力因毫无保留地征发官物而丧失殆尽，至长元四年（1031），延喜年间的两万两千九百八十余町田亩已减少至十八余町（一町约为 99.2 公亩）。然而，坂东诸国疲敝并非战争所致。追讨使平直方及其郎党假借征收军粮之名横征暴敛，这才是坂东诸国衰敝的真实原因。平直方强征军粮的行为招致当地武士极度反感，国内百姓四处逃散，这也使得坂东诸国国人在暗地里支持平忠常。到了后来，坂东武士承担起重新开垦荒废土地的任务，并在 11 世纪 40 年代“前期王朝国家”向“后期王朝国家”转换的过程中，成为坂东诸国郡司、乡司，进而转变为在地领主（第五章第一节详述）。

追讨使源赖信与坂东武士

长元三年（1030）九月，朝廷任命甲斐守源赖信为追讨使，再次向坂东诸国下发追讨官符。此前，源赖信向正在草拟追讨官符的藤原实资赠送丝十絇（五两为一絇）、红花（珍贵染料、药材）二十斤，作为拜认追讨使的谢礼。新任追讨使源赖信带着已经出家的平忠常之子前往任职地甲斐。在诸国已然衰敝的情况下，不使衰敝加剧而完成追讨任务便成了源赖信的使命。翌年正月，源赖信加阶从四位下。此次加阶的目的在于促使源赖信早日完成追讨任务。

源赖信以平忠常的儿子为使者，苦言劝告平忠常投降。四月，平忠常带领儿子平常昌等人前往甲斐归降，献上名簿，成为源赖信的家臣。六月六日，跟随源赖信进京的平忠常身染重病，死于美浓国。为了让国衙检尸，源赖信割下平忠常首级，命平忠常随从持首级入京。十六日，平忠常随从进入京城。不过京城内并未举行盛大的凯旋仪式。由于平忠常最终为归降，因此其首级被返还给了随从，并未悬挂在狱门示众。

朝廷就战后处理问题召开会议，决定满足源赖信的要求，不再追讨平常昌等人，免除其罪责。七月一日，后一条天皇传口谕询问源赖信有何要求。源赖信谦逊地回答："此次拜任追讨使，平忠常当即归顺，此皆仰仗朝威（天皇的威严）。然听闻陛下褒赏之言，实乃诚惶诚恐。如能沐得朝恩，望赴任丹波国。"后来源赖信再次前往甲斐，并通过与藤原实资过从甚密的高僧打探，能否将任职地改为美浓。高僧对藤原实资说："源赖信希望改到美浓国任职，表面上是要为母亲敬祈冥福，实际上是因为众多坂东武士已效忠于他，而美浓又是双方联络最为便利的地方，因此他才如此急切地想要改任美浓。另外，源赖信还想询问是否可以明年再上京。”对此，藤原实资回答：“既然朝廷决定任其所愿，我也没有理由说长道短，此事本就不必托人打探。只是源赖信希望在正月除目中转任美浓，可他本人又想在除目后进京，这实在不符合常理，按惯例他应在今年年内进京，正式陈述所求。”可见，源赖信一方面为了得到藤原实资的私下承诺而大献殷勤，另一方面却高傲自大、藐视除目仪式。藤原实资对此十分不满。

表面谦逊、殷勤而内心傲慢的源赖信希望朝廷首脑牢牢记住他的才智、功勋以及对天皇的忠诚。说到底，源赖信的确是勇敢、冷静的武将之才。在坂东诸国，成功说服平忠常不流血投降、终止追讨军长年搜刮的行径、为坂东诸国重新带来和平的源赖信被视为英雄。源赖信自然也要抓住这一时机，返回任职地甲斐国，借机掌控坂东武士这股力量。此时将名簿奉于源赖信、结成主从关系的有平忠常的子孙千叶氏、上总氏等以及藤原兼光的子孙藤姓足利氏、小山氏等。之乱、源平合战中，作为源氏世代家臣而大放异彩。

如上所述，源赖信通过降伏平忠常之武名，与坂东武士结成了主从关系。维系源赖信与坂东武士的，是前者对于后者的庇护、后者对于前者的崇拜。因此这是一种情感上的主从关系，而非以俸禄为媒介的封建主从关系。源赖信将任职地改为美浓，恐怕也是应坂东武士的要求。坂东武士频繁前往美浓，目的在于轮岗守卫源赖信宅邸，同时也是在军事上侍奉源赖信。就这样，以平忠常之乱为契机，源氏栋梁及其坂东武士郎党登上历史舞台。然而，这种没有在战场上共苦、没有在胜利后同甘的主从关系还很脆弱。

第二节 | 前九年之役与源赖义

9世纪至10世纪的奥郡统治

源赖义和儿子源义家继承了源赖信武家栋梁之地位，带着统治俘囚自治地区的使命，成为陆奥守、镇守府将军。然而，二人却越过朝廷意志，对俘囚自治地区发动了两次侵略战争。通过激烈的战争，源赖义、源义家与东国武士之间的军事主从关系进一步强化。另一方面，俘囚自治地区也艰难挺过了两次侵略战争，从安倍氏到清原氏，再到奥州藤原氏祖孙三代，始终在稳步发展。首先让我们看看俘囚自治地区取得的发展。

1991年，青森县十三湖畔的福岛城发现了城寨模样的建筑遗迹。以此为开端，分布在北纬40°线两侧、以战壕和土墙围成的“防御型集落”逐渐受到人们的关注，10 世纪下半叶至 11 世纪的日本东北史、北海道史成为热门话题。如果没有上述研究成果，前九年之役、后三年之役便无从说起。

在征夷大将军坂上田村麻吕的“征服”下，虾夷的大规模反抗运动趋于平静，律令国家的“帝国”版图扩张政策宣告终止（参见本丛书中的《律令国家的转变》）。延历二十一年（802），镇守府由多贺城迁往坂上田村麻吕修筑的胆泽城，律令国家版图一举北进。所谓“征服”，其实是坂上田村麻吕与虾夷领导层政治协商的结果。双方达成一致，关键在于如何统治这一地区。协商的结果是，衣川关以北的新版图（称“奥郡”）纳入镇守府管辖范围，设立胆泽、江刺、和贺、稗贯、斯波五郡，不过郡司和村长由俘囚首长担任，保留虾夷原有的统治关系。

贞观十五年（873）十二月，陆奥守安倍贞行向朝廷奏称，派遣至各郡完成冬季收缴工作的任用（掾、目）收取“富饶酋豪”（指俘囚首长）贿赂，对其逃税行为视而不见，因此应以任用的薪俸填补亏空。朝廷对此予以认可。后来，朝廷将“富饶酋豪”一词改成了“富饶百姓”，制作成法令颁布全国。本书第二章谈到，9 世纪大部分地方诸国实行正税出举。在这一过程中，富豪阶层成为里仓负名，出举逐渐转变为一种地税。而这一政策也在纳入新版图的奥郡地区实行开来。要想将全国整齐划一的“人为制度”编户制、班田制突然导入虾夷传统的首长制社会中是不切实际的。但是在温和的统治中诞生的“里仓负名”阶层，却通过任命俘囚首长为里仓负名这种方式被顺利导入没有经历过编户制、班田制的奥郡首长制社会。也正因如此，前述陆奥国的提议才会被朝廷认可，最终成为全国性的法令。朝廷将数量庞大的正税稻分配给俘囚首长及其下属，通过他们来掌控奥郡内部、津轻、北海道的金、马、熊皮、海豹皮、鹫羽的贸易和流通。10 世纪以后，朝廷以“临时贸易”为名，在奥羽两国（陆奥、出羽）征收数量庞大的绢、马、金等物。

9 世纪下半叶，镇守府所在的胆泽城经过一番修缮和扩建，摇身一变成为拥有石身瓦顶的政厅和十二座脚门的宏伟建筑。胆泽城是满足统治需要的建筑，政厅则是举行仪式、飨宴的场所（参照伊藤博幸著述）。国司会在国府、镇守府款待虾夷以及俘囚中有爵位的人，对其发放俸禄。这其实是身为“中华帝国”的律令国家，对奥郡俘囚、北方夷狄进行优恤、教化，进而明确附属关系的一种仪式（参照今泉隆雄著述）。9 世纪下半叶修葺镇守府的举措表明，要想怀柔俘囚首长，必须树立“中华帝国”的理念。

不过，在 10 世纪初的体制转换过程中，北方政策也有很大变化：

第一，在奥五郡的基础上，又在最北面的地区新建了岩手郡，镇守府的管辖范围扩张为奥六郡，王朝国家的北边疆界就

胆泽城遗址全景　虚线部分。上方是胆泽川与北上川的交汇处（水泽市埋藏文化财产调查中心提供图片）

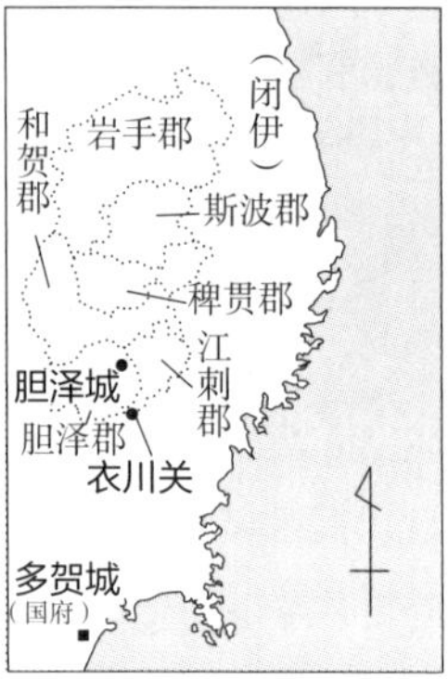

奥六郡与胆泽城

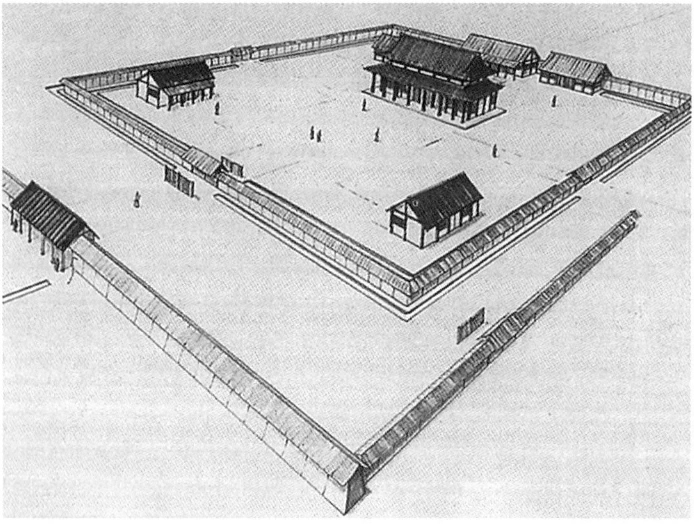

胆泽城政厅复原图（水泽市埋藏文化财产调查中心提供图片）

此敲定。遣返俘囚的政策（第一章第三节前述）或许就与新设岩手郡有关。而奥六郡以北的津轻、糠部、闭伊、渡岛（北海道）则被称为夷狄之地。

第二，镇守府将军脱离国司，不再位于陆奥国国司之下，转变为半独立的受领，负责将奥六郡俘囚、公民编成负名阶层，对其收缴官物，与北方夷狄进行贸易，上缴贸易所得等（参照熊谷公男著述）。

第三，有实力的武士可以补任镇守府将军。延喜十四年（914），在平定延喜东国之乱中立下功劳的藤原利仁成为镇守府将军。自此以后，平高望子孙、藤原秀乡子孙中有实力的武士先后补任镇守府将军。到了后来，要想成为统治奥六郡、承办北方贸易的镇守府将军（受领），非武士出身不可。

第四，10世纪中叶，胆泽城的镇守府功能（参照伊藤博幸著述）被将军官邸取代。武士出身的镇守府将军不讲优恤、教化，而以武威统治奥六郡。陆奥守源赖义担任镇守府将军时，曾为收缴工作巡检奥六郡数十日。其间，奥六郡郡司安倍赖时协助收缴，并设宴款待源赖义（《陆奥话记》）。这一做法与其他地方诸国的郡司协助收纳使（受领的子弟郎党）执行公务并设宴招待他们其实是一回事。前文提到，原来的镇守府将军要在镇守府（胆泽城）设宴招待俘囚，如今却变成了将军下到各郡，由俘囚（郡司）款待将军及其子弟。这是一种主客颠倒的转变，而胆泽城的废止就是这一转变的体现。

延历十一年（792），诸国废除军团士兵制，然而奥羽两国此后仍然实行这一制度，由两国士兵轮流守卫胆泽城。由于胆泽城和士兵制可以在抑制奥六郡俘囚内部武力纷争、奥六郡俘囚与北方夷狄之间的武力纷争方面发挥巨大作用，因此9世纪的奥郡和北方夷狄地区都没有修筑具备永久防御功能的集落。然而进入10世纪，陆奥国军团士兵制解体，胆泽城丧失作用，维护胆泽城的机制随之崩溃，胆泽城遭废弃，代之而起的是防御型集落。

天庆十年（947）二月，镇守府将军平贞盛称己方十三名使者在夷狄坂丸一地被杀，因此向朝廷申请权限征发军士、军粮，讨灭贼人。然而朝廷并不同意发兵，而是派遣国使前往“贼地”调查。一心想要复仇的平贞盛于是无视朝廷命令，率一众郎党袭击了坂丸等地的集落，大肆掠夺财物。这一行动也引发了夷狄方面的报复，奥六郡俘囚集落相继遭袭。如此所示，武士出身的将军与夷狄进行贸易时常有爆发武装冲突的可能。对贵族和百姓来说，武士和夷狄一样，都是被歧视的对象。也正因如此，武士才会更加歧视夷狄，以证明二者的不同，其袭击夷狄时的残忍和暴虐是在武士合战中无法想象的。在这一背景下，镇守府与北方夷狄势力各自占据北纬40°国境线两侧，互相袭击和报复。为了抵御攻击，双方都建起了防御型的集落。

据称，青森县十三湖畔的福岛城也是在10世纪中叶建造

福岛城遗址全景 从东北方向俯瞰福岛城遗址，中间偏右的虚线内部分是内郭，上方是十三湖

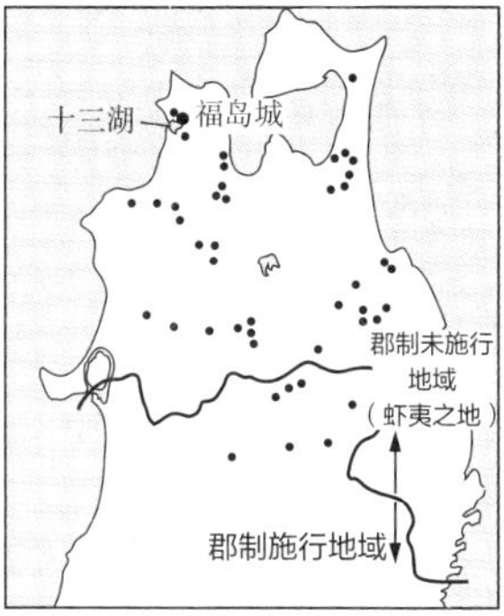

福岛城与防御型集落（参照三浦圭介著述）

的。福岛城的巨大外郭由土墙和外护城河紧紧包围，二百米见方的内城同样由土墙、内外护城河保护。外郭墙所围起来的土地广阔而平坦，这一点很像多贺城和胆泽城，而且土墙和护城河表明，福岛城具有实战防御功能（参照千田嘉博、佐藤信著述）。福岛城与多贺城、胆泽城的相似性说明福岛城同样具备设宴招待夷狄、接受朝贡的功能，但是另一方面并没有史料证明朝廷直接参与了福岛城的修建和经营。因此笔者猜测，福岛城或许是镇守府将军为了镇抚北海道和津轻的夷狄并与其进行贸易而修筑的。长和三年（1014）二月，将军平维良为求连任，向藤原道长进献二十四马、胡箓（可收纳五十支鹫矢的器具）、鹫羽、砂金等奇珍异宝，惊动京城上下（《小右记》）。其中鹫羽等北海道产物应该是在福岛城的贸易中获得的。

奥六郡郡司安倍氏登场

宽仁二年（1018）八月，陆奥守藤原贞仲与镇守府将军平维良展开合战。一般认为，此次合战源于平维良平日里在奥六郡进行掠夺式的征税和贸易，在任期的最后一年填补之前亏欠的贡品时，与国守藤原贞仲发生争执。平维良因这次合战被解除公职，其后平永盛（天庆功臣平群清干子孙）、藤原赖行（藤原秀乡子孙，藤原兼光的儿子）的先后补任，使由武士担任镇守府将军的做法得以延续。不过自万寿四年（1027）在任的藤原赖行一直到天喜元年（1053）被任命为镇守府将军的源赖义为止，二十六年间均无人补任将军。这是因为陆奥国已无力承受平维良这种掠夺式的统治，因此藤原赖行任期一结束，陆奥国国司便请求朝廷立即停派镇守府将军，改为起用有实力的俘囚首长安倍忠良为奥六郡郡司，委托其统治奥六郡，管理福岛城的夷狄贸易。前九年之役的主角安倍氏从此登上历史舞台。

9世纪，许多俘囚首长将“丈部”等传统姓氏改为“阿倍陆奥臣”“阿倍会津臣”等新姓氏。安倍忠良的祖先就是以奥郡为根据地、后来改姓“安倍”的俘囚首长。长元九年（1036），安倍忠良补任陆奥权守（《范国记》）。有人据此认为，安倍忠良是中央派到地方的国司。但是，由地方诸国有实力的在厅官人补任有名无权的权守、权介，这种情况是相当普遍

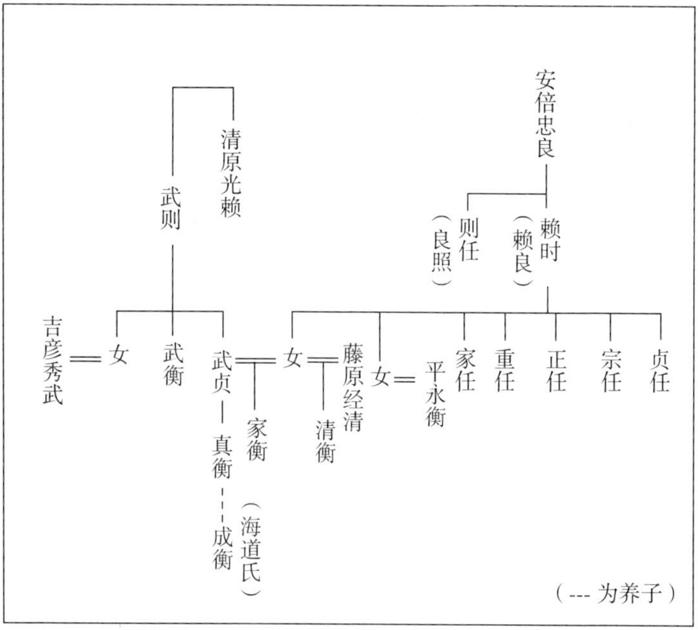

安倍氏、清原氏谱系略图

的。安倍忠良其实是受陆奥国国司举荐，获封五位并成为权守的。安倍忠良的儿子、俗称“安大夫”的安倍赖良同样位阶五位。安倍赖良后来将女儿嫁给了曾以受领郎党身份来到当地并安家落户的伊具郡郡司伊具十郎（平永衡）和亘理郡郡司亘理权大夫（藤原经清），凭借这层关系在陆奥国提升地位，扩张势力。

“部落咸服，横行六郡，劫掠人民，子孙滋蔓”（《陆奥话记》);“领郡县作胡地，驱使人民为蛮虏，数十年间，六郡之中，不从国务”（源赖义奏状）。如此所言，君临于奥六郡的安倍氏在六郡各地修筑官邸（城寨），以此为据点逼迫六郡俘囚臣服于自己，不缴官物，亦不承担杂役。其中，安倍赖良甚至将势力扩张到了奥六郡以南地区的“公领”（国司管理的公家领地），并拒绝检田、缴纳官物。安倍氏建立的统治是没有受领、镇守府将军介入的垄断性统治，因此从某种程度上来说，是其利用俘囚群体获得了“自治权”。奥六郡郡内的防御型集落针对的是北方夷狄，而安倍氏建立的城寨针对的则是受领强制执行公务的部队。

源赖义的计谋

永承六年（1051），陆奥守藤原登任动员军队攻打安倍赖良，结果在鬼切部一役中被安倍赖良击败，损失惨重。《陆奥话记》（作者不详，11 世纪下半叶成书）就从这场战争写起。该书根据国解等战况报告书以及相关人物夸耀自己功绩的书状写成，作为基础史料可信度较高。下文将以该书为主要参考史料，复原前九年之役的真实情况。

藤原登任攻打安倍赖良并非国家性质的追讨。11 世纪下半叶，朝廷下发官符废除新立庄园，新任受领依仗此官符的权威对庄园进行“初任检注”（上任后的首次土地调查），而庄园方面则以武力阻止国衙暴力检注，武力纷争由此而起（第五章详述）。藤原登任是首个在陆奥国进行初任检注的受领。此前奥六郡从未进行过检田和征缴工作，如果能在奥六郡检注，不但公领的田亩数和官物收缴额会猛增数倍，藤原登任也可凭借治国之功获得晋升。然而，藤原登任派遣武装部队进行检注时，遭到安倍赖良的粗暴抵抗和恐吓，致使藤原登任手下出现伤亡。此即二人合战的原因。永承六年，朝廷拔擢前相模守源赖义为陆奥守，取代藤原登任。两年后，朝廷命源赖义兼任镇守府将军。不过，朝廷此时并未下令追讨安倍赖良，朝廷只是想以源赖义的武名震慑安倍赖良。

源赖义是平定平忠常之乱的源赖信的嫡子，《陆奥话记》中有赞词称其“沉着刚毅，武艺精湛，将帅之器”。据说，源赖义曾作为判官代侍奉敦明亲王很长时间，经常陪同敦明亲王外出打猎。敦明亲王即小一条院，曾慑于藤原道长的压力请辞皇太子之位，一生不遇。长元九年（1036），源赖义因长年侍奉小一条院有功，被任命为相模守。此时，源赖义已年近五十。源赖义的在京任职经历并未被记录在《小右记》以及藤原道长的日记《御堂关白记》中，这一点与其父源赖信相同。与源赖义早年平淡无奇的经历相比，其同母弟源赖清年纪轻轻便成为藏人，可登殿，以左近将监、中务少辅等职位参与宫廷实务，后来又成为关白藤原赖通的家司（侍所别当）。等到源赖义成为相模守时，源赖清已是位阶四位。而在

《小右记》和《御堂关白记》中，源赖清也常以精进勤奋的形象出现。父亲源赖信一方面让次子源赖清走上宫廷武士之路，借此与摄关家建立长久的亲密关系，另一方面又在赴任受领之职时，带着源赖义同行，令其与郎党、在厅官人一同狩猎、参与公务，培养其将帅之器应有的武艺、度量和指挥能力。到了源赖义赴任相模守时，“会坂以东弓马之士大半已成其门客”（《陆奥话记》）。至此，源赖义蹈袭其父足迹，成为坂东武士所景仰的武士栋梁。

永承七年（1052）五月源赖义到任陆奥国国府时，正值上东门院彰子患重病，因此天下大赦，此前妨碍检注的安倍赖良也在其中。重获自由的安倍赖良万分欣喜，发誓侍奉源赖义，又因“赖良”与“赖义”同音，为避讳改名“赖时”。兼任镇守府将军的源赖义将奥六郡置于自己的直接统治之下，安倍赖时也接受了初任检注，开始缴纳官物。如果不出意外的话，成功使安倍氏归顺的源赖义将会平平稳稳地度过四年任期，回到京城。

但是，天喜三年（1055）冬，源赖义为完成最后一年任期的“府务”（镇守府管辖范围内的官物收缴工作），对奥六郡进行了为期数十天的巡检。其间，安倍赖时始终作为郡司鞍前马后协助源赖义，并设宴款待，进献骏马黄金，甚至就连对源赖义的郎党也有礼物相赠。安倍赖时想用献殷勤和赠送豪礼的方式让源赖义赶紧离开奥六郡，回到京城。正因如此，安倍赖时才一方面臣服于源赖义，另一方面又持重不自轻。完成府务后，安倍赖时欢送源赖义回府。然而就在回府途中，源赖义一行在阿久利河附近野营歇脚时，权守（在厅官人）藤原说贞的儿子藤原光贞的随从及马匹不知遭何人杀伤。据藤原光贞说，由于他拒绝将妹妹嫁给俘囚，因此安倍赖时的长子安倍贞任怀恨在心，此事一定是安倍贞任所为。对此，源赖义传唤安倍贞任，欲对其进行责罚。没想到安倍赖时不但拒绝交出儿子，还封锁了衣川关。

不过，真相并非如此。笔者认为，源赖义想继续担任陆奥守以牟取利益，因此此事不过是源赖义制造的借口罢了。而且对源赖义来说，合战也是进一步扩大武名、立功晋升的绝佳机会。跟随源赖义的坂东武士也迫切希望获得恩赏，进而任官、叙位、晋升。可以说，源赖义一直在寻找发动战争的机会。

前九年之役的经过

接到安倍赖时“谋反”报告的朝廷于天喜四年（1056）八月下发追讨宣旨，命源赖义追讨安倍赖时。终于等到机会的坂东武士“如云骤集，如雨而至”，而且安倍赖时的女婿平永衡、藤原经清（藤原秀乡子孙，奥州藤原氏之祖）也在源赖义阵中。然而令人意外的是，源赖义在行军途中听信属下谗言，竟斩杀了平永衡。感到危险的藤原经清于是散布谣言，谎称国府危在旦夕，逃至安倍赖时麾下。另一方面，急忙折回国府的源赖义以军粮不足为由，暂时中止了追讨行动，解散了军队。

源赖义的继任者陆奥守藤原良纲因害怕发生合战而拒绝赴任。因此源赖义于十二月再任陆奥守。至此，源赖义挑衅安倍赖时的其中一个目的已经达成。然而此时谁也没有想到，这次挑衅竟会演变成一场旷日持久、血腥残忍的杀戮。

天喜五年（1057）七月，源赖义再次请求朝廷下令追讨安倍赖时。已解散坂东武士的源赖义请求下北半岛的夷狄之主、与安倍赖时同族的安倍富忠予以协助。得知此事的安倍赖时为了打消安倍富忠加入敌阵的念头，仅带少量亲兵前往安倍富忠处。没想到，安倍富忠已在途中埋伏，安倍赖时被流矢击中，于返回鸟海寨的途中倒毙。此后，以安倍贞任为首的安倍赖时的子嗣们封锁奥六郡的入口和衣川关，以示对抗到底的决心。

源赖义将成功讨灭安倍赖时的报告上呈给朝廷，请求朝廷下发追讨安倍贞任的官符。九月，朝廷派遣官使确认安倍赖时已死，进而下发追讨官符，但授赏一事被朝廷暂时搁置。十一月，接到追讨官符的源赖义再次动员坂东武士，进军衣川关。途中，源赖义军队遭遇风雪，饥寒交迫的征讨军行至黄海一地时遭到安倍贞任袭击，战死者无数，剩余军队逃回国府。在这场战争中诞生了许多神话，如源赖义的长子源义

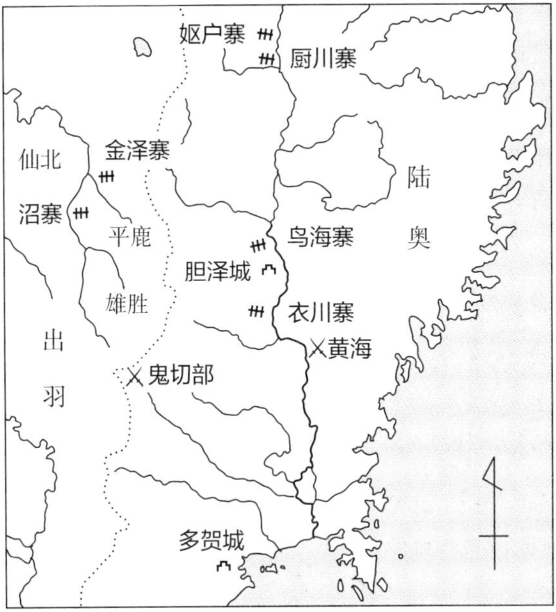

前九年之役与后三年之役相关略图

家令敌我双方士兵叹服的强弓，舍命搭救源赖义的源义家、大宅光任、藤原景通等六骑，追随源赖义三十年、年届六十的佐伯经范壮烈战死等等（藤原景通为藤原利仁的孙子，日后其孙加藤次景廉曾参与源赖朝的举兵行动。佐伯经范为藤原秀乡子孙，日后其玄孙波多野义通曾作为源义朝的家臣参与保元、平治之乱）。

黄海大捷后，安倍氏乘势进入衣川关以南诸郡，命令负名“若盖国印之赤符，则勿响应纳税。若无国印，盖经清之白符，则务必纳税”。转眼间，无可奈何的源赖义又一次结束了任期。

康平五年（1062）春，新任陆奥国受领高阶经重到任。然而，当看到国内所有人都服从前任受领源赖义时，高阶经重立刻回到了京城（一说被朝廷召回）。而源赖义方面，如果他继续静观事态，不采取行动，其武名将会一落千丈，其父源赖信建立起来的坂东武士栋梁地位也将崩塌。在这种情况下，源赖义决定无视意见不统一的朝廷，自己追讨安倍贞任。源赖义向出羽山北三郡（雄胜、平鹿、山本）的俘囚之主清原光赖和其弟清原武则赠予金银财宝，争取二人的支持。在这次游说行动中，源赖义表现得极为卑微，甚至被人耻笑为“向清原武则奉上名簿”。

七月二十六日，清原武则的军队终于抵达陆奥国后，源赖义率军从国府出发。征讨军分为七阵，除源赖义统领的第五阵外，其余六阵均由清原一族指挥。而且源赖义统领的第五阵也是由源赖义的直属军队、在厅官人军队以及清原武则军队共同组成。也就是说，征讨军几乎就是清原氏的军队。战斗的主角成了清原氏的军队，坂东武士没有多少施展拳脚的机会，战斗的性质也由追讨逆贼，变成了清原氏攻打安倍氏，以此篡夺奥六郡。

彼时正值收获季。征讨军攻陷安倍宗仁（安倍贞任的弟弟）、安倍良照（安倍贞任的叔父，亦称“安倍则任”）把守的

《前九年合战绘词》中的安倍贞任军队　右数第二名骑马武士是贞任之弟宗任，其左侧是贞任，贞任左侧是叔父良照（日本国立民俗博物馆藏）

小松寨后，为筹集军粮而分散到各地。得知这一消息的安倍贞任于九月五日出衣川寨，欲与征讨军决一死战，不料被敌军击败。六日，征讨军发起火攻，衣川关陷落，安倍贞任退到鸟海寨。传说源义家搭箭追击安倍贞任时曾大喊："战袍经线已绽开。"安倍贞任回头接出下句："经年线乱奈我何。"源义家被安倍贞任的学识及和歌修养所打动，故意射偏，放走了安倍贞任。这段描写源义家气度非凡、怜惜英雄的逸闻记载于《古今著闻集》（橘成季于建长六年［1254］完成的故事集）中。这部作品直到二战之前都是赞美武士道精神的"教科书"。

十一日，征讨军攻占鸟海寨，之后又逐个击破了安倍贞任军队据守的各个城寨。十五日黄昏时分，征讨军包围了安倍贞任的最后据点——厨川寨和妪户寨。厨川寨久攻不下，城内军队不断向攻城的敌军射弩箭、投石、浇开水。在中世的防御战中，投石已是非常常见的守城方式，但没有弩。弩是一种可以弹射的弓，带有底座，由装填手和射手两人操作，属于大型兵器，也是过去律令军制下的制式武器。由其发射的巨大铁箭具有十分可怕的威力，可以轻松击碎敌军的盾甲。该武器大概是镇守府胆泽城被废弃时，安倍氏顺势取得的。

十七日下午，源赖义捣毁附近村落，将割来的茅草堆在城墙周围，放火烧城。城池被烈火包围，守城军与突入城内的征讨军展开殊死搏斗。其间，清原武则故意放开一条通路，让守城军逃出城，之后再进行追歼。被俘的藤原经清被带到源赖义面前，源赖义破口大骂："汝先祖乃世代家臣，然汝多年无视朝威，侮辱旧主，实乃大逆不道。如今可还敢用白符？"为了尽可能地折磨藤原经清，源赖义下令使用钝刀将其斩首。在对战斗和杀戮场面的处理上略显平淡的《陆奥话记》中，这一段可以说是极为少见和残忍的。在战斗中倒下的安倍贞任则被放在一面大盾牌上，抬到源赖义的面前时已经气绝身亡。此后，安倍一族陆续投降。"夷狄之居已成公地，叛逆之辈皆为王民。"源赖义自豪地宣布，"征夷"行动就此结束。

以上便是前九年之役的大致经过。需要说明的是，这场战争与袭击、杀害受领和国使的反受领斗争性质不同，一开始的前九年之役实际上是陆奥守源赖义为了打破安倍氏对奥六郡的自治统治而进行的侵略战争。笔者推测，源赖义的最初目的是想连任陆奥守，并获得功勋奖赏。但是在消灭安倍氏之后，源赖义进一步将奥六郡郡司等职位分给了自己的郎党和在厅官人，以此实现对奥六郡的直接统治。不过，由于源赖义中途不得不请求清原氏援助，因此这场战争的性质也跟着发生了变化。清原氏吸收了安倍氏的势力，一个更加庞大的自治集团在奥羽诞生了。

新的神话

康平五年（1062）十月，源赖义将已捕获、斩首安倍贞任等人的解文送至朝廷。接到解文后，朝廷内部在战争性质（是国家性质的追讨还是私合战）的认定上产生分歧。另一方面，源赖义胜利的捷报很快传遍京城。人们认为，这场胜利将会祛除内里、大内里（宫城）、兴福寺、法成寺接连失火带来的末法[1]阴郁之气。接到捷报后，后冷泉天皇也甚是喜悦，认定战

---

1 末法，据有关佛典所述，任何佛法都会经历三个阶段：正法、像法和末法。对于不同的众生及空间，三个阶段的时间长短不一，末法时期是指佛法渐渐走样，慢慢脱离佛经本义，走向灭绝的时期。

争性质的问题早就被他抛在了脑后。源赖义立刻成为征讨夷狄的英雄，朝廷也对“忠臣”源赖义的奉公与忠节大加赞扬，以此向京城内外昭示“皇威”之安定。

转过年的康平六年（1063）二月十六日，源赖义献上安倍贞任、安倍重任、藤原经清三人首级。彼时，进献首级的使团一行身披色彩艳丽的甲胄，以长刀刀头高高挑着三人首级，一路行至四条大路入口，将首级转交给了检非违使一行。检非违使一行以三人首级分列成三条纵队，穿过四条大路，行至西狱门，高悬首级示众。围观者接踵而至，不论贵贱、僧俗、男女，混作一团，车马往来不绝。

目睹这一景象的权中纳言源俊房在日记《水左记》中将之形容为“奔车之声如晴空霹雳，飞尘之色如春日雾霭，乃从未得见之光景”，并在最后写下了自己的感想——“虽进入末法之世，然皇威尚且安泰”。

同月二十七日，源赖义没有进京，而是在任职的陆奥国当地接受了功勋除目。朝廷称其以十二年艰苦岁月征服虾夷，赐予源赖义正四位下伊豫守、源赖义长子源义家从五位下出羽守、次子源义纲左卫门尉、清原武则从五位上镇守府将军。此外，源赖义还坚持要求朝廷赏赐自己的郎党，最终源赖义“子孙郎党随从全员受赏”。“前九年之役”（原本称“奥州十二年合战”）的名称由来众说纷纭，不过从战争的开端——天喜三年（1055）阿久利河事件，一直到功勋除目为止，时间的确是九年。

成为伊豫守的源赖义以扫除余党、处理归降者、尚有追加功臣未获恩赏为由，又在陆奥国逗留了一年。康平七年（1064）三月，源赖义没等朝廷指示，押领安倍宗任主从三十七人，时隔十三年再次踏上进京之路。此时的源赖义已经七十五岁。朝廷将归降者视为俘囚对待，蹈袭8世纪至9世纪的俘囚移配旧例，将安倍宗任等人移配至源赖义所在的伊豫国，将安倍良照等人移配至大宰府，下令“长期支给衣物，使其成为皇民”。朝廷最终将这场战争认定为“夷狄征服战争”。不称“乱”，而称“役”，原因就在于此。治历三年（1067），朝廷将安倍宗任迁移至大宰府，防止其逃回本国。

最后一个问题是这场战争给武士带来了什么。对于此前的武士来说，“战斗”就意味着追捕逃犯或与有过节的武士进行决斗（私合战）。他们只懂得个人作战，战斗的时间也普遍较短。然而，此次面对的是与夷狄长期战争、不断得到锤炼的安倍氏军队。在这场战争中，长期驻扎边境、饥寒交迫、战斗规模巨大且惨烈、艰难的攻城战、歧视带来的无情杀戮……无论哪一点，都是此前的坂东武士闻所未闻、见所未见的。反之，正因坂东武士共同经历了艰难的战争，共辛酸、共悲叹、同欢喜，才有了源赖义与坂东武士间更加牢固的主从关系。

为使战功换来回报，源赖义进京后四处奔走，为其郎党讨赏。最终，将近二十名郎党获得叙位任官，河内源氏就此确立了受坂东武士景仰的崇高地位。与此同时，此前只会揣摩战况报告、一味算计利害得失、不懂得主从情谊的贵族，也被武士在战场舍命救主的故事所打动。只在中国史书上见过的战场上的忠诚与慈爱，如今在奥州的原野上成为现实。这就是《陆奥话记》中武士栋梁源赖义与坂东武士共同创造的主从神话，也是武士阶层全体的第二个英雄神话。

第三节 后三年之役与源义家

清原氏的内部纷争

前九年之役后，清原氏在奥羽地区的势力极大扩张。康平六年（1063）二月，因前九年之役的战功，俘囚之主清原武则破格晋升为镇守府将军。清原武则原本是清原氏庶系，当初是以兄长清原光赖的名义参加前九年之役的。然而战后，清原武则不但从兄长手中获得了清原氏总领（族长）的地位，还继承了安倍氏在奥六郡的统治权，将大本营从出羽转移到了胆泽，成为陆奥国奥六郡、出羽山北三郡的统治者。

延久二年（1070）十二月，陆奥守源赖俊（源赖亲的孙子）在即将卸任之际向朝廷报告称，已将越境袭扰奥六郡百姓的北方夷狄驱逐出境，征服东之闭伊、北之糠部和宇曾利、西之津轻，甚至连“衣曾别岛”（北海道）之“荒夷”也表示臣服。这场夷狄征服战是后三条天皇亲政的一环。结果是 10 世纪初期划定的奥六郡、山北三郡的国境线被抹除，新设闭伊郡、糠部郡、久慈郡、津轻郡（参照入间田宣夫著述），北方夷狄土地被划入王朝国家版图。这场征服战争很大程度上是依靠镇守府将军清原武则之嫡孙清原真衡取胜的。作为恩赏，朝廷任命清原真衡为镇守府将军。这样一来，新设诸郡便置于清原氏的管辖下，国境线两侧的防御型集落不复存在，福岛城也失去了原本的作用。源赖俊在报告中称，“散位之藤原基通等抵抗国衙者均已逮捕，国内恢复和平”，并依据“延久庄园整顿令”（第五章详述）实施检注，废除新立庄园，追捕抵抗的郡司、庄官，以此将庄园公领制[1]导入陆奥国。

不过事实与报告稍有出入。在与藤原基通的合战中，源赖

1 庄园公领制，是日本中世封建制赖以维持的经济基础，盛行于 12 世纪至 13 世纪。庄园公领制靠“名田体制”和“职体制”来维系。为解决财政困难及土地不足问题，743 年，日本政府颁布《垦田永世私有法》，使封建国家土地所有制向封建地主领主土地私有制转化，庄园开始出现。平安时代，为解决财政问题，日本政府又采取了让富农承包土地，担负纳租责任的“田堵制”。后来，承包人对耕地的占有权进一步稳固，并给自己所占土地加上自己的名字，使承包地变成私有的“名田”，土地所有者则变成“名主”。进入 11 世纪以后，日本庄园土地大部分都变成了“名田”。在庄园蓬勃发展的同时，本来在法律意义上算作公田的、诸国国司经营的公领逐步演化为国衙领——是为中世所谓的“庄园公领制”中的“公领”部分。

俊曾被夺走象征国司权力的印镒，可谓脸面尽失。藤原基通之后越境前往下野，向下野守源义家投降，源义家随后带藤原基通进京。翌年五月，源赖俊携此前斩获的首级和俘虏进京，然而最终只有清原真衡被任命为镇守府将军，源赖俊没有得到任何恩赏。

据说清原真衡很重视朝廷命令，积极协助国司执行公务，奥羽因此和平稳定。永保三年（1083），新任受领源义家未受任何阻拦顺利检注便说明了这一点（《奥州后三年记》）。然而，清原真衡一支毕竟是从庶系发展壮大的，而且平日里对待同族犹如主君一般颐指气使，这让清原氏庶系对这支新的嫡系非常不满。如果能像安倍氏一样联合同族，清原真衡或许也能摆脱国司控制而自立。可是，清原真衡需要打压与自己对抗的同族庶系，才能在北方地区建立统治地位，这就决定了清原真衡必须依附于国司。但另一方面，这也加重了清原真衡的异母弟清原家衡、叔父清原武衡等庶系对其的反感。

而且，有上述弱点的总领清原真衡没有亲生子女，只好收海道小太郎清原成衡为养子。“海道”指陆奥国南部沿海地区，是常陆平氏大掾氏（平维干子孙）的一族——海道氏的大本营。为了在与庶系关系紧张的状态下维持统治地位，总领只能从其他氏姓认领养子。而清原真衡让海道小太郎清原成衡娶源赖义的女儿（平致干的外孙女）为妻，也是为了依附于源氏栋梁，利用与源氏、平氏的姻亲关系确保总领家的地位。

然而，成衡与赖义之女的婚礼现场却发生了意外。此事大概发生在永保初年前后。出羽国的吉彦秀武既是清原武则的表兄弟，又是他的女婿，虽曾在前九年之役中担任一阵主将，但依然被清原真衡当作随从对待。当时吉彦秀武以朱漆托盘盛满金子，捧过头顶，久久跪于庭中，然而清原真衡并未理会他。受辱的吉彦秀武愤怒地将金子倒在庭中，返回出羽国。一方是把同族当成下人的清原真衡，另一方是受尽屈辱的庶系，双方的紧张关系就在族人和侍从聚集、主从关系一目了然的婚礼现场爆发了。

清原真衡随后进军出羽，吉彦秀武则将同样被当成下人的藤原清衡、清原家衡拉入己方阵营。藤原清衡是藤原经清的遗孤，奥州"藤原三代"始祖，他的母亲是安倍赖时的女儿。藤原经清死后，藤原清衡的母亲改嫁清原武则的儿子清原武贞，生下清原家衡。也就是说，清原真衡与清原家衡是异母兄弟，藤原清衡与清原家衡是异父兄弟。总领清原真衡与庶系吉彦秀武、清原家衡、藤原清衡的对决正式开始。

陆奥守源义家介入

永保三年（1083）秋，源义家刚一就任陆奥守，清原真衡便到访国府，准备"三日厨"宴席为其庆祝，并赠送马、金、鹫羽、海豹、绢等礼物。三日厨一结束，清原真衡立马出征出羽，讨伐吉彦秀武。得知这一消息的藤原清衡、清原家衡准备袭击清原真衡的官邸，结果被赶来的源义家军队击退。其间，清原真衡在出征途中猝死，藤原清衡、清原家衡投降源义家。源义家没收了清原总领三代相传的奥六郡郡司职位，将奥六郡平分给了藤原清衡和清原家衡。这样一来，清原氏总领家的地位崩溃，藤原清衡与清原家衡在统治权上形成对立。

应德三年（1086）秋，源义家迎来最后一年任期。其间，清原家衡进谗言构陷藤原清衡，然而源义家非但没有听信谗言，反而褒奖了藤原清衡。被激怒的清原家衡一把火烧掉了藤原清衡的官邸，杀其妻儿，据守出羽国沼寨。源义家在提交国解、请求朝廷下发追讨官符的同时，率军攻打沼寨。在临近卸任时激怒清原家衡的源义家不过是想连任陆奥守、获取功勋奖赏，这一招与其父源赖义如出一辙。然而源义家低估了清原家衡，以为很快就能攻下沼寨。眼看对阵已数月有余，部下在饥寒中死伤无数，源义家只得忍辱撤退。而清原家衡则乘势获得其叔父清原武衡的帮助，从沼寨转移到了金泽寨，以示抗战之决心。

另一方面，收到源义家国解的朝廷内部分成两派，一派认为应该按照源义家的申请下发追讨官符，另一派则认为不应该下发追讨官符，主张任命源义家的弟弟源义纲接任陆奥守，以此平息事态。这其实就是王朝国家的军事政策问题，即应该任由源义家势力壮大，还是培育对抗源义家的势力。可是，有天下第一武名的源义家怎能忍受被清原家衡击退、进而回京的耻辱？为了武家栋梁的尊严，源义家必须打倒敌人。

宽治元年（1087）春夏之交，源义家暂停国衙公务，筹备军粮，召集郎党，专心备战。朝廷虽派出官使阻止合战，但源义家依然于九月率大军出征。传说在行军途中，源义家因看到高空的雁阵突然出现混乱，遂知有敌军埋伏，最终幸免于难。当时首屈一指的学者大江匡房评价源义家虽为优秀武士，但不懂兵法。源义家于是拜其门下，学习兵法。二战之前出生的日本人恐怕无人不知这两段逸闻。在逸闻中，源义家被描写成了深谋远虑、谦逊的文武全才。同一时期，源义家的弟弟源义光因支援兄长、擅自出兵而被朝廷解除了左兵卫尉的职务。

攻打安倍氏的主力是清原氏军队，攻打金泽寨的主力则是源义家郎党集团。攻城首日，城内以矢石反击，造成源义家军队大量伤亡。其中，十六岁的年轻武者、相模国住民镰仓权五郎景正右眼中箭，回阵后瘫倒在地。同乡的三浦平太为次想用脚抵住景正的脸拔出箭。然而景正大呼："中弓矢而死乃武士夙愿，怎能容忍活着遭人踩踏！"说罢拔刀相向。为次见状惊叹不已，于是改用膝盖抵住景正的脸，将箭拔出。据说当时许多在场的武士都赞叹"景正功勋无人能比"（后来源平合战中的大庭景义、景亲兄弟以及梶原景时均为镰仓权五郎景正子孙，而三浦义明、三浦义澄父子以及和田义盛则是三浦平太为次的子孙）。

金泽寨久攻不下，源义家转而攻打对方粮仓。清原家衡的“乳父”（抚养贵族子弟的男性）千任站在塔楼上大骂：“你父亲源赖义把名簿献给已故清将军（清原武则），获得援助，讨灭贞任，这一恩情何时报？你世代为家臣，却攻打有恩之君，不忠不义必遭天谴！”源义家拦住想还口的郎党，命令身边的人一定要活捉千任。攻打粮仓果然立竿见影，清原家衡很快请降，但遭到源义家的拒绝。围困从秋天持续到了冬天，城内饱受饥饿之苦的妇孺儿童前来投降，源义家一度想放过他们，但吉彦秀武称已无粮食供应军队。听罢，源义家决定杀光前来投降的妇孺儿童。此次屠杀之后，城门紧闭，再也无人投降。

宽治元年（1087）十一月十四日，源义家命令全军烧掉临时搭建的帐篷取暖，并攻入城中。饥寒交迫的守城士兵根本无力抵抗，只得慌忙逃窜。城中一片混乱，妇孺儿童被随意斩杀，年轻女子被拖回军营，丈夫的首级悬在士兵的刀尖上，痛哭流涕的妻儿紧随其后……这便是战争造成的景象。然而可惜的是，无论何时何地，这幅地狱般的图景总是在不断上演。

获胜的源义家十分得意，下令处斩清原武衡。据说当时源义光建议“不斩降者”。然而源义家大喝：“逃离战场，主动归降，方为降服。战场被擒，摇尾乞怜，何来降服！”

源义家拉出千任，怒吼道：“可敢再说一遍前日塔楼上的话？”随后下令割其舌。郎党想用手拉出千任的舌头，源义家提醒切勿大意，命令另外一名郎党用火钳敲掉千任紧咬的牙齿，之后再割掉舌头。源义家将浑身是血的千任吊在树上，将清原武衡的头颅放在千任脚下。千任起初不忍踩踏主人首级，始终缩着双脚，然而终究筋疲力尽，踏在了主人的头颅上。眼见此景，源义家心满意足，对在场的郎党说："两年之苦终得报，如今仅剩家衡也！"不久之后，伪装成下人想逃走的清原家衡也被斩杀，其头颅与四十八名主要郎党的头颅被排列在源义家面前。另外，如源义家所言，这场战争耗时两年，后世却称之为"后三年之役"，原因至今成谜。

以上，笔者参照《奥州后三年记》复原了后三年之役的经过。《奥州后三年记》是承安元年（1171）受后白河院之命为《后三年合战绘卷》撰写的"词书"（解释画卷内容的文字）。该词书以国解等报告书以及源义家等人夸耀自己功劳的书状为基础，以源义家一方的视角生动再现了后三年之役的经过。《将门记》塑造了以武艺登上王座、以武艺兵败身死的英雄形象，《陆奥日记》刻画了为主君舍生取义、忠心耿耿的郎党形象，《平家物语》讲述了无法抵抗命运、被时代洪流所裹挟的武士悲歌……与这些作品相比，《奥州后三年记》显得颇为异样。它没有什么深刻的思想，只有打斗、赞美以及血腥无比的暴力和杀戮。一方面，武名受损的源义家急于复仇，再加上酷寒、饥饿和对俘囚的蔑视等原因造成这场战争中出现了前所未有的残酷杀戮和处刑；但另一方面，笔者也从《奥州后三年记》的描写中看出了后白河院本人的猎奇心与嗜虐心。

源义家与坂东武士的主从关系

宽治元年（1087）十二月，源义家提交国解，称“已凭个人之力平定清原武衡、清原家衡的反叛，希望朝廷早日下发追讨官符，并欲持二人首级进京”。然而令人意外的是，朝廷将此次战争认定为私合战，不予下发追讨官符。得知此事的源义家将首级丢在了路旁，坚持进京，但不仅没有获得奖赏，甚至连再次担任陆奥守的希望也破灭了。翌年正月除目时，源义家的陆奥守一职果然被藤原基家接替。朝廷这样做是因为害怕源义家进一步提升武名、晋升官职，进而对朝廷形成威胁。在前九年之役中，战后问题的处理与认定由地方的源赖义主导，关白藤原赖通未能发挥领导作用。然而在后三年之役中，以白河院、摄政藤原师实为中心的朝廷着实掌握了处理战后问题的主导权。

被认定为私合战、未能获得功勋奖赏的源义家深受打击。在任期间，源义家挪用了应上缴给政府和权门寺社的租税以充军资，战后又用来犒赏郎党，这样就向朝廷欠下了巨额债款。如果功勋能被认定，欠缴的部分或许可以被抵消。然而，在此后很长一段时间里，源义家都无法缴清欠款，仅仅维持着“陆奥国前国司”的头衔。承德二年（1098）正月，源义家终于通过了受领功过定。然而，这只是白河院赏给他的特殊恩遇。在此后的十年间，源义家都未能有任何作为，武家栋梁的势力日渐衰微。源义家死后，源氏走向了分裂。

若朝廷下发追讨官符、源义家连任陆奥守，那么清原氏的遗留领地也会通过源义家之手充公，之后再作为功勋奖赏被分配下去。然而在国司换任的权力空白期，清原家衡、清原武衡等人的遗留领地被藤原清衡霸占。藤原清衡继承了俘囚之主的地位，补任陆奥、出羽押领使，成为奥羽全境的军事统治者。

11 世纪末，藤原清衡废弃了位于奥六郡与内地诸郡交界处的衣川关，并在衣川关南面的平泉一地建造官邸（政厅），整修连接陆奥南北两端的“奥大道”，将平泉作为奥羽地区政治统治、与北方贸易以及汇聚运京贡品的枢纽。初代的清衡在平泉建造了中尊寺，而留存至今的、绚丽豪华的金色堂则是奥州藤原氏历代家主的庙堂。二代基衡建造的毛越寺、三代秀衡建造的无量光院分别仿造白河法胜寺、宇治平等院，寺院中佛像的雕塑技法采用了当时京城流行的“定朝样式[1]”。就像这样，奥州藤原氏效仿京城权贵，以绚丽豪华的模仿“文明”为骄傲，君临于整个奥羽地区。自 1988 年以来，通过发掘“柳之御所遗迹”，“黄金之都”——平泉的神秘面纱正不断被揭开（参照齐藤利男著述）。

另一方面，源义家主从忍受两年酷寒，终于攻陷金泽寨。

---

1 定朝样式，平安中期的佛像师定朝开创的佛像雕塑样式，采用拼木制造工艺，以优美典雅、充满和风著称。

他们同甘共苦，终于迎来胜利。在他们看来，这都是因为有义家指挥，有士兵拼死战斗。尽管没有获得奖赏，但源义家与坂东武士之间的主从关系已牢不可破。就像《奥州后三年记》所描绘的那样，这种关系被传为美谈，并被赋予神话色彩，流传后世。宽治五年（1091）六月，前陆奥守源义家与其弟源义纲的关系紧张到剑拔弩张的地步。后经白河院下令停战才平息了事态。两人的冲突源于双方郎党的领地纠纷。白河院命令五畿七道诸国禁止源义家郎党进京，禁止诸国百姓向源义家进献领地公验（权利证明）。

此次冲突与禁令充分体现了源义家与郎党之间的主从关系。当郎党的领地受到侵犯时，源义家有义务用武力加以保护（源义纲也是如此）。如果是为国衙或庄园服务的郎党，那么只要履行纳税义务，郎党对于领地的权利就会受到国司或庄园领主的保护，这是一种武士与公家之间的权利义务关系。然而源义家与之不同，他是靠自己的武名和实力来保护郎党。而且，地方武士向源义家进献公验并不意味着其与国衙、庄园领主之间的权利义务关系就此终结。郎党只在需要保护的时候进献公验，而源义家也只是为了不破坏主从契约，作为一种担保而接受公验。

恐怕是直到后三年之役之后，源义家在与诸国武士缔结主从契约时，才想出了命其将公验、名簿一并进献的方式。只要成为源义家的郎党，领地便会受到保护。而正因领地受到保护，一旦主公召集，郎党无论何时都必须火速赶赴。这就是源义家与郎党的主从关系。白河院宣布禁止诸国的源义家郎党进京，表明其郎党已出现进京的苗头。禁止进献公验虽然阻止了诸国武士为保护自身领地而与源义家结为主从关系，但无法解除已经缔结的主从契约。

奥大道略图

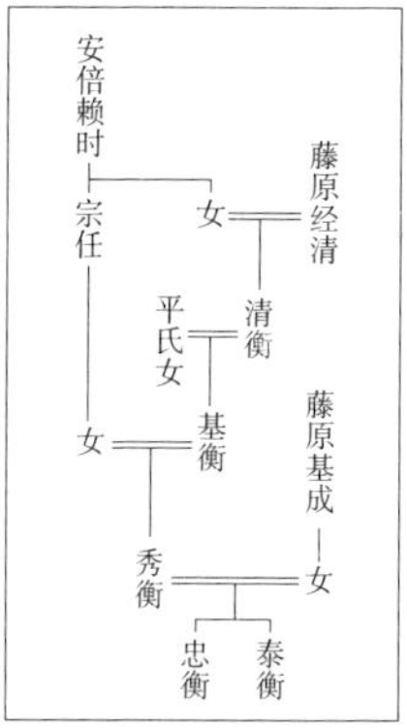

奥州藤原氏谱系略图

藤原三代 上为藤原清衡，右下为藤原基衡，左下为藤原秀衡（毛越寺一山 白土院藏）

然而另一方面，源义家与诸国武士的关系原本是一种战斗组织，只有依据追讨官符进行追讨战时最能发挥作用。一旦没有战争、无须召集，这种关系便会松弛。后三年之役后，朝廷没有再任命源义家为受领，也没有起用源义家执行追讨任务，而是大力提拔源义纲，这么做就是为了解除源义家与诸国武士间的主从关系。于是，源义家庞大的郎党组织行动受限，被源义光、源义国（源义家三子）瓜分，后又被源义纲蚕食，终因源义家嫡子源义亲的谋反事件走向崩溃。不过，其神话却得以传承，并终将苏醒、重现。与源赖义、源义家经历过共同的苦难，前九年之役、后三年之役的神话就这样被烙印在了坂东武士子孙的记忆里。

第五章

动荡的院政

第一节 | 庄园公领制与后期王朝国家

造内里役[1]与庄园整顿令

上一章，我们考察了在平定坂东、奥羽地区叛乱的过程中，源氏与东国武士间军事性主从关系的发展情况。本章将从国家体制的转变这一视角出发，分析当时日本地方、宫廷政治结构的变化。

平忠常之乱时，在地武士是佃耕国衙公田和庄田（庄园土地）的、有实力的田堵和负名。而在前九年之役中，在地武士是以国衙治下的郡、乡、庄园为领地的在地领主。那么在11世纪中叶，是什么导致国衙领地重组，在地武士由田堵、负名阶层蜕变为在地领主的呢?

在10世纪至11世纪中叶的前期王朝国家体制下，大型寺院、神社以及公卿的公开收入来源是由中央分摊给地方诸国的“封户[2]”。中央按地方诸国的户数制定调、庸的数额，国衙则将与之相当的“封物”分摊到负名头上，征收上来之后统一缴纳给“封主”（即接受封物的寺院、神社、公卿）。受领在征缴

1 造内里役，指修造天皇居所的徭役。

2 封户，课户的一种，是律令时代上级贵族、神社、佛寺等主体的收入来源。课户，指承担赋役的家庭。

过程中稍有懈怠，任期结束时便无法通过“受领功过定”，也就无法接任其他官职，因此受领要争取在四年任期内完成征缴工作。如此看来，庄园既不是大型寺院、神社以及贵族（庄园领主）的主要收入来源，也不会对国衙统治构成威胁。只要有正规的公验，庄园财产便受国衙保护。庄园中拥有免除租税（不输）特权的只有“官省符”所认可的、其官物份额由领主获取的免田（也叫“官省符庄”）。免田与公田一同登记在“基准国图”上，由国衙掌管（第二章前述）。国衙每年派遣检田使对免田进行检田，免田面积被登记在基准国图上，而庄园领主拥有向其中的“见作”（耕作）面积部分征收官物的权利，这种制度被称为“免除领田制”。通过国衙的保护和约束来确保免田官物的征收，这一制度充分体现了将地方统治权委托给受领的前期王朝国家的体制特征（参照坂本赏三著述，以下关于庄园的内容大多以其著述为基础）。

然而在受领个人的裁量下，庄园的免税部分越来越大。为了填补未进（未缴纳）部分租税的亏空，越来越多的受领会在任期的最后一年直接将国衙领的部分征税权转交给封主。这样一来，受领便可以从封主手中得到收据（返抄），顺利通过受领功过定。这类由封主直接征税的庄园称为“国免庄”。国司换任之际，“国免庄”一般会被新任受领认定为不合法。反之，如果历任受领均予以认可，那么该庄园就成了既定事实上的“国免庄”。然而说到底，这种“国免庄”不过是受领私自指认的，而非官方认可。

只要向朝廷、封主缴清应缴贡品，并及时上缴朝廷的临时课税，受领想指认多少新成立的庄园（国免庄）都没有问题。然而问题就在于临时课税。“国免庄”一多，必然会难以应对朝廷的临时课税，再加上 11 世纪内里、大寺院频繁失火，朝廷有时不得不向某一特定国反复临时课税。在这一过程中有受领提出，临时课税不应当完全由国衙领承担，享有“不输”特权的庄园也要承担一部分，此即“一国平均役”。

长历三年（1039）六月，内里烧毁。长久二年（1041）十二月，后朱雀天皇迁居新建的内里。为征收造内里役，国衙以“官符”为尚方宝剑，要求拥有免税特权的东大寺庄园、高野山（金刚峰寺）纪伊国弘田庄缴税，这一做法得到了朝廷的认可。这是日本历史上第一次实施全国规模的“一国平均役”（参照诧间直树著述）。

长久元年（长历四年，1040）六月，应诸国国司请求，朝廷下发太政官符，命令受领废除“其任以后（任期内指定）”的新立庄园，此即“长久庄园整顿令”。废除自己任期内新指定的庄园，反过来说，就等于承认此前历任国司瞒着政府认定的“国免庄”为政府公认的庄园，也即庄园公认令。这是国家对庄园政策的重大转变。

朝廷这样做是因为国免庄没有获得官方认可，不可以实施“一国平均役”。“国免庄”既然不是国衙领，就不能作为国衙领征税。要想以官符的权威，令庄园和国衙领共同承担“一国平均役”，就必须将此前未获得官方认可的“国免庄”变成政府认可的庄园。“长久庄园整顿令”就是为了向免税庄园征收造内里役而制定的新政策。诸国受领以庄园整顿令为依据区分国衙领和庄园，并向其统一征收造内里役。不久，政府就收到了大型寺院和神社的抗议。对此，朝廷不得不制定特殊规定，允许神社、寺院名下的“本免田”（官省符庄）可以免除“一国平均役”。此后，“一国平均役”不仅适用于造内里役，还延伸到了与天皇、神佛之事相关的各种临时课税上。

宽德二年（1045）十月，朝廷以“前司任中以后新立庄园”（前任国司在任期内指定的庄园）为整顿标准，向全国发布了庄园整顿令（长久元年的“其任以后”此时成了“前司任中”）。天喜三年（1055）三月又再次下发庄园整顿令，废除“宽德二年以后新立庄园”。以上整顿令都是在内里烧毁、重建之时发布的。延久元年（治历五年，1069）二月，朝廷发布了著名的“延久庄园整顿令”（第二节详述）。延久二年（1070）三月，内里营建工程启动。翌年八月，后三条天皇迁居新内里。

另外，承保二年（1075）闰四月、康和元年（承德三年，1099）五月、保元元年（1156）闰九月也发布了全国性的庄园整顿令。这些庄园整顿令延续了“长久庄园整顿令”以来的一贯特点，即在征收造内里役前发布，以明确划分庄园与国衙领为目的（参照市田弘昭著述）。

划分庄园、公领与国衙领

在11世纪后半叶之后的史料中，为与庄园作区分，国衙领地被称为“公领”。近年来，国内外学界将11世纪后半叶以后的土地制度称为“庄园公领制”。这一概念是网野善彦针对由庄园与公领组成的土地占有制度的实际情况提出的。笔者则将旨在区分庄园与公领的“长久庄园整顿令”颁布之后的社会经济制度称为“庄园公领制”。

长久元年（1040），国衙根据庄园整顿令，以国衙资料（基准国图、课税记录）及庄园“公验”为准，对国免庄进行认定、打桩，划定庄园、公领的界线（称“四至[1]榜示”）与此同时，确认庄园田地面积，登记管理庄园的庄官姓名，此即“检注”。通过检注，明确了在向庄园征收造内里役时的范围、面积及纳税责任人。

在上述过程中，国衙面临着很多难题。例如，大型寺院和神社有很多小面积免田，分散在国内各郡，与公田相混杂。要想向这种零零散散的庄园征收造内里役，存在技术上的困难。这时，国衙往往与庄园领主协商，用公田交换分散的免田，将其归

---

1 四至，即到四边的意思。

拢在一处（称为“一圆”）。在这个过程中，庄园领主总是挑肥拣瘦，只想换取肥沃的土地。另外，在划定庄园与国衙领界线时，庄园领主还主张将庄民佃耕的公田作为“加纳”（代为承担未缴纳部分封物的田地）并入庄园，以增加免田面积。在之后的院政时期，“加纳”问题一直是庄园、公领争议的焦点。

另一方面，公领也需根据庄园整顿令进行检注，明确征收造内里役的单位、责任人、田地面积，此即名为“郡乡制改编”的国衙领重组（参照坂本赏三著述）。此前国衙一直将负名作为直接课税单位，郡司只是辅佐国衙，并无征税权（纳税责任）（第三章第三节前述）。但是，为了应对以庄官为中介、向庄园征收的造内里役，即便是公领也不再以负名为课税单位，而以地区为课税单位。

也就是说，取消律令制以来郡乡之间的上下从属关系，将郡、乡并列，作为与国衙直接对接的征税单位。这样一来，郡便已不再是律令制时代的郡域，而是被分割成东西南北四个部分或者上下两个部分。乡也是如此，有的国还保留着律令制时期的乡名，有的国则完全改变了律令制时期乡的面貌，重新为乡命名。还有的国以储藏正税的仓库（正仓院）所在地为来源，将乡命名为“××院”（如萨摩的伊集院、入来院等地名至今尚存）。

新郡司、乡司拥有对所辖地域内住民（之前的负名、自耕农）的征税权、警察权、审判权，对国衙承担纳税责任。如果郡司、乡司不能履行纳税责任，国司可解除其职务。例如在伊贺国名张郡，传统豪族伊贺氏突然在11世纪上半叶销声匿迹，其间历任郡司者的姓氏从小野到猪、长谷、纪，历经数次变化，直到11世纪下半叶，丈部近国成为郡司，其后人代代继承郡司一职。这直接体现了郡司制的变化及其后动向。

虽说“长久庄园整顿令”明确划分了庄园和公领，但庄园方面常常将被称为“加纳”的公领据为己有，而受领则认可庄园的做法，以填补未缴纳的封物。这种情况逐渐变得普遍。不过，“长久庄园整顿令”已经凭借官符的权威确定了庄园的范围，故而受领不能再像过去那样以私权废除新立庄园。因此，新任受领会向朝廷再次申请下发与庄园整顿令相同内容的官符，实行检注，重新划定任期内所辖的庄园和公领，并对其征税（参照市田弘昭著述）。这种检注被称为“初任检注”，具体做法是各国请朝廷派遣名为“官使”的调查官，协同国司巡检国内各郡，重新在庄园与公领的边界竖立界标，以明确界线。国司若不倚仗朝廷，便无法对庄园形成有效管理。

以“长久庄园整顿令”为开端，庄园与公领的划定、公领内部的郡乡制改组工作虽然有条不紊地进行着，但此前在国衙的保护和管理下曾长期稳定的国衙与庄园的关系却骤然变得紧张起来，边界争端屡有发生。结果到了11世纪中叶，一国的郡司百姓（田堵、负名）集体进京控诉受领苛政的上诉斗争，以及袭击、杀害受领和国使的“凶党”造反事件迅速消失了。

这是由于划定庄园和公领使百姓失去了以一国为单位团结在一起的条件。

国内百姓要么归属于公领，要么归属于庄园。而此时登上历史舞台的，是以庄园、公领为单位的所谓“住民等解”的斗争（参照入间田宣夫著述）。这种斗争中很少有控诉上级当权者（庄园领主、受领）苛政的要素。对庄园而言，“住民等解”斗争是向领主（国衙）控诉来自公领的军队无端闯入庄园（对公领而言则是来自庄园的军队闯入公领）、损毁田地、掠夺财物、纵火等罪行，要求领主向政府上诉，请求保护和救济。

武士的在地领主化与国衙的掌控

国衙凭借官符实行初任检注时，会有被庄园一方控诉为“私人军队”的队伍随行，以防止庄园方面抵抗。他们有时会拔掉界标，闯入民宅，扣押财物，强制执行公务。而另一方面，庄园一方也会高举免除收公的宣旨，依靠被国衙一方控诉为“私人军队”的武装集团，赶走国衙的强制执行队伍，甚至侵占公领。就这样，以划定庄园、公领为目的的庄园整顿政策将国衙和庄园双方推向了凭实力维护、扩大己方边界的方向，庄园与公领间武力纷争频发。如此一来，改编后的国司、乡司自然就只能由有能力处理这种严重对立的人来担任。

于是，受领为了战胜庄园势力，任命自己辖区内的在厅官人、有实力的田堵等武士为郡司、乡司。学界传统观点认为，在地领主为了保护新开发的私有领地而成为武士，但事实却是，在受国衙动员参与追捕凶党的行动时，一些武士因其武艺出众而得到认可，继而被任命为郡司、乡司，获得了对当地百姓的征税权和警察权，进而将辖区作为自己的领地，成为在地领主。此后，他们将领地内的山野作为自营的猎场，进行军事训练。第四章提到的陆奥国伊具郡郡司平永衡、亘理郡郡司藤原经清等人就是以受领郎党的身份成为当地官员的。至 11 世纪下半叶，武士即在地领主的政治格局基本确定。在前九年之役中归入源赖义麾下的坂东武士都成为在地领主，从而能承受长期战争。

为顺应这种趋势，国衙组织架构也发生了很大变化。随着国衙和庄园的纷争日趋加剧，受领只在参加就任仪式（与在厅官人会面、参加宴会、参拜国内神社等）时前往任国，而将有实务经验的郎党派到任国，充任其目代。这种做法逐渐变得普遍。受领留在京城，由目代代管的国衙被称作“留守所”。11 世纪中叶以后，在留守所向郡司、乡司及庄园发布的《留守所下文》上，需要诸在厅官人与目代共同署名，并通过《在厅官人等解》向留在京城的受领复命或提出申请。这样，之前处在受领和受领郎党之下、很少露面的在厅官人就在事实上掌握了国衙的实权。

受领在初任检注时，要想确定哪个庄园是新立庄园、哪个是加纳、要不要废除，是以在厅官人通过《在厅官人等解》提交的清单为依据的。接受废除新立庄园的官符、厅宣（受领的指令文书），拔掉庄园的标识，回收公领，实行掠夺式的租税征收——这些行为的实际执行者都是众在厅官人和郡司、乡司。尽管表面上国衙还由留守所目代管辖，但事实上国衙已成为在厅官人、郡司与乡司，即在地武士的联合权力机构。在地武士随后要解决的问题是如何摆脱目代的统治。源平内乱就是从驱逐或杀死目代开始的（第六章详述）。

废除新立庄园、下令征税的厅宣会被下达给留守所，目代、在厅官人据此制作《留守所下文》，执行公务。但庄园认定、租税免除等授予权利的厅宣不会被下达给留守所（或郡乡司），而是直接下达给受益人（这也是此类文书能留存至今的原因），再由受益者本人持厅宣到郡乡司确认自己的权益。也就是说，如果受益人不主动采取行动的话，国衙是不会主动确认受益人权益的。得到厅宣的受益人必须进行“自力救济”才能避免在厅官人、郡乡司的阻挠和不合作（参照佐藤进一、富田正弘著述）。国衙与庄园围绕新立庄园、税役问题的无休止纷争也与此种权益的存在方式有关。

《留守所下文》《在厅官人等解》的署名者当中，有越来越多冠以源、平、藤、橘四姓等中部地区大姓的在厅官人。其中虽然也有 10 世纪中叶以后留驻当地的武士（利仁系、秀乡系藤原氏，坂东平氏等），以及 11 世纪中叶以后作为受领郎党离

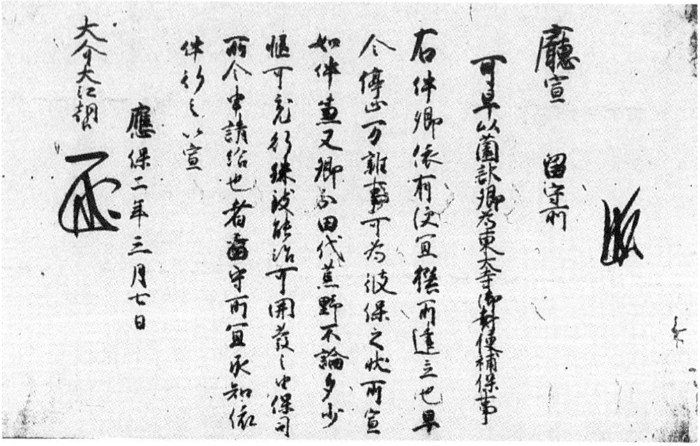

下野国司厅宣 应保二年（1162）三月七日送交留守所，通知将都贺郡内园部乡作为替代封户编入东大寺领地（正仓院藏）

开京城到各地担任郡乡司，进而本地化的武士（如前述的藤原经清、平永衡等），但多数还是如同伊贺国名张郡司源氏（由丈部氏而来）、安艺国高田郡司藤原氏（由凡氏而来）、美浓国席田郡司藤原氏（由守部氏而来，源义家郎党山内首藤资通的祖先）、大隅国有实力的在厅官人藤原氏（由桧前氏而来）等人，是本地一系的武士。他们改掉自古以来的姓，改姓源、平、藤、橘（参照吉村晃一著述）。其实这是郎党武士通过主从关系将自己伪装成源平两氏、利仁系与秀乡系藤原氏等武士家系的旁系。另外，要想获得叙位任官也需要改姓。

向后期王朝国家体制的转换

随着庄园与公领对立长期化，地方社会迅速出现不稳定和动荡的局面。延久元年（治历五年，1069），后三条天皇借营造内里之机发布庄园整顿令，旨在解决因庄园与公领间长期矛盾与冲突造成的社会混乱问题。为此，由作为中央政府机构的记录所（记录庄园券契所）严格审核庄园领主和国衙提交的证明材料，明确划定庄园与公领。从这一方面讲，“延久庄园整顿令”具有划时代的意义（下节详述）。通过这次整顿，庄园与公领间的边界纠纷暂时告一段落。庄园、公领分离政策由政府主导，始于“长久庄园整顿令”，确立于“延久庄园整顿令”。笔者认为，这种政策转向正是王朝国家的第二阶段，也即后期王朝国家体制的发端。然而，庄园公领制成为一种稳定的秩序则要待镰仓幕府来完成。11 世纪中叶至 12 世纪末，庄园公领制在国衙与庄园围绕边界问题激烈交锋的过程中走向成熟。

身为统治集团的公卿、殿上人阶层没有太大变动。以太政官为中心的中央机构也没有大的变化 。“太政官－国司”这种全国统治结构更没有崩溃。对公田课税的征税方式与之前时代一脉相承。因此，类似的政治体制被统称为“王朝国家体制”，其历史阶段也被称为王朝国家时期。

但是，庄园独立于公领之外，强调自身存在的合法性，在

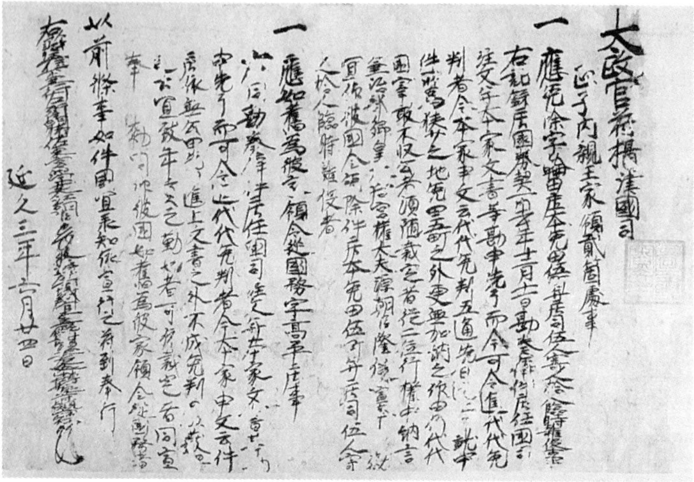

延久三年的太政官符　记录庄园券契所的审查承认了摄津国内正子内亲王（后朱雀皇女）家的所领（宫内厅书陵部藏）

地领主以庄园或公领为根据地发展壮大。鉴于上述趋势，不能认为新体制仍与旧体制相同。因此坂本赏三提出，大化改新至1192年武家社会建立期间的王朝国家体制应以11世纪中叶为分水岭，分为前后两个时期。前文关于庄园整顿令、“一国平均役”的阐述，就是根据上述观点展开的。

在向后期王朝国家体制转换的过程中，太政官的职能发生了很大变化。之前，太政官是裁定国司、寺院和神社的申请，下达各种法令的最高行政机构。庄园的诉讼案件大体由国衙审理，而太政官不予干涉。但“长久庄园整顿令”颁布后，国衙凭借官符停废庄园，征收“一国平均役”，大寺社对此表示抗议的诉讼案件集中由太政官审理。国衙从保护和管理庄园的行政机构变为在太政官面前与庄园对簿公堂的被告。所有庄园与公领间、庄园与庄园间的纠纷案件全部由太政官审理，太政官的阵定与弁官局（事务局）成了诉讼机关。太政官阵定有时会咨询明法家，请其依据律令做出专业判断（明法勘文），而明法家往往为满足政府需求而曲解律令条文。这样，在向后期王朝国家的转换过程中，太政官（阵定与弁官局）作为纠纷审理机关、裁定会议，对庄园公领制的形成发挥了促进作用。太政官的上述职能在其后历经摄关政治、天皇亲政、院政等政治体制的变迁而得以延续。这充分说明国家形态与政治形态是两码事。

在庄园与公领纷争反复上演的过程中，庄园所有权、非课税特权正当性的依据也在变化。过去，如圣武天皇“敕施入”（敕令向神社、寺院进献财物）等，权利的来源越古老越有权威。另外，基准国图上的记录也可作为免田的权利来源。但是如今，争论的焦点成了包含出作（农民越境耕作的土地）公田在内的加纳或在地领主进献的庄园，这类有争议的土地被国司反复新立和废除。在这种不稳定的权利关系中，新证明文件较之旧证明文件、后来的判决较之先前的判决更具权威性　这样的法律意识不断普及。新判决否定旧判决，这既如实地表明了权利的不稳定性，又从法律上表现出整个院政时期庄园、公领边界的不稳定性。

如上所述，庄园整顿、“一国平均役”、庄园与公领纠纷的裁定三者关系密切。朝廷（即太政官）通过上述政策在建立庄园公领制方面发挥了重要作用。在笔者看来，后期王朝国家体制就是发挥上述历史作用的政治体制，它要求中央政府必须发挥强大的领导力，于是院政应运而生。

国家军制的转换

向后期王朝国家的转换在国家军制层面也有所体现。在庄园、公领的武力纷争中，闯入庄园的国衙军队实际上是在厅官人、郡乡司及其郎党。由于并非依据追捕官符而动武，被庄园方面控诉为“国司谋反”。另一方面，即便国衙向朝廷控诉庄园行使武力，朝廷也基本不会下发追捕官符。这是因为国衙与庄园立场平等，不过是需要接受裁决的当事人之一。

因此，在对庄园动武时，国衙军制是不起作用的。即便国司想利用追捕官符动员国内武士（已在地领主化），如果与自己的领地没有直接利害关系，他们也不会响应。国衙利用追捕官符动员国内武士的国衙军制丧失其机能，意味着在后期王朝国家体制下，以“国”为基本单位的全国军事指挥体系已经崩溃。

在后期王朝国家阶段，由中央派遣追讨使镇压叛乱的体制几乎完全取代了国衙军制。派遣追讨使（追捕使）的做法可追溯到10世纪（如第二章提及的追捕山阳南海道使小野好古），镇压平忠常之乱的追讨使平直方及之前的追讨使一般由卫府官员，特别是检非违使担任，他们没有强大的指挥国衙、地方武士的权力。从源赖信担任追讨使开始，追讨使开始由与检非违使无关的源、平两氏中有实力的武士担任，并被赋予对诸国武士的直接指挥权。中央政府对奥羽地区采取军事行动时，任命源氏武将为追讨使，让其动员并指挥在地领主化的坂东武士（第四章前述）。另一方面，如后文所述，白河院起用近臣平正盛为源义亲追讨使，鸟羽院起用平正盛的儿子平忠盛为海盗追讨使，旨在将平氏集团培养为“武家栋梁”，以压制源氏集团。而其后平氏集团自身也确实凭借掌握军事指挥权，急速成长为统领西国武士（在地领主）的“武家栋梁”（第四节详述）。

第二节　院政之路

王朝国家与摄关政治

摄关政治时代的天皇、摄政或关白及公卿委任受领统治地方，通过以缴清贡品为条件的人事调动来管辖受领，统治全国。除寺院、神社、贵族的供给之外，其他贡品被用于宫廷礼仪、祭祀、法会等“公事”。所谓公事正是指祈愿玉体安康（天皇安康、国家秩序永续）、五谷丰登的公共活动，而仪式的准备与举办就是政治。有天皇、公卿、殿上人等人出席的仪式庄严举行，官员们也会在准备、举行的过程中尽心尽职。诸国百姓（负名）怀着“天朝人民”的自我意识，承担公事费用。也就是说，上至公卿，下至负名，所有人凝聚成一个为天皇和公事服务的整体。遂行祈愿和平、秩序、丰饶的庆典，礼仪本身就意味着和平与秩序。从这一点来讲，王朝国家就是通过庆典、礼仪来维护国家统一的礼仪国家。贵族与负名间等级森严的关系也被礼仪国家这种意识形态所掩盖。无论平将门还是平忠常，都未能成功挑战这种意识形态。

一般来说，国家最基本的公务是外交和军事。如第一章所述，8 世纪末日本脱离东亚国际秩序。延喜七年（907）唐朝灭亡，延长四年（926）渤海国灭亡，承平五年（935）新罗灭亡。在以唐朝为发展巅峰的东亚秩序的崩溃过程中，只有日本在从律令国家转向王朝国家的进程中没有经历统治阶层的更迭，之所以如此，其一是由于日本相对孤立的岛国地理环境，其二是因为日本脱离了东亚国际秩序。

但日本的对外关系并未断绝。9 世纪时，曾有新罗商人到九州，但因贞观十一年（869）发生“新罗海盗事件”，日本政府禁止新罗商人到日本。之后，中国唐、宋商人与日本之间的贸易逐渐繁荣，官方优先购买宫廷庆典、礼仪所必备的“唐物”。此外有以十三湖沿岸的福岛城为据点的北海道、萨哈林（桦太）岛[1]间的北方贸易（第四章前述）。日本逐渐在东亚贸易中站稳脚跟。另一方面，宋朝多次要求日本朝贡，但日本坚持不与任何一个东亚国家建交，也就不存在假设对外战争的军制。此时的王朝国家军制变为镇压犯罪的动员机制。在失去外交和军事（对外战争）两项主要功能的王朝国家，统治阶层不可能因外交和对外战争问题产生矛盾，这也使得王朝国家能够成为纯粹的礼仪国家。

最适合这种王朝国家的政治形态就是摄关政治。当时的摄关政治是在必须由藤原氏女性所生皇子继承皇位的原则支配下，由藤原北家嫡系（当时藤原氏的族长）垄断天皇外戚地位，在天皇年幼时作为摄政代行天皇大权，或在天皇成年亲政后，以关白身份辅佐天皇统治国家的政治形态。政治上最大的不稳定因素——皇位继承问题，也因必须听取外戚族长——摄政或关白的意见而趋于稳定，贵族阶层也不会因皇位继承问题的分歧而四分五裂。这与奈良时代皇位继承问题常常引发激烈纷争，甚至导致军事政变、胜者对败者处以刑罚的政治生态形成鲜明对比。笔者认为，奈良时代之所以围

1 即库页岛。

绕皇位继承问题爆发激烈争斗，是因为该问题与贵族间的军事、外交路线分歧（藤原氏的扩军、对新罗的强硬路线；长屋王、橘诸兄的裁军、对新罗的消极路线）紧密相关。而在军事和外交不再是分歧焦点的王朝国家，皇位继承问题不会造成贵族分裂，政局也比较稳定。这是天皇家与贵族的顶层——摄关家一体化的摄关政治体制所致。就这样，由天皇、摄关、殿上人组成的王朝国家宫廷社会因循“先例”，波澜不惊地度过了10世纪和11世纪上半叶。

摄关政治的僵局是从纯粹的国内问题开始的。其起因是无法为国家的礼仪舞台——内里筹措到重建费，于是不得不出台新的征税政策；以及一直以佛法护持礼仪国家的寺院与神社，反过来以佛法对抗政府。

互相推诿的天皇与关白

如前节所述，长久元年（长历四年，1040）四月，地方诸国向政府申请废除“当任以后新立庄园”。时任藏人头的藤原资房（藤原实资的孙子）在其日记《春记》中对这份“长久庄园整顿令”的决议过程做了详细的记载。

至此，庄园整顿一直是以延喜二年（902）为标准，而诸国的申请将这条时间线向后推迟了一百四十年，这意味着庄园政策发生根本性改变。但无论是天皇还是关白、公卿，都没有准备要严肃对待此事。接到关白藤原赖通的奏报后，后朱雀天皇于五月二日命其按诸国的申请废除新立庄园。但关白回答说应先听从阵定的意见再做决定，天皇也表示认同。其后，阵定大概进行了审议，但似乎并未给出具体方案。五月下旬，藤原赖通上奏天皇废除“现任国司之前一、二代国司所新立庄园”的草案，得到批准。但在六月三日，天皇又因为担心过后引发争端，建议修改为“近代以来新立庄园”，关白表示了认同。而到了八日，天皇再一次改变想法，在征得关白同意后，终于还是按照国司等人的申请，命令发布废除“其任以后庄园”的整顿令。

在该政策的决议过程中，公卿会议没有充分发挥自身作用，关白藤原赖通也无意占据主导地位。天皇和关白在根本上并不存在意见对立，两者的分歧只是在“一、二代”还是“近代”等细节问题上。该问题具有何等重要意义，会带来何种结果，天皇、关白、公卿在对此还不甚明了的情况下，就实行了这项作为向后期王朝国家体制转换起点的重大政策。这说明摄关政治已失去应对现状的能力。

除此之外，《春记》还记载道，针对园城寺设戒坛的问题，天皇与关白也是互相推诿。下文将以坂本赏三的研究为基础对此事展开论述。

天台宗内部早就存在圆仁派与圆珍派之间的矛盾。圆珍派出身的余庆在永祚元年（989）被任命为天台座主（天台宗最高领导者），但因圆仁派阻挠，三个月后便辞职了。圆珍派在比叡山的据点遭到圆仁派破坏，余庆圆寂后，正历四年（993），又在近江的坂本园城寺建立了新据点，天台宗从此正式分裂为山门（圆仁派）和寺门（圆珍派）两派。寺门派的受戒仪式被掌控了比叡山大乘戒坛的山门派阻碍。于是在长历三年（1039）五月，寺门派向京都朝廷请求设立自己的戒坛。

长久元年（长历四年，1040）四月二十八日，关白藤原赖通询问后朱雀天皇为何还没批准园城寺设戒坛。赖通原本任命园城寺的明尊为天台座主，但因延历寺僧众通过强诉阻挠而作罢。赖通一方面对后朱雀天皇任命延历寺的教圆为天台座主心怀不满，另一方面又担心延历寺将矛头对准自己，因此在表面上不表露自己的立场。二十九日，后朱雀天皇通知赖通，因自己难以决断，园城寺设戒坛的事由关白自行处置即可。而关白赖通还是坚持请后朱雀天皇决断。五月，后朱雀天皇命赖通将此事交由公卿议决。天皇因为自己成了戒坛问题的矛盾焦点而心生不满，更加不信任关白了。

六月二十五日，园城寺再次提交设立戒坛的申请书，申明如果不能获准，希望任命明尊为天台座主。天皇愈加难以决断，遂命关白将此事交由公卿议定，速速决断。对此，关白却上奏表示，此事虽应由公卿决议，但前日天皇曾说，如果议定的结果最终还是需要天皇批准，那么这样的议定不做也罢，因此戒坛的问题还是听从天皇决断。二十七日，听取了关白奏报的天皇感到困惑，命藏人头藤原资房传话赖通，表示自己只是因为没有成案所以难以决断，并不记得曾说过不需要公卿议定。翌日，资房造访关白府邸，对方却借口正在斋戒而拒绝会见。第三天，关白又以正在沐浴为由，将资房打发走。对此，资房表达了愤慨："岂有不见敕使之理！"

当时，赖通习惯于将一般性的问题都交由天皇决断，资房在日记中写道："关白最近常把'万事听从天皇决定'挂在嘴边。我已经厌倦了每日无数次往返于天皇、关白之间。天下的灾祸皆因关白懈怠而起。"天皇与关白互不信任，每遇棘手问题便互相推诿，致使事态难以缓和。与此同时，公卿议定也常将重大事项交由天皇决断，以规避责任。

赖通在从藤原道长手中继承摄政之位后，在决策时大多听从后者的意见。道长死后，又多征求右大臣藤原实资的意见。可见，赖通确实缺乏主见。如果像道长的全盛时期一样，政治在表面上能够维持稳定的话，赖通也能平稳结束自己的任期。然而，以"长久庄园整顿令"为契机，地方社会开始朝着庄园公领制发展。频繁发生的争论和寺社强诉事件都要求领导阶层果断应对，但正如上文所述，天皇与关白常常互相推诿，根本无法应对各种事态。

那么，是赖通的优柔寡断导致摄关政治面临危机吗？也并非如此。只不过，由于摄关本质上不过是天皇的辅佐，一旦面临棘手的政治难题，这种政治体制脆弱的一面便会凸显出来。

赖通将园城寺戒坛等难题全都交由本来的最终决定者天皇处理。然而对早已习惯于摄关辅佐的天皇来说，这是强人所难。这样一来，公卿、受领、寺院、神社，都开始期待出现一位“能够做出决断的天皇”。

后三条天皇亲政

治历四年（1068），后冷泉天皇驾崩，已经当了二十四年皇太子、时年三十五岁的尊仁亲王继位，成为后三条天皇。后三条是祯子内亲王所生，是一百七十年以来第一位出自非藤原氏女性的天皇。

由于后三条天皇与摄关家没有血缘关系，很多学者认为，后三条天皇是想抑制摄关家权势才亲政，而颁布庄园整顿令也是为了削弱摄关家势力。确实，宽德二年（1045），后朱雀天皇让位给长子后冷泉天皇，并立次子尊仁亲王为太子，关白赖通曾对此表示反对。赖通打算将女儿或养女许配给后冷泉天皇，让其所生男孩继承皇位，以确保外戚地位，延续摄关政治体制。

然而后朱雀天皇强行立尊仁亲王为太子，破坏了赖通的皇位继承构想。想必其中包含了天皇对赖通拒绝在园城寺戒坛问题上给出建议一事的反感，也体现出他对摄关政治无法挺过危机的自觉。后朱雀天皇一方面强烈认识到天皇亲政的必要性，另一方面又感叹自己的无能，只能寄希望于聪慧的尊仁亲王。

故此，在没有子嗣的皇兄后冷泉天皇驾崩后，尊仁亲王继位成为后三条天皇。

因为自己的皇位继承构想落空，赖通在后三条天皇刚刚即位之际，便让嫡子藤原师实将源显房的女儿贤子收作养女，然后又申请将其许配给贞仁亲王（后来的白河天皇）为妃，力图成为后三条天皇皇统的外戚。在赖通之后，关白地位依次被其弟藤原教通、其子藤原师实继承。在之后的后三条亲政、院政体制下，摄关之位被赖通系藤原氏长期垄断。另一方面，后三条天皇、白河天皇也因赖通系稳固占据摄关之位，成功避免了不必要的廷臣斗争。

后三条天皇从皇太子时代便开始培育汇聚了各种人才的近臣集团，致力于政治改革。其近臣集团中有当时一流的学者大江匡房，能力超群的实务官僚藤原实政和藤原为房，醍醐源氏的源隆俊、源隆纲及源俊明兄弟，村上源氏的源师房、源俊房父子等人。而后三条天皇的近臣们并没有敌视摄关家。例如藤原为房是摄关家的家司，源隆俊兄弟的父亲源隆国是赖通身边的红人，源师房既是赖通的养子又娶了赖通的妹妹，源师房的女儿又嫁给赖通的长子藤原师实为妻，源师房、源俊房父子受到摄关家礼遇。

由此可见，后三条天皇并非存心与摄关家族对立或为了削弱摄关家族而亲政。后三条政权面临的政治任务，其一是尽快针对陷入混乱的庄园制制定有效的庄园整顿政策；其二是彻底

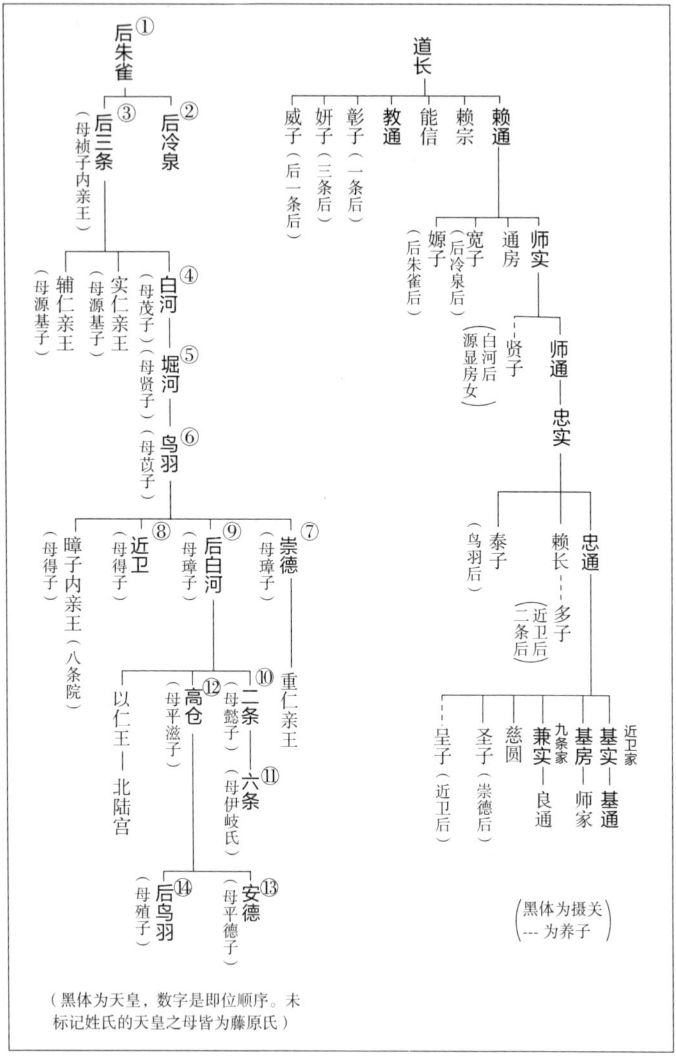

平安时代后期天皇、摄关家谱系略图

解决悬而未决的园城寺戒坛问题，促成天台宗山门、寺门两派和解，建立“王法”（天皇建立的政治秩序）与“佛法”（由寺院、神社代表的神佛权威）相互依存的稳定关系，抑制寺院、神社的强诉活动。也就是说，后三条天皇是为了通过增强天皇的政治权威，解决摄关政治无力应对的上述两大政治问题而亲政的。

首先让我们看看庄园整顿政策。在营造内里之前，后三条天皇在延久元年（治历五年，1069）二月发布“延久庄园整顿令”，废除了宽德二年（1045）以后的新立庄园。该庄园整顿令具有划时代的意义：

第一，在太政官之下设置记录庄园券契所（简称记录所），由中央政府直接接手之前由国衙负责的整顿庄园的工作。源隆俊担任记录所上卿，大江匡房担任记录所弁，二人都是后三条天皇的近臣。由史、外记、明法家等数名实务官员担任寄人[1]。相关官员协同进行认定或停废庄园的书面审查，审查报告由记录所以勘奏形式上报天皇。经公卿议定、后三条天皇裁决，由记录所制成官符并宣旨传达给国衙或庄园领主。通过上述严格的审定程序，公领与庄园（免田）被明确加以区分。据《愚管抄》（承久元年，即1219年左右，藤原兼实的弟弟慈圆所著史书）记载，摄关家的庄园虽然最初没有进入整顿之列，但最终

1 寄人，平安时代，在朝廷官府从事一般事务的官职。

还是接受了整顿。

第二，通过“公卿宣誓”仪式加强庄园整顿工作。所谓“公卿宣誓”仪式就是全体公卿向天皇及同僚发誓遵守公卿议定。在记录所的审查过程中，判定庄园存续或停废的标准是“宣誓以前”还是“宣誓以后”。已往的研究认为，“宣誓”是指宽德二年的庄园整顿令，但是严格来讲，“宣誓以前、宣誓以后”是指“因延久年间的公卿宣誓而被确立为庄园整顿标准的宽德二年以前和以后”。公卿不受来自庄园领主的压力左右，严格审查以决定庄园的存续和停废——这就是宣誓的内容。这表明后三条天皇与公卿们都感受到了庄园制混乱导致的危机，因此才由全体公卿集体宣誓以彰显厉行庄园整顿的决心。而后三条天皇自身也深感整顿的必要性，要求公卿们通过宣誓表明决心。

“延久庄园整顿令”所确立的区分庄园、公领的标准，为其后国衙废除新立庄园与加纳、庄园主张领地合法性提供了共通的政策依据。由此，可以说“延久庄园整顿令”创建了一套新秩序。此外，与区分庄园、公领的政策相应，还制定了以确保天皇供御（膳食）、官司费用、恒例仪式费用为主要目标的新财政政策。为统一度量衡而制定的“延久宣旨升”也是这项包括造内里役在内的新财政政策的一个环节（参照网野善彦、石井进著述）。正是通过“延久庄园整顿令”，向后期王朝国家体制的转换才得以实现。但是，该整顿令既没有固定庄园与公领的界线，也没有彻底平息庄园、公领间的纷争。相反，以该新秩序的建立为起点，庄园与国衙的斗争由此而起。

后三条天皇必须完成的另一项任务，是解决园城寺戒坛的问题。延久二年（1070）五月，后三条天皇任命延历寺的胜范为天台座主，园城寺对此表示反对，并再次要求更换座主、设立独立的戒坛。后三条天皇并没有像后朱雀天皇、赖通那样狼狈不堪地回避责任，他确信时机尚未成熟，因而回绝了园城寺的请求。为缓和寺门派的抗议，后三条天皇制定了两条对策：其一是在园城寺建御愿寺（为天皇祈愿的寺院），其二是在圆宗寺设法华会。

延久四年（1072）十月，后三条天皇由于自身盼望"佛法、国家永远繁荣"，在位于仁和寺西南方的新建的圆宗寺创办法华会，祈求"国家泰平，五谷丰登"。首届讲师由园城寺僧人担任，其后由延历寺与园城寺僧人轮流任讲师，并根据业绩选任僧纲（统率由僧正、僧都、律师组成的佛教界的僧人领袖）。当时，担任南京三会[1]的讲师是晋升为僧纲的正式途径，因此无论是天台宗的山门派还是寺门派，都希望创设拥有独自晋升途径的法会。圆宗寺法华会的创立遂了天台宗山门、寺门两派的心愿，后三条天皇从寺门派中选任首届讲师也是为了缓和寺门派的不满（参照菅真城著述）。但园城寺设戒坛的问题

1 南京三会，在故都平城京所在地奈良举办的维摩会、御斋会、最胜会。

《春日权现验记绘卷》中的兴福寺维摩会　（宫内厅三之丸尚藏馆藏）

并未因此解决。该问题的背后实际上是天台宗内部正统与异端的宗派斗争，靠政府权力是无法解决的。以延历寺与园城寺的对立为中心，寺院间的对立和强诉在其后日趋白热化。

院权力的根源——皇位继承人的决定权

延久四年（1072）十二月，后三条天皇让位给贞仁亲王（即白河天皇）。后三条天皇是为了实行院政才让位的吗？这个问题一直存在争议。问题关键在于院政的本质是什么。与过去摄关家通过政所处理政事的摄关政治体制不同，院政是由退位后的上皇在院厅处理政事。后三条天皇开设院厅，想以院政取代摄关政治体制的史实已成定论。

然而，20世纪60年代，土田直镇、桥本义彦的实证研究完全推翻了“摄关政治等于政所政治”“院政等于院厅政治”

的说法。他们认为院厅不过是上皇的私人家政机构，虽然有管理院名下庄园等职能，但并不处理国政。后三条天皇让位并开设院厅，实际与院政无关。下文将根据河内祥辅的研究成果，探究新的皇位继承形式及院权力的根源。

让位当日，后三条天皇立两岁的次子实仁亲王为皇太弟，这意味着他只是将白河天皇当作过渡的旁系，而实仁亲王才是直系的皇统继承人。白河天皇的生母茂子是藤原北家公季一支藤原公成的女儿，也是藤原赖通的异母弟藤原能信的养女。而实仁亲王的生母是小一条院敦明亲王的孙女源基子。白河天皇的外戚藤原能长（藤原能信的养子）、藤原实季（藤原公成的儿子）都是摄关家旁系，如果白河天皇成为直系，就有可能孕育出可以取代摄关家地位的新外戚，是极其危险的。而后三条天皇并未设想过替换摄关家，所以才指定了没有这种危险的实仁亲王为直系皇统继承人。

这次让位最重要的一点是，后三条天皇表明要以自己的意志来决定今后的皇位继承。院政是指其直系子孙在位为天皇时，上皇（院）以监护人的身份掌握最高权力的政治体制。这种政治体制能否确立不在于旧天皇退位后能否自由行事，而在于能否掌握皇位继承的决定权。无法决定皇位继承人的上皇没有实权。后三条天皇开创了由上皇决定下一任（以及再下一任）天皇这种新的皇位继承方式，将皇位继承的主导权从摄关家手中夺了过来。但这并不是为了打压摄关家，而是在迫切需求强有力的专制权力的时代顺势而为。如果说掌握皇位继承的决定权是院权力根源，那么后三条天皇的让位就可被视作院政开始的标志。不过，后三条天皇于延久五年（1073）五月去世，他的院政和皇位继承构想也就此落空。

白河天皇在其父后三条天皇去世后没有让位给实仁亲王，而是继续当政。应德二年（1085），实仁亲王去世，年仅十五岁。翌年，白河天皇立中宫藤原贤子所生善仁亲王为太子，并在当天让位于善仁亲王（即堀河天皇）。堀河天皇即位后，白河没有马上确定皇太子人选。白河这么做是想让贵族们明白，已故实仁亲王的同母弟辅仁亲王没有皇位继承资格，皇位继承权在堀河天皇未来的皇子手中。这样一来，当初以旁系身份即位的白河便拥有了直系皇统的资格。而让藤原师实的养女贤子生的善仁亲王继位，也表明白河与摄关家是同盟关系。

嘉承二年（1107）七月，堀河天皇以在位之身驾崩。白河对外隐瞒了他的死讯，且没有采取本来可以采取的堀河让位的形式，而是亲自下诏让堀河五岁的皇子宗仁亲王继位（即鸟羽天皇）。这种新例既是白河本人的想法，也是关白藤原忠实所希望的。即位诏书还明确规定由藤原忠实任摄政。虽说由外戚担任摄政是惯例，但鸟羽的生母苡子是白河母亲茂子的兄弟藤原实季之女，她没有被摄关家收为养女。因此，此时的外戚不是摄关家，而是公季一支。

据说在鸟羽天皇即位之际，外戚藤原公实曾觊觎摄政之位。为消除这种不安定因素，藤原忠实以受白河任命的形式就任摄政，开了摄关家在与外戚无关的情况下担任摄政的先例，以门第的形式确立了摄关家的地位。而白河也无意让外戚与摄关家对抗。

白河本想让藤原忠实的女儿藤原泰子嫁给鸟羽，让藤原公实的女儿、白河的养女藤原璋子嫁给藤原忠实的儿子藤原忠通，但忠实多次将婚期推后，白河很不高兴，最终让璋子嫁给了鸟羽。元永二年（1119）五月，璋子生下显仁亲王。但同年秋，鸟羽却请求让泰子进宫。原来，鸟羽与忠实一直在秘密策划让泰子进宫，白河对此大为光火，于保安元年（1120）十一月突然禁止忠实内览，并责令其蛰居（闭门反省的刑罚）宇治。白河至死也没有解除忠实的幽禁，临终还留下不准泰子进宫的遗言。尽管如此，白河对忠实的冷遇也并非要打压摄关家。其后藤原忠通继任关白，摄关家系也没有变动。

那么，白河并未敌视摄关家，为何又对忠实疾言厉色呢？对白河来说，显仁亲王当然是唯一合法的皇位继承人，而鸟羽试图安插泰子进宫，就是在反抗祖父白河的方针。白河意欲通过幽禁忠实来迫使鸟羽屈服，而在忠实受罚后，鸟羽也果真屈从于白河。保安四年（1123），白河让显仁亲王即位（崇德天皇）；大治四年（1129），又让忠通之女藤原圣子嫁给崇德。同年，白河实现了自己的皇位继承计划，结束了动荡的一生。这是自后冷泉天皇的中宫宽子之后，八十年来第一次由摄关的女儿入主中宫。传说鸟羽称崇德为“叔父子”（叔父的尊称），以示疏远[1]，与其说这是因为崇德是白河的儿子（真伪未知），不如说是因为崇德是白河指定的直系。

白河让堀河以外的男性子孙在幼年时就出家，从而剥夺了他们的皇位继承资格。他对堀河的男性子嗣（除鸟羽外两人出家）、鸟羽的男性子嗣（亲王仅有璋子所生的五人，其余全部出家）也采取了同样的措施，使自己的子孙中每代仅有一名皇位继承人，从而成功创造出“白河—堀河—鸟羽—崇德”这样父子相承的直系皇统。院权力的根源就在于能按自己的意愿决定每一代皇位继承人。院凭借皇位继承决定权使摄关、公卿及贵族全部臣服于自己，集专制权力于一身。与此同时，院的这种专制权力在调停庄园与公领的纷争、寺院间的纷争，抑制因统治阶层分裂而导致王朝国家崩溃方面也是必要的。

院对“国家大事”的裁决

院政时代，当公卿们在皇位继承问题、伊势大神宫及石清水八幡宫相关事宜以及寺院和神社强诉、除目、叛乱等问题上出现分歧时，会将其作为“朝家大事”“天下大事”“国家大

1 古书《古事谈》称崇德并非鸟羽的儿子，而是鸟羽的祖父白河与鸟羽中宫藤原璋子的私生子，所以鸟羽应称崇德为叔父。鸟羽也因此而厌恶崇德。但此说不见于其他书籍。

事”严肃对待，交给院裁定。在摄关政治时代，同样的问题是由摄政或关白以公卿议定意见为基础向天皇提出建议，然后由天皇裁定的。坂本赏三认为，院政就是院代替天皇裁定“国家大事”的政治体制。最高权力院在掌握皇位继承权的同时，也掌握了“国家大事”的裁定权。下面就让我们以藤原宗忠的《中右记》为核心，考察“国家大事”的裁定程序。

宽治元年（1087，也即白河让位给堀河的第二年）十二月，宇佐宫神人蜂拥至院御所，强诉大宰大贰[1]藤原实政向神轿[2]放箭，要求将其流放。翌年二月以后，摄政藤原师实多次主持召开阵定，十一月三十日，陪同白河登临比叡山的公卿们刚一下山便立刻入宫，召开阵定，这是因为在登山时便接到了白河的命令。虽然会议中公卿的意见分歧较大，但会后马上就决定将实政发配伊豆。白河对开了一年都没有结论的阵定感到失望，所以才自行做出这种突然的决定。

其次，在藤原师通担任关白的第二年，也即嘉保二年（1095）十月，延历寺僧众因美浓守源义纲在停废新立庄园的纷争中射杀山僧，准备抬神轿进京强诉。首次面对被搬动的神轿，前关白藤原帅实、现任关白藤原师通及其下一众公卿于二十三日在内里殿上举行议定，决定派遣检非违使与在京武士

1 大宰大贰，7世纪后半叶，日本政府在九州岛筑前国设地方行政机构大宰府，大宰大贰是大宰府次官。

2 神轿，也称神舆，为供奉神像牌位的轿子。

阻止僧众进京，且无须畏惧神轿，表现出强硬态度。从日后坊间风传的藤原师通因日吉山王权现[1]降灾而暴毙一事可知，做出决定的是藤原师通。然而当天早上，白河曾匆忙从鸟羽殿（京城南郊的离宫）来到京内的闲院御所，藏人弁[2]平时范作为御使也曾数次往返于内里与院御所之间，可见藤原师通是在与院进行商议后、按照院的命令采取强硬态度的。

传说藤原师通为人刚直，甚至有逸闻说他曾扬言："在退位的天皇御所门前停车以示敬意，有这个必要吗？"（《今镜》，万寿二年［1025］至嘉应二年［1170］的历史物语。）很多人据此认为白河院与堀河天皇、关白师通间的关系不太融洽，或者关白反对院的政治干涉，推行由摄关主导的政治。但我们不应从对立的角度看待院与天皇、摄关间的关系。无论是在庄园整顿政策还是寺社强诉对策上，两者都不存在对立，在皇位继承方面也没有对立。只要日常的仪式与政务能在堀河天皇与关白师通的配合下顺利进行，白河院便不加干涉（参照今正秀著述）。

再次，天永三年（1112）十月九日，在就鸟羽天皇的元服仪式（男子成人仪式）举行阵定时，主管大臣将众人关于举办

1 权现，日本神号的一种，主要指佛教的佛、菩萨为度化众生而化身为日本本地的神（本地垂迹）的神号。

2 藏人弁，指藏人兼任太政官弁官（负责处理公文，非学问出众者不能担当此职）者。

《山法师强诉图屏风》描绘的延历寺僧徒强诉 （滋贺县立琵琶湖文化馆藏）

时间（正月）、演奏音乐等方面的意见汇总后奏报给白河院。院表示元服仪式是“朝廷大事”，具体事宜应由院御所决定，于是召集摄政藤原忠实及其下公卿至院御所，向公卿征求关于仪式时间、会场、需用物品准备、仪式程序、负责人等事宜的意见，然后做出决定。就这样，院在决定“国家大事”时，召集公卿至院御所议事的方式逐渐固定下来。

如前文所述，白河院虽自让位以来一直掌握“国家大事”的最终决定权，但并未独断专行、肆意妄为，而是与摄关反复协商、召开公卿议定、听取建议后再做决断，摄关以下众公卿则遵从院的决定。像前文提及的藤原赖通时代，天皇与摄关互相推诿、抗拒公卿审议之类的现象已经消失。

另一方面，也有学者指出，审议“国家大事”的公卿议定，由白河院政初期的阵定，经过堀河天皇时期的御前定、殿上定，至鸟羽天皇即位时变成了院御所议定。而参加审议的成员也从仅限于除摄关之外的现任公卿，变成包括摄关、前摄关、前任公卿在内的少数有能力的公卿（参照桥本义彦、美川圭著述）。话说回来，所谓阵定就是要先确定“上卿”（议长），然后由外记召集公卿，在服装（身穿束带的朝服正装）、座次、发言顺序、发言记录等诸多规矩的限制之下，由摄关内览之后再上奏。殿上定也与之相仿，敕使不得不频繁往返于内里与院御所之间。与之相对，举行院御所议定时，参加者可着便装（直衣），仅限包括摄关在内有能力的公卿出席，大家围绕着院，开诚布公地进行讨论，院本人也参与其中。以这种实质性的审议为基础，院逐渐形成自己的想法，然后做出最终决断。可以说，鸟羽天皇即位后院御所议定次数增加，是白河院为了直接裁断“国家大事”而将公卿议定改组成了直属于自己的会议。

第三节 | 院政的权力结构

由院近臣到国家机构

院创造出被称作“院近臣”的宠臣集团，作为手足支撑着院的专制权力。近臣们分别担任院司（别当、判官代）或殿上人、院北面（防卫院御所的北面武士），在院身边侍奉。根据不同的才能、职能和身份，这些人或担任院的政治幕僚，或操持院的日常生活，或负责联络天皇、摄关、贵族、官司、寺院、神社，或在院厅制作、保管文书，或管理院的直属庄园，或在院御所北面值守。他们大多是“富裕的受领”“贫穷但喜欢政治的博士（讲授经书的教官）、没落的贵族、来历不明的谋略家、因未能发达而愤懑不平之人、身世不明的僧侣以及受摄关政治压迫的中下级贵族”，“随着院政时代的开始，急速出现于政治舞台，掌握权力，成为同时代人憎恶或艳羡的对象”（参照石母田正著述）。下文将在桥本义彦研究的基础上，对白河院政时期的近臣进行考察。

近臣中也有包括外戚家族在内的上层贵族。堀河的生母藤原贤子之父源显房在白河在位时已晋升右大臣，在堀河即位后更作为其外祖父掌握权柄，他的儿子源雅实、源雅俊、源显雅，孙子源显通、源雅定也先后位列公卿。白河的生母藤原茂子之兄，也即鸟羽的生母藤原苡子之父藤原实季，及其子崇德与后白河生母藤原璋子之父藤原公实，也都官至大纳言，威势耀人。官至大纳言、自后三条天皇以来始终担任院近臣的源俊明，据传是一位刚正之人，拥有许多逸闻，包括劝谏因中宫藤原贤子去世而悲叹不已、不理朝政的白河天皇，以及促使藤原公实打消出任摄政的念头，等等。藤原赖通的异母弟藤原赖宗之孙藤原宗通，自幼受白河院宠信，每逢叙位任官都超出众人，最终官至权大纳言。保安二年（1120）他去世时，被评价为“万般事宜，上皇皆与之商议，天下权威，集其一身，家资殷实，子孙繁荣”(《中右记》)。

这些有才能的学者、实务官僚在历任藏人、弁等官职后，最终晋升公卿，成为天皇或院的近臣。其中包括自后三条天皇当政时就被重用的大江匡房和藤原为房。当时的著名学者之一大江匡房在堀河天皇在位时晋升至权中纳言，藤原为房则在鸟羽天皇在位时晋升为参议。藤原为房的次子藤原显隆先是担任白河院藏人，后来又在十七岁时成了堀河朝的藏人，二十八岁时晋升为右少弁，“惊人耳目”，到了鸟羽天皇时又成为藏人头、右大弁，最终于保安三年（1122）升任参议、中纳言。藤原宗忠评价他说：“(保安元年十一月，关白藤原忠实下台后）天下政务皆在其一言，威震天下，兼任白河院与女院（待贤门院璋子）之执行别当，知天下事，富甲四海。”(《中右记》）又因其每夜向院上奏，且皆被听取，被称作“夜关白”(《今镜》)。

院将上述上层贵族、实务官员一系的近臣任命为公卿、弁、藏人，掌握了政府中枢。源俊明、大江匡房、藤原为房等有能力的近臣公卿领导公卿议定，而院则通过他们掌控公卿议定。另外，藤原显隆等人因得院宠信，年少时便成为藏人，后又升至弁、藏人头。在这一过程中，藤原显隆等人不仅掌握了实务能力，还充当了院与天皇、摄关、太政官（上卿）的沟通桥梁。例如藤原显隆首先作为院司将院的旨意传达给天皇、摄关，然后又作为藏人将天皇的旨意传达给摄关、太政官（上卿），最后作为太政官的弁接受上卿指示，命史（事务官）制作官符、官宣。这样一来，白河院就通过近臣掌控了政府命令的传达通道和政务处理组织。

诸大夫出身的藤原显季原本只能升至四五位，但因是白河院乳母的儿子而受到恩宠，承保二年（1075）被任命为赞岐守之后，历任受领达三十年，积蓄巨量财富，官至正三位。但白河院以其学识不足为由，没有任命其为参议。白河院的宠爱也惠及其子嗣藤原长实、藤原家保。藤原长实没有任职藏人便晋升为参议、权中纳言，被人严厉批评为“从未有无才诸大夫任权中纳言者”(《中右记》)。而藤原家保则被评价为“无双近习（近臣）”(《永昌记》)。堀河天皇乳母的儿子藤原基隆同样历任受领三十六年，官至从三位。有很多诸大夫阶层的在京武士成为北面武士，历任受领。其中，平正盛将伊贺国鞆田村献给了供奉白河院爱女（已故郁芳门院媞子内亲王）的菩提所[1]六条院，因此受到白河院宠爱，被作为对抗源氏的“武家栋梁”培养。白河院的近臣里还有从“宠童”升至卫门尉、检非违使的藤原盛重，幼名为“今犬丸”。

院近臣在年少时获封爵位、被任命为受领后，便靠着“成功”（捐献营建费等费用以获得心仪的官职）反复重任（再任）或相博（更换任职国），将各熟国（收益丰厚的国）当作专座一般轮流执政，积累巨额财富。而院则通过命令这些近臣受领营建御愿寺、殿舍来吸收他们的财富。藤原宗忠提到一些从白河院治世才开始的事情，如“十二三岁任受领，定任（指定任职国）三十余国，本人及三四名子嗣同时任受领，（依仗院权威）不向神社、佛寺缴纳封物，不上缴恒例仪式费用、官物”（《中右记》），全都是针对近臣受领说的。在这些近臣受领统治的地区，庄园、公领的纷争愈演愈烈，封户制度全面崩溃，捐献庄园越来越多。

另外，年轻受领的国务实权一般掌握在其父亲手中。而在院政期，像这样由公卿、近臣掌握实权，其子嗣任受领的“知行国[2]”不断增加。摄关等重臣有时会同时拥有两三个知行国，

---

1 媞子内亲王郁芳门院去世时，白河院在其居住的六条院建造御堂，供奉菩提。

2 知行国，为皇族、公家、寺院、神社等划定的特定的国，有独立的国司任免权，可直接从该国的土地中获益。

据说平氏全盛时拥有三十多个知行国。

院宣下的统治和对除目的掌控

院司按照院的决定向相关官员下达命令，即院宣。它虽不能代替天皇诏敕、太政官官符，但可以强制天皇、摄关、太政官、检非违使、寺院、神社及其他组织和个人遵从（参照桥本义彦著述）。例如嘉承二年（1107）七月十九日，堀河天皇驾崩，关白忠实依照院宣出任幼帝鸟羽天皇的摄政。接到院宣的大纳言源俊明命中务省内记（起草诏敕的书记官）草拟宣命[1]后，交摄政忠实内览，再经白河院认可，最终由太政官从中务省发布。又如承德二年（1098）十一月，院宣命令尽早完成内里的瓦顶板心泥墙工程，这份院宣由右大弁藤原宗忠转呈给左大臣源俊房，俊房命令宗忠督促负责该工程的受领，而宗忠又命令史下达相关官符和官宣旨。“上卿—弁—史”依照院宣行动，太政官政务处理机构就是这样运转的。

反过来说，天皇、摄关、公卿、官员都依靠院宣的巨大权威来处理政务、举办活动。当活动负责人因为不了解先例而感到为难时，可依据院宣做决断。即便是一些遭人唾骂、不得已的举措，也可以倚仗院宣强行推行；只要拿出院宣，想怠工的

1 宣命，传达天皇命令的文书样式之一，相对于用汉文记录的诏、敕，宣命书是用汉文表记日文。

公卿、官员也会立刻行动起来；有些近臣受领不愿意偿付活动费用，但只要有院宣也会马上付清。当院突然起意巡幸各地、游山玩水时，公卿、殿上人受院宣召集，慌忙随行。众人因为无论任何事都仰仗院宣，再加上遵循“先例”的价值观已经动摇，结果便丧失了对职务的责任意识，更加强化了院的专制权力。

白河院被评价为“执天下政事五十七年间，不受法律拘束，随心所欲除目叙位”。可见，白河院之所以能随意驱使贵族，是由于掌握了人事权。下面就根据《中右记》来探究这一问题的实际情况（参照玉井力的研究）。

除目前，院以口头或书面形式向天皇、摄关传达“秘事”（院的任官推荐意见），并就院推举人选与一般候选人之间的协调问题进行反复协商。为此，院近臣作为使者在院御所与内里之间频繁往返。有时摄关也会直接参见院并与其协商。由于需要与内里紧密联络，很多时候院会在除目当天从京城南郊的鸟羽殿移驾至京城内的院御所，除目结束后再回到鸟羽殿。除目的日程或依院的时间安排，或由摄关提出请求，再由院决定。院过目由天皇、摄关提交的拟任命官员名单，确认是否遵照了自己的意愿，最后做出批准。

不过，院无须出席除目仪式。举行仪式时，摄关、公卿齐聚在内里清凉殿天皇御前，按照摄关时代以来的复杂手续和严格规矩举行。但也有例外，如天永二年（1111）秋天的除目，负责草拟任官者名簿的左大弁源重资因得知自己不能担任梦寐以求的大藏卿而提交辞呈，院随即命令由参议藤原为房代为执笔，使除目得以顺利进行。

院随意任官的所谓“秘事”，无视了天皇、摄关、贵族所遵从的论资排辈（腊次）和顺序（巡）等任官规则，令他们困惑、悲叹又愤慨。康和五年（1103）正月五日，白河院唤来藤原宗忠，命他奏报天皇，因当年正值崛河天皇的厄年[1]，所以自己不会在叙位除目中做出“非道”（不合理）的“超越”（无视顺序）举动。换句话说，往年他经常会满不在乎地实行“非道”的“超越”。例如在天仁元年（嘉承三年，1108）正月的除目中，有十五国受领出现调动，其中有七人是院近臣，全被调到“熟国”任职。这令公卿们大吃一惊，宗忠叹道：“此非末法之举乎？”另一方面，也有四位殿上人、实务官员虽然达到了任职受领的资历，但仅仅因为不受院宠信而被派到“最下国”任职。宗忠很同情他们。

像这种近臣优先的叙位除目，一方面可以大胆培养、起用人才，另一方面也破坏了传统的晋升规则。普通贵族只能眼睁睁看着别人得到自己所期待的晋升，一边羡慕那些“超越”了顺序的近臣得意的样子，一边心想不知何时机会才会轮到自己，或是悲叹得到了不想要的任官。然而，官员们并不知道何

1 厄年，指厄灾（灾难）降临的那一年，起源于平安时代。现今日本人普遍认为，男性二十五岁、四十二岁和六十一岁时，女性十九岁、三十三岁和三十七岁时是“厄年”，又称“本厄”。

时会受到院的恩宠，或是触怒龙颜。不仅近臣如此，普通贵族也总是战战兢兢地观察院的脸色。虽然宗忠对院的随意任官持批判态度，但是在嘉承二年（1107）十月，当自己的儿子藤原宗能被补任为五位藏人时，他还是“伏地拜谢”“上皇的恩情”。院的人事支配导致玩忽职守、消极怠工的现象在贵族间蔓延，助长了对院阿谀奉承、言听计从的风气，贵族社会开始从内部腐坏，院也不得不更加专制。

掌握军事警察权——武士与检非违使

院掌握最高军事指挥权。王朝国家的最高军事指挥权原本是由天皇掌握，以追捕官符、追讨宣旨的形式体现的。但在院政时期，追捕官符、追讨宣旨是根据院的意愿下发的。后三年之役后的宽治元年（1087），源义家在事后请求补发追讨官符，白河院予以拒绝。而康和三年（1101）下发给大宰府的追讨源义亲的宣旨、嘉承二年（1107）下发给平正盛的追讨源义亲的宣旨、保延元年（长承四年，1135）下发给平忠盛的追讨海盗的宣旨，都是以院宣的形式发出的。发不发追讨宣旨，全凭院的政治判断决定。

为防止寺院、神社强诉，院还会利用院宣动员在京武士和检非违使，不论其是否为北面武士。摄关政治时代，天皇、摄关为了大索和守卫内里，会动员在京武士和检非违使，白河院正是继承了这种方式。嘉承二年（1107）十月，风闻延历寺僧徒准备进京，白河院让摄政藤原忠实下令源义纲率军前往阻止。天永四年（1113）四月，延历寺、兴福寺“大众[1]”有进京动向，院命令平正盛、源为义、源光国（院北面，赖光系美浓源氏）等人守卫院御所和内里。另外，为了阻止僧徒进京，白河院又派遣平正盛及其下源平武士、检非违使等前往宇治、西坂本。这是白河院首次不通过检非违使别当而直接动员检非违使，使别当藤原宗忠虽对院越过自己动员检非违使有所不满，却也庆幸于不用为射杀兴福寺僧众担责。从此以后，白河院在阻止僧众进京时都会直接利用院宣动员在京武士、检非违使。

久安三年（1147）七月，鸟羽院为应对延历寺僧徒下山一事，命源氏和平氏的武士每三日轮流在西坂本警戒，并在白河御所举行“武士御览”，检阅、送行出征武士及其郎党集团。第一次武士御览在十八日进行，河内守源季范（院北面，文德源氏），检非违使源光保（同，赖光系）、源近康（同，季范之弟）、源季赖（同，季范之子）、源为义，隐岐守平繁贤（维茂系），前右马助平贞贤（平繁贤之弟）身披甲胄，率郎党行经御前，出院御所北门，经贺茂河原，向西坂本进发，沿路有许多人围观。此后，每逢轮换的第三天都会进行武士御览，一直持续到八月一日。

---

1 大众，这里的大众指比叡山、兴福寺等处的武装僧人集团。

在宗忠出任使别当的永久二年（1114），《中右记》中记载的全是检非违使的工作，他确实每天都事无巨细地向白河院报告，并等待院宣的裁决，这种情况令人震惊。来看看二月二十五日的记载。

使别当宗忠参见白河院，在陪同院赏花后，通过院近臣、检非违使藤原盛通（藤原盛重之子）向院上奏诸多事宜，并等待院宣裁决。奏报称："关于前日所报常陆国贡品被盗一事，当如何处置？"院宣回复："先命三河国逮捕并献上嫌疑人。如不成功，再从使厅派遣使者。"奏报称："甲斐国贡品被骏河国居民盗取一事，该如何处置？"院宣回复："同三河之事一样。"奏报称："法界寺诉恶僧霸占领地，该如何处置？"院宣回复："此事由院厅重新商议。"奏报称："最近检非违使于夜间巡逻时多有懈怠，该当如何？"院宣回复："速速命其勤务。"奏报称："如何处置淡路国逮捕、献上的恶僧？"院宣回复："释放。"奏报称："因梅宫社祢宜所诉强盗为主水司下部（负责杂役的下级职员），召见了主水正（主水司长官）。"院宣表示："知道了。"

宗忠命令盛通处理以上事宜。盛通则向检非违使厅负责实务的检非违使佐报告，依据院宣制作别当宣和使厅下文，并向相关部门公布。这样的事情每天都在重复。白河院有时也会因为宗忠连非常细微的事情都要等待自己指示而感到厌烦，于是命令他以别当的判断来裁决。但在那之后，使别当宗忠的院奏和院的裁决也未见减少。无论犯人还是窝藏犯人的本主（其主人院厅、寺院、神社、贵族、武士等），只要没有院宣就不会响应逮捕和引渡命令。关于京城内外上诉至使厅的领地纷争判决书，没有院宣也不能生效。使别当、检非违使厅不凭借院权力便不能有效维护京城内外的治安。

院通过对上至大寺院、神社、贵族，下至院下属职员各阶层大小事宜和纷争的裁决，全面掌握京城内外、贫富贵贱的各种动向，也因此产生了好奇心。之所以历代院都对田乐[1]、今样[2]等庶民艺能抱有强烈兴趣，大概也是因为坊间各种信息都会汇聚到院的耳中。

整顿庄园与进献庄园

很多人认为“因为白河院政时期频繁发布的庄园整顿令，在鸟羽院政期一次也没有出现过，所以在鸟羽院政时期，庄园整顿政策已被废止，抑制庄园进献的手段已然消失，庄园数量猛增”。但正如第一节所述，庄园整顿令的目的是为征收造内里役而划分庄园与公领，而不是要否定庄园。因为鸟羽院政时

1 田乐，日本平安时代中期形成的一种传统艺术，由音乐和舞蹈构成。主流观点认为，田乐是由农民在水稻插秧前祈祷丰收的田间地头的庆祝活动发展而来的，后形成具有固定形式的传统艺术类型，与骑射表演、相扑等一起被纳入神社祭祀活动。

2 今样，与宫廷传统歌谣相对的民间流行歌谣。

期也在营建内里，所以明显也发布过庄园整顿令（参照诧间直树著述）。庄园整顿与庄园增加并不矛盾，庄园公领的划分也并不仅仅依据庄园整顿令。新任国司凭官符废除新立庄园，确定庄园、公领界线，奠定任期内的税收基础。这种初任检注相当于以一国为单位的庄园整顿令。而太政官围绕新立庄园存废问题的讨论和决议也算是划定公领和私人庄园界线的庄园整顿令。整顿庄园是后期王朝国家的一贯政策。

官方承认的庄园进献案例在整个院政时代不断增加，这是封户制解体带来的结果。在始于 11 世纪中叶的庄园整顿政策实施过程中，征收封物的程序得以完备，封物的征收情况反而有所好转（参照大石直正、胜山清次著述）。而在一些大寺院，之前已经荒废的堂舍修建工程也急速恢复。实际上，这是大寺院在以确保修建费为口实对抗废除新立庄园的政策，同时也是在向朝廷、国衙要求征收封物的保障（参照今正秀著述）。

但是从 11 世纪末开始，征缴封物遭遇困境，寺院、神社甚至无力修复破损的堂舍。究其原因，首先是因受领只想承揽法皇御愿寺、院御所的营造工程，以获得晋升，而对征缴封物颇为懈怠。营造御愿寺的受领不但可以免除征缴其他贡品的任务，未完成的部分也可在其成功通过受领功过定而实现重任、迁任后得以免除。

另一个原因是，从国衙、封主处承包征收封物任务的郡司、乡司未上缴封物。封主因此要求朝廷给予补偿，朝廷便将庄园赐给封主作为补偿，或认可在地领主的庄园进献行为。而权门寺社则不只要求朝廷补偿，还让在地领主进献庄园，并对国司施加压力要求免税作为未收到封物的补偿。如果庄园被视为新立庄园遭查封，他们就向朝廷上诉。在财源基础由封户变为庄园的转换过程中，因废除新立庄园问题引发的权门寺社与国衙间的对抗愈演愈烈。

庄园政策的展开与后期王朝国家的局限性

12世纪，庄园整顿政策有了新变化。即便是在供奉皇祖神的伊势大神宫，一直得到国家保障的神户[1]、神封（神社封地）也逐渐转变为御厨（大神宫的庄园被称作御厨）。神人们以加纳的方式将神户田（本免田）周边的公田据为己有，接收在地领主进献的新垦地和世代相传的郡乡，并在东国各地购置广阔的御厨。与此同时，受领则下令废除这些新立御厨，从而导致矛盾加深。

康和三年（1101），朝廷为了限制伊势大神宫扩大御厨，命其自行调查并提交御厨成立年份、范围、田亩数、上交贡品数量的相关报告。伊势大神宫在时隔七年后的嘉承三年（1108）才将报告书提交朝廷，但因不够翔实而被朝廷要求

1 神户，附属于神社、负担神社赋税的民户。

重写。天永二年（1111），大神宫再次提交报告。而在此前不久，白河院仿效延久年间旧例，设记录庄园券契所，起用实务官员、学者等为寄人，命其审查御厨的存废问题。永久三年（1115），审查结果被传达给大神宫。

其后一段时间内，伊势大神宫不再因新立御厨的问题控告受领。尽管被废除的新立御厨数量不小，但因获得批准的御厨作为“往古神领”受到朝廷强力保护，大神宫方面做出了妥协，朝廷也在一定程度上抑制了大神宫扩张御厨的行为。但是其后，东国在地领主进献御厨的情况仍在继续，如活跃于后三年之役的镰仓权五郎景正所进献的相模国大庭御厨就不断遭到新立与废除，直到天养元年（1144）左右才得到官方承认。

关于大神宫御厨的整顿问题，有一点值得关注，那就是朝廷曾要求大神宫提交年支出明细账簿。朝廷试图将大神宫领有的御厨限制在与其全年总支出相应的程度，但因大神宫表示“实不敢当”、拒绝提交而未能实现。然而，该项政策因后白河天皇于保元元年（1156）发布的保元庄园整顿令而被广泛应用于所有大寺院和神社。也就是说，朝廷想将大寺院、神社的庄园数量削减至与其全年所需经费相配的程度，并固定下来（参照今正秀著述）。虽然该政策已开始实施，却因三年后的平治之乱而失败。

然而，即便这项政策得到了实施，后白河院政，或者说后期王朝国家却没有将庄园领地固定化的能力。因为以加纳方式将出作公田并入庄园、进献公领的主体是在地领主和当地居民，另外，负责停废新立庄园、加纳的也是国衙的在厅官人和郡乡司，也即在地领主。他们以免缴租税、扩张领地为目的的行动才是阻碍庄园与公领固定化的主要因素。但是，后期王朝国家并不具备直接编组在地领主阶层的理论，院权力也只能居中调停庄园、公领的纠纷。

从在地领主的组成来说，庄园公领制是将在地领主纵向分成郡乡司、庄官的理论，这使在地领主阶层内部不可避免地产生竞争关系，庄园、公领纷争也随之增多。能够全面编组在地领主/在地武士阶层的理论是武家栋梁的军事指挥权，但它只是凭借追讨宣旨产生的临时性、地域性指挥系统，并没有长期制度化而成为国家体制的一部分。另外，要想抑制庄园公领间的武力纷争、确立庄园公领制，就需要一个超越庄园与公领、以一国为单位组织起来的监察机构和裁判机构。但后期王朝国家缺乏这样的机构。而新的机构不得不等到镰仓幕府开创守护地头[1]制度才会出现，在那之前还要经历一场席卷全国的长期内战。

1 地头，镰仓幕府于文治元年（1185）在全日本庄园和乡村设置的地方下级官吏，主要职责是给幕府征收军粮，同时还为本所或领家征收年贡。

佛教政策与强诉

院的基本寺社政策是逐一营建以法胜寺等六胜寺（其他五寺为尊胜寺、最胜寺、圆胜寺、成胜寺、延胜寺）为代表的御愿寺。白河天皇为了振兴佛教倾注了许多心血，他本人甚至出家成为法皇，其后的鸟羽天皇、后白河天皇也纷纷效仿。虽说院的佛教振兴政策中含有对末法时代的恐惧和对以武力对抗寺院、神社强诉之罪的补偿，但我们仍应将该政策视作凌驾于院的个人信仰之上的、院政时代王朝国家的政策。

承历元年（1077）十二月，白河天皇参加洛东白河法胜寺的落成庆典，祈愿“佛法保佑神威与皇统”。白河天皇、阳明门院祯子内亲王（后三条天皇的母亲）、中宫藤原贤子及其下皇族、关白藤原师实及其下公卿殿上人聚集在华丽的堂舍和佛像前，庭中搭建的舞台上和乐屋（供演员准备、休息的后台）里正在上演各种舞乐，三百名僧侣在随风飞舞的四色花瓣中举行庄严又华丽的供养会。寺内，来自京城内外的众多百姓熙熙攘攘，只为一睹新佛寺的风采。在令人目眩的陶醉氛围中，天皇、公卿殿上人、僧侣共同祈愿王法和佛法永远繁荣（《法胜寺供养记》）。

院权力不断在六胜寺创建类似的法会，并为此建立了巨大的院领庄园作为其财源。在伽蓝雄伟的法胜寺金堂中，树立着高达三丈六尺的金色毗庐遮那佛像等密教佛像。讲堂中各宗派僧侣汇聚一堂，诵读一切经（即大藏经、藏经）。阿弥陀堂[1]、法华堂里则举办天台宗佛事。法胜寺俨然成了集奈良佛教、天台宗、密宗、净土宗于一身的“国家宗庙”。检校（总管寺院和神社事务、监督僧尼的官职）、别当、供僧（所属僧侣）等职位不偏向某个特定寺院或宗派，而是平等地从延历寺、园城寺、兴福寺、东寺僧人中选任。承历二年（1078），法胜寺举办大乘会。大乘会与始于后三条天皇时代的圆宗寺法华会（第二节前述）、最胜会一同被称为“北京三会”，与南京三会相抗衡，并成了天台宗僧侣一跃升至僧纲（管理僧人的僧官）的途径。白河天皇想将法胜寺置于所有佛教势力的顶点，以便全面掌控佛教。白河地区耸立着一座高八十二米的九层八角塔，以其雄奇的姿态向京城内外昭示着护持佛法的白河天皇的权威。

院掌握着僧纲以及统辖各寺院的座主、别当的补任权。要成为北京三会、南京三会的讲师，从而晋升为僧纲，必须先以“听众”的身份参加众多法会，以提升自身学识及修养。而要想参加法会，必须接到院和天皇的邀请，也就是所谓“公请”。一旦遭到院的厌恶，公请便会被取消，僧侣最大的愿望——晋升为僧纲或就任为座主、别当就难以实现了。院早就看透了山门与寺门的对立关系和兴福寺内部的派阀争斗，于是试图通过

1 阿弥陀堂，10世纪以后，随着以阿弥陀信仰为中心的佛教净土信仰（包括净土宗、净土真宗）的广泛传播，贵族阶层也出现净土信仰，日本开始大量修建阿弥陀堂。

给予公请、行使人事权而将寺院、神社势力置于自己掌控之下（参照平雅行、海老名尚、菅真城著述）。

但是，院掌控的只是“学侣”等上层僧侣，并未能控制堂众等下层僧侣。在寺院强诉时，座主、别当、僧纲、学侣只能在院与堂众间左右为难。寺院的最高决策机构是所有僧众参加的“满寺（山）集会”（参照黑田俊雄著述）。为了不分彼此，所有参加者以袈裟蒙面（裹头），在讲堂前的广场集合。提案者改变声调，发表演说，细数国司对本寺（或本山）不尊重、不畏神佛等恶行，并呼吁：“若听之任之，佛法、王法将俱灭，岂能不强诉？”群聚的僧徒则回以狂热的怒吼，赞成便高呼“有理！有理！”，反对便高呼“没道理！”（此情此景很容易让人联想起“全共斗”时诸君以毛巾遮面，高喊“没有异议！”“没有道理！”的画面）。最终，若意见统一，便齐呼：“有理有理！诉讼有理，道理明白，应尽快奏闻！”亢奋的僧众如怒涛一般涌向京城。垄断神佛权威的傲慢心态、通过蒙面和变声匿名所导致的不负责任、在狂热群体中演说产生的陶醉感，这一切使得决议与行动失去了控制，走向极端。虽然座主、别当等领导层僧人劝说众人自制，但无人听取。就这样，满寺（山）集会的下层僧侣从下往上施加压力，决定进行强诉，数千人规模的寺院、神社强诉事件不断上演。

院只能要么答应对方要求，将相关责任人撤职、流放，要么动员武士，以武力阻止僧众进京。这是因为院权力不能完全

《法然上人绘传》中描绘的延历寺堂众集会 可看到参会者以袈裟蒙面（知恩院藏，京都国立博物馆提供图片）

控制寺院、神社的势力。但是另一方面，寺院、神社也不能摆脱院而独立。无论多么过激，强诉也只是在向朝廷抗议各寺院座主、别当的人事安排，末寺、末社（附属于本寺、本社的小寺院和神社）的人事安排，或者受领停废新立庄园的做法。寺院、神社的强诉并不谋求摆脱院而独立，只是想依附于院权力并从中牟利。

离经叛道与狂热——奢靡与田乐

寺院、神社强诉改变了社会各阶层的价值观。歇斯底里的傲慢与颓废的风气在尝到甜头的“南都北岭”（指兴福寺与延历寺）僧徒内部蔓延。一方面，人们因神轿、神木（神社院内附有神灵的树）被移动而胆战心惊；另一方面，人们越来越不信任因个别寺院、神社的世俗利益而被工具化的神佛。而百姓对神佛的不信任也导致了其对国家权力的不信任。贵族惧怕强诉导致“王法、佛法灭亡”，指的就是这种社会状况。

不信任神佛意味着长期以来作为行事准则的普世性价值观和规范意识已经崩坏。社会各层面、各领域都弥漫着利己主义、短视主义、颓废、消极、浪费、离经叛道的风气。京城内盗窃斗殴成了家常便饭，赌博成风，华丽的奇装异服（奢靡与风流）盛行，人们热衷于祭典、游行和田乐，地方上庄园与公领之争频发，且伴随极端的暴力行为——这些现象都与上述价值观、规范意识的崩坏有关。

在这种对“王法、佛法灭亡”的恐惧中，院修建巨大雄奇、震撼人心的法胜寺九重塔（1075），在六胜寺举办奢华的法会，在御幸、凯旋、防御强诉时举行大规模的阅兵式，通过种种超出常规、引人注目的活动来彰显权力，安抚内心。上至公卿、院近臣，下至院的仆人，众人在参加贺茂祭等祭礼游行时，都在服饰、法会与布施、宅邸、用品、赠答方面互相攀比。但是，奢靡与风流的作风虽然脱离了秩序，却不是对秩序的破坏。即便是离经叛道的行为，也是以秩序为前提的。朝廷发布禁奢令，命令检非违使进行取缔。然而，奢靡的意义恰恰在于遭受指责、华美的车被毁坏、华美的衣裳被撕裂。引人注目带来爽快感，离经叛道产生刺激感。奢靡打破了常规，令看的人和被看的人双方都产生兴奋感和解放感。而受到院庇护的人更是可以无视非议，堂堂正正地享受奢靡。因此奢靡与风流也是在炫耀因院的宠爱而获得的权势。其极点便是“平氏的荣华”。

于是，狂热与兴奋在强诉、凯旋游行及祭礼上的田乐表演中达到沸点。永长元年（1096）三月，因为内里接触了死秽[1]，所有神佛法事都要延期。眼看临近四月八日的松尾神社祭礼，突然下令暂停一切神佛法事令百姓极为不满。他们借“童谣”散布松尾明神不希望延期的传闻，一边表演田乐，一边参拜松尾神社。五月底，大批近郊农民为参加祇园御灵会，表演着田乐进京。京城百姓也抬出神轿，跳起狮子舞，敲鼓吹笛，与进京的农民汇聚成狂热的潮流。他们参拜石清水、贺茂、松尾、祇园等神社，并在神社门前纵情表演田乐。田乐的队伍还行进到白河院御所，白河院的爱女、喜欢田乐的郁芳门院媞子内亲王兴奋不已。院御所的人，上至白河院本人，下至用人都融入了田乐的欢乐气氛中。藤原忠宗描述道：“十余日间，参加祇园御灵会的民众不分昼夜，连日吹笛打鼓，纵情歌舞，致使道路水泄不通。”（《中右记》）及至七月，连殿上人群体也都沉浸于田乐之中。街道、神社门前、院御所、内里，无论尊卑贵贱，所有人沉溺在了田乐的世界里。然而八月七日，喜爱田乐的郁芳门院媞子内亲王突然去世，年方二十一岁。院、天皇、贵族人心惶惶，都将此事视为政治凶

1 死秽，古代、中世的日本人把死视为恐惧的对象，相信死会传染。故此，认为死人及与之接触的遗属会传染死秽。

兆，害怕得发抖，田乐也偃旗息鼓。此即世人所谓“永长大田乐”（参照户田芳实著述）。

这种狂躁一时发泄了人们在日常生活中被压抑的不安与不满，通过暂时破坏秩序而获得解放。但是，当宛如热病一般的疯狂结束、兴奋冷却，人们还是要逐渐回归日常生活。对田乐的狂热，既是不安与不满的表现，也是促使人们回归日常的“疫苗”。然而，不安与不满并没有消失，只要有机会仍会爆发。人们暗暗期待着更多的兴奋、更强烈的狂热——这种心态就这样诞生了。从某种意义上来说，保元、平治之乱就是制造恐慌与兴奋的“表演”。

第四节 | 院政之下的源氏与平氏

利用源氏

早在后三年之役之前，白河天皇就开始充分利用“武家栋梁”源义家的武力。永保元年（1081）十月，白河天皇行幸石清水和贺茂时，无官位的前下野守源义家以为关白开路为名，率领数十骑武装郎党陪同；十二月行幸春日社时，又率领百名郎党携弓箭、披甲胄加入行列。白河天皇这种如同阅兵式一般的行幸，被贵族们叹息着评价为“稀世之事”“末法之举”。

然而这一年，也是寺社强诉与战事不断的一年。白河让义家的武装军团陪同行幸，就是想通过阅兵式昭告天下，自己拥有足以应对寺社强诉的强大军事力量。白河期待源义家能扮演天皇亲卫队队长的角色，但义家并不想成为白河的近臣。看透了这一点的白河，在让位后的宽治元年（1087）十二月将后三年之役认定为私合战，没有给予源义家任何奖赏；不仅如此，直到嘉承元年（1106）七月义家去世，始终没有授予其官位。这是为防止义家武家栋梁壮大势力而有意识采取的措施。

另一方面，后三年之役时，此前一直隐藏在兄长义家的阴影之下、不起眼的源义纲正好身在京都，他想要取代兄长，走上政治舞台。白河院意识到义纲有可能成为对抗源义家的棋子，于是在宽治五年（1091）六月，趁着义家与义纲都在京都且关系紧张、一触即发之时，便故意下令禁止义家郎党进京、禁止向源义家进献庄园，而对源义纲则没有任何处罚（第四章第三节前述）。不过，源义纲也不是院近臣。

嘉保元年（宽治八年，1094）三月，陆奥守源义纲追讨火烧出羽前国司官邸、盗窃财物的平师妙等人，并仿效前九年之役时源赖义的做法，率二百郎党凯旋。沿路人群、车马熙熙攘攘，街道上弥漫着狂热的气氛。作为追捕犯人的奖赏，源义纲当日获封从四位上。可实际上，追讨时义纲本人并没有离京，而且与前九年之役、后三年之役比起来，这不过是场小战役。

尽管如此，白河院依然想将源义纲塑造成英雄，令其在京城百姓面前大展神威，以取代源义家，并昭告天下，边境的和平是由院权力维持的。源义纲获得了可与源义家媲美的实力和赞誉后，白河院又立即让他意识到义家的重要性。承德二年（1098），白河院强行封源义家为正四位下，并提拔其为殿上人。不过，十年的无官岁月实在是太长了，源义家与坂东武士之间的主从关系已经大为松动。

康和三年（1101），大宰府控告源义家嫡子、对马守源义亲在大宰府辖区胡作非为，起因是源义亲介入了国衙与筥崎宫名下庄园的纷争。通常，朝廷不会针对国衙与庄园间的武力纷争下发追讨官符，但白河院考虑到一旦事态严重将无法收拾，于是下令派遣追讨使。如果东国武士的栋梁——源义家的继承人将大宰府官员和管内诸国在厅官人等武士都吸收为随从，源氏的威胁就会愈发强大。但不知是否因为源义家求情，追讨使并未实际出动，朝廷转而命令义家召唤义亲，于是义家派郎党藤原资通与太政官召唤使（官使）共同前往。

然而，不知藤原资通发什么疯，竟然杀害了这名官使，导致源义亲最终被发配隐岐。另外，嘉承元年（1106）六月，源义家三子义国与义家之弟义光在常陆国爆发战争，朝廷又命源义家传唤义国。一个月后，义家在对家族未来的担忧中离世。义家去世时，藤原宗忠评价他为：“武威满天下，实乃大将军。”（《中右记》）嘉承二年（1107），被发配到隐岐的源义亲杀害了出云国目代，恐怕是因其再次插手了庄园与公领间的纷争。十二月，白河院派因幡守平正盛前往追讨。完成任务后，正盛于翌年正月、在豪华的凯旋队伍中回京。这是他作为新武家栋梁的初次登场，而授意者正是白河院。另外，在派遣正盛的两个月前，白河院因风闻延历寺僧徒打算进京而派源义纲进行防御，那之后便再也没有起用过义纲。平正盛的登场使源义纲失去了利用价值。

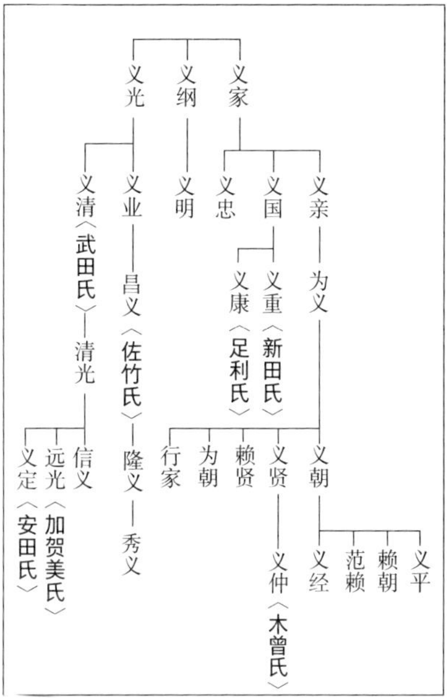

院政时期的源氏谱系略图

打压源氏

天仁二年（1109）二月源义亲遭流放后，源义家的继承人检非违使源义忠被人杀害。身在左大臣源俊房宅邸中的源重实（满正系源氏，或为源俊房家臣）被当作嫌疑人带走。之后，检非违使源重时（源重实之弟）袭击源义纲宅邸，斩杀了被其视作嫌疑人同伙的义纲三子源义明。愤怒的源义纲带着五个儿子离京，试图逃往东国。但白河院命令源为义前往追捕，义纲在近江国甲贺郡出家后投降，五个儿子全部自尽。源义纲被发配至佐渡，后来在当地被暗杀。白河院因此事命人包围了左大臣源俊房的官邸，还让卫府官员守卫内里，摆出十分夸张的阵势。

翌年天永元年（1110），发生了诅咒鸟羽天皇的事件。永久元年（1113），有匿名信称辅仁亲王的护持僧仁宽（源俊房之子）企图暗杀天皇。源俊房一家因连坐而失势。这一系列阴谋都是白河院为防备辅仁亲王而设计的。白河院还想以同样的手法将源义忠暗杀事件栽赃给支持辅仁亲王的势力（该势力实际上并不存在），定其谋反罪。而源义纲一族虽被白河院和摄关培养成源义家的竞争对手，最后却成了阴谋的牺牲品，遭到灭族。

源义忠被暗杀后，继承源义家家督之位的是源义亲十四岁的嫡子源为义。源为义因追捕源义纲有功而晋升为左卫门少尉，源义家嫡系勉强得以延续。源赖信、源赖义、源义家三代人功高震主，对白河院和鸟羽院来说，有实力将东国武士收入麾下的源为义既是威胁，又是必不可少的后盾。源为义与北面武士一起陪同鸟羽院巡幸、参加祭祀，发生延历寺、兴福寺强诉时，又与平正盛、平忠盛、源光国等北面武士及检非违使一同出动，除此之外，还要作为检非违使参与追捕犯人。

即便如此，院依然要打压源为义。为义被任命为检非违使是在保安五年（1124）左右，获封从五位下则是在久安六年（1150）前后，那时他已经五十五岁了。同年龄的平忠盛、同族的源氏以及郎党出身的源重实、源重时兄弟等人都轻松当上检非违使，获得官位，成为受领，将为义远远甩在身后。与之相对，为义却多次遭受院的责难，反复辞职、被撤官，一生从未担任受领。虽然在保延元年（长承四年，1135）四月围绕海盗追讨召开的公卿议定上，源为义的名字被提上候补追讨使的名单，但因鸟羽院反对而最终确定了平忠盛。如果让源为义担任受领，其郎党集团必定士气大增。而若命其补任为海盗追讨使，西国武士势必争相投靠。于是，出于畏惧，院想将为义困在京城。

保延五年（1139），高野山大传法院的觉鑁法师与金刚峰寺的矛盾激化，源为义恰在此时成为觉鑁家臣，并打算通过深受鸟羽院信任的觉鑁来接近院和前关白藤原忠实，其后又成为前关白忠实的家臣。同年八月，在忠实的美言下，源为义次子源义贤被提拔为东宫体仁亲王（后来的近卫天皇）的“带刀先生”（亲兵卫队队长）。从那以后，为义效忠于忠实，终于在久安二年（1146）再次担任检非违使，获封五位。但是在仁平二年（1152），因遭使别当上告，源为义再次受到鸟羽院责难。久寿元年（1154），终因未召唤在大宰府辖区内胡作非为的八男为朝而被解职。

与之相对，源为义嫡子源义朝可以算是院近臣（参照上横手雅敬著述）。源义朝娶了鸟羽院乳母悦子（藤原显隆之妻）的堂兄弟、院近臣热田大宫司藤原季范的女儿（源赖朝之母）为妻。由于这层关系，源义朝成为鸟羽院和待贤门院（藤原璋子，后白河天皇的母亲）的亲信。仁平三年（1153），三十一岁的源义朝获封从五位下，任下野守。与此同时，源义朝取代源为义成为源氏新家督。院终于成功地驯服了源氏。

如上所述，院政时代恰如源氏的“寒冬”。之所以如此，是因为“武家栋梁”源氏拥有巨大的郎党组织，而这令院感到了潜在的威胁。

源义家的遗产

虽然源为义从未担任受领，是一名贫穷的检非违使，但他在许多地方都拥有郎党，其中可查证的就有下野、安房、武藏、信浓、美浓、河内、近江、但马、丹波等国。他们频繁往来于源为义位于京城的宅邸和各地方。源为义与东国武士的关系，正如慈圆在《愚管抄》中所说："自源赖义、源义家起，东国无人不服从源为义"，源赖信、源赖义、源义家三代人建立起的主从关系，作为遗产传到了源为义手中。

源氏赖光一支（摄津源氏）、赖亲一支（大和源氏）、满正一支（也称满政）以及伊势平氏[1]、文德源氏这些在京武士虽然成了检非违使或者受领，但他们在根据地、任职国或者通过在京供职建立起的郎党组织都非常弱小，与经过激烈战斗形成的源赖义、源义家的郎党组织有天壤之别。因此无论他们拥有多高的官位，都无法蜕变为"武家栋梁"。

比起源义家，院对源为义更加冷淡。而对为义来说，他此生的任务就是要防止义家建立起来的郎党组织崩坏，并维系它。但是，源为义既没能担任受领以供养郎党，也未能担任追讨使为郎党谋得功勋。于是，为义便将他们介绍给摄关家、公卿、高僧做庄官或家臣，或让在京武士雇用他们，以此来保护自己无力供养的郎党。此外，源为义屡次拒绝召唤遭控告的郎党，窝藏畏罪投奔自己的郎党，还宣称被使厅释放的其他在京武士郎党是自己的郎党，借此将他们收入门下。为了维护主从关系，为义可谓使出了浑身解数。

从十四岁起，至四十岁辞任左卫门尉为止，源为义大部分

1 伊势平氏，是桓武平氏的一个支系，从平贞盛的儿子平维衡开始以伊势国为中心，在西国（关西）培植势力，到平正盛、平忠盛时，在中央政界崭露头角，而平清盛则开创了武家出身者掌握政权的先河。

时间都待在京城，所以他在东国的势力就被源义家的庶系蚕食掉了。后三年之役中曾帮助过兄长源义家的源义光，在战后开始向陆奥地区南部、常陆国北部扩张，并于嘉承元年（1106）与常陆平氏的平重干等人联手，在常陆国与源义家三子源义国开战。源义光让长子源义业迎娶平重干次子平清干的女儿为妻。平清干的儿子平昌义成人后将常陆国佐竹乡作为领地，自称佐竹氏。平昌义的儿子平隆义、孙子平秀义日后对举兵后的源赖朝构成威胁。源赖信以后作为源氏郎党的常陆平氏与源义光一系合流，从源义家嫡系中脱离。

源义国（新田、足利氏之祖）继承了源义家在担任下野守时获得的势力范围，向下野、上野两国扩张，永久二年（1114），因受命召唤秀乡系的足利家纲至使厅一事与侄子为义发生争执。虽然源义国视秀乡系足利氏为郎党，但后者因其侵害自己的利益而有所不满，转而成为为义的郎党。在保元之乱中，足利家纲的儿子足利俊纲追随源义朝。源义国在天承元年（1131）以前便住在京城，获封从五位下，负责陪同鸟羽院巡幸、防止延历寺僧徒进京强诉等工作。久安六年（1150），为了报复侮辱自己的右大将藤原实能的随从，他火烧藤原实能宅邸，受到敕勘（天皇的训斥），蛰居于下野国足利官邸。其嫡子源义康（源姓足利氏之祖）成为检非违使、鸟羽院北面武士，在后来的保元之乱中作为与平清盛、源义朝齐名的部将，率百骑攻打崇德院御所白河北殿。

上野、下野两国的很多在地武士就这样成了源义国的随从。常陆平氏与源义光联合，而源为义则将源赖义以来的据点——相模国镰仓馆让给自己的长子源义朝，令其掌控关东南部的郎党。

天养元年（1144）前后，定居镰仓的源义朝以隶属于大庭御厨的鹄沼乡在镰仓郡为由，要求当地百姓服从自己。大庭御厨是源义家郎党镰仓权五郎景正（活跃于后三年之役）在征得开垦许可后向伊势大神宫进献的新立御厨。当时担任御厨下司的是景正的子孙大庭景宗。

九月，源义朝郎党清原安行与在厅官人以奉留守所目代命令征税为借口，闯入御厨内对神人施加暴行。十月，目代源赖清、在厅官人携废除新立庄园的官符，清原安行代表源义朝指挥三浦义次、三浦义明父子率一千多名士兵强行闯入各乡进行初任检注，废除御厨。大概正是畏惧于这突如其来的军事压力，大庭景宗才献上名簿，做了源义朝的郎党。保元之乱时，大庭景宗的儿子大庭景义、大庭景亲兄弟也作为义朝郎党活跃在战场上。如此这般，源义朝通过支持国司初任检注，为其郎党创造了确保领地和收益的机会。反之，义朝也会对国衙施加压力以支持被国司夺去领地的郎党，从而维护和扩大了坂东郎党组织。

之后，在久安元年（1145）左右，源义朝将镰仓官邸让给了长子源义平并进京。在得知义朝成功掌控了坂东南部郎党的消息后，源为义为了重新掌控被源义国、源义光夺走的坂东北部郎党，于仁平三年（1153）将次子源义贤（木曾的源义仲之父）送至上野国。源义贤娶了在武藏国颇有影响力的在厅官人秩父重隆的女儿为妻，在当地扩张势力。受源义国、源义康压迫的秀乡系足利氏大概也归顺了源义贤。另一方面，源义朝将妻子（热田大宫司的女儿）的侄女许配给下野的足利义康，又让长子源义平迎娶了上野的新田义重（足利义康之兄）的女儿，在坂东北部扩张势力。

这样一来，源为义（源义贤）和源义朝（源义平）的两股势力便有了接触。久寿二年（1155）八月，源义贤在武藏国大藏馆遭源义平突袭，与秩父重隆一同战死。源为义在坂东北部的郎党大概就是在此时改弦易辙，成了源义朝郎党的。为义因义朝、义平父子摆脱自己的掌控、采取敌对行为而深受打击。而与兄长义贤订立了父子盟约的源赖贤，为追讨敌人来到信浓国，夺取了鸟羽院领内的庄园。于是在十月，鸟羽院向义朝下达了讨伐赖贤的院宣，将其派往信浓国。因为接近鸟羽院，义朝被院当作了对抗其父为义的一枚棋子。

不过，尽管源为义、源义朝父子像这样形成了对立之势，但源赖义、源义家在坂东建立起来的郎党组织却因二人的努力而免于解体。保元之乱中源义朝军队的构成就很清楚地表明了这一点。

院近臣平氏

另一方面，植根于伊势国、以平维衡（平贞盛之子）为始祖的伊势平氏也登上了历史舞台（以下部分大多参考高桥昌明的研究）。平维衡历任诸国受领，最终获封四位，是代表一条皇朝的在京武士。因为与平致赖发生战事而受到移籍的处罚。之后，其长子平正辅与平致赖之子平致经再次发生战事，虽最终免于受罚，但已不能继续担任在京武士。因此，正辅之弟平正度一支成了伊势平氏的嫡系。而关于平正度，我们仅能得知他曾担任越前守。正度的子孙平维盛、平季衡、平正衡等人在11世纪下半叶，历任检非违使而成为受领，曾被动员参与防御南都北岭强诉。如上所述，虽然平正度、平正衡两代人与源氏诸系以及其他贞盛系同为诸大夫中的在京武士，但其光芒始终被平定奥羽战乱的英雄——源赖义、源义家所掩盖。

平正衡的长子平正盛因受白河院恩宠而成为北面武士，伊势平氏由此一跃登上了政治舞台。在那之前，正盛由于当过受领郎党而被视为无名的乡下武士，但他在按顺序等待受领之位的时候成了院近臣加贺守藤原为房的郎党，并因此赚了很多钱，所以并不是十分落魄。正盛同其父祖一样，都是不甚出众的在京武士。

宽治六年（1092）九月，正盛作为郎党侍奉的藤原为房因遭日吉社控告而被流放至阿波国，翌年得赦免归京，又一年，正盛被任命为隐岐守。或许正因正盛在加贺国期间受到藤原为房的信赖，所以才得到举荐、被任命为隐岐守。永长二年（1097），也是正盛任隐岐守最后一年的八月，大约是在为房的斡旋下，正盛将伊贺国鞆田村、山田村内的二十町私人领地进献给了六条院（白河院之女媞子内亲王）。而作为回报，翌年正月，正盛通过受领功过定，被任命为若狭守。以这次进献为开端，正盛得到白河院的宠信而成为北面武士，因追讨源义亲、成功营建石清水八幡宫大塔、莲华藏院等功绩而不断重任、迁任，历任诸国受领，位至从四位下。天仁三年（1110），正盛在六波罗建起有两座佛塔的豪华阿弥陀堂，以展示其财力，并在院御幸时提供这座庙堂，还在堂内为院的宠姬祇园女御[1]供养一切经，以博得院的欢心。

平正盛的嫡子平忠盛也作为北面武士侍奉白河院，同时又作为院司参与院中庶务。历任左卫门尉、检非违使的平忠盛在天永四年（1113）因追捕犯人获得奖赏，十八岁便获封从五位下。在担任检非违使时，平忠盛充当院与使别当之间传信人的角色。在大治四年（1129）七月白河院的葬礼上，忠盛作为院司承担起各项任务，因而受到鸟羽院的宠信，担任北面武士和院别当。久安四年（1148），忠盛升任执事别当，成为院厅庶务的中枢人物。历经白河、鸟羽两代院政，忠盛从

1 女御，在天皇寝宫服侍的女官，地位次于皇后、中宫。

伯耆守做起，凭借成功营建白河北殿等功绩不断重任、迁任，历任诸国受领，积聚巨额财富。大治四年，获封从四位上。翌年，获封正四位下。长承元年（天承二年，1132），受鸟羽院宠信而成为内里殿上人。藤原宗忠在日记中说：“（此乃）前所未有之事”（《中右记》），《平家物语》则说，殿上人因妒忌忠盛平步青云而计划在丰明节会[1]的夜晚偷袭他。忠盛以富裕的受领之身兼任内藏头，进而又成为刑部卿，但在即将成为公卿时，却于仁平三年（1153）正月去世了。大治四年，年仅十二岁的嫡子清盛作为宠臣之子叙爵，被任命为左兵卫佐，小小年纪便步入贵族社会，凭借父亲的功绩一路晋升。

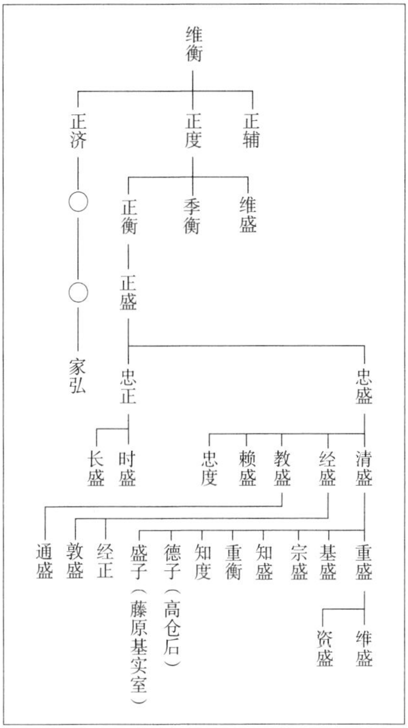

伊势平氏谱系略图

1 丰明节会，奈良时代以后，在新尝祭、大尝祭的第二天，亦即阴历十一月的辰日举行的仪式和宴会。

在院的导演下成为“武家栋梁”

平正盛、平忠盛父子蒙白河院、鸟羽院宠爱，与其他院近臣受领一样历任熟国受领，将巨额财富用于资助院营造寺庙和佛像，尽忠尽责。不过，院扶植正盛、忠盛的理由不仅如此。白河、鸟羽两代院都不喜欢桀骜不驯的“武家栋梁”源义家一门，于是看上了势力范围仅限于伊势和伊贺的弱小在京武士平氏，想将其培植为忠于院的“武家栋梁”。白河院一直在寻找让平正盛华丽亮相的机会。嘉承二年（1107），机会来临，就是前文中的源义亲追讨行动。天仁元年（嘉承三年，1108）正月，白河院接到追讨使因幡守平正盛已讨伐源义亲、准备携首级进京的报告，没等正盛进京便任命他为熟国但马守。二十九日的凯旋游行十分华丽，院有意识地模仿了前九年之役时源赖义的例子。五名下人举着源义亲的首级，肩扛大刀的四五十名步兵分列左右，接着便是追讨使正盛，一名骑马的降服者紧随其后，最后是二百骑刀光闪闪的马上郎党。队伍在鸟羽殿接受了白河院的检阅，然后进京。首级被移交给检非违使，悬挂在狱门前示众。前来围观的车马、人群将道路围得水泄不通，久违的游行令他们狂热，平正盛的英姿给他们留下了极深的印象。追讨源义亲，正是白河院为了塑造平正盛新英雄的形象而导演的一场“政治秀”。

但是，京城的人们对轻易讨伐义亲一事感到怀疑，不久各地出现了自称源义亲的人。在追讨源义亲的十年后，永久五年（1117），一名流浪法师自称为源义亲；保安四年（1123），前下总守源仲正（源赖光曾孙、源赖政之父）带着一名自称义亲的人进京；大治四年（1129）九月，又有一名自称是源义亲的人从坂东进京。鸟羽院让自称为义亲的人寄宿在前关白藤原忠实的宅邸鸭院，多次令他们与义亲的原配妻子和义亲的旧识贵族们见面，但始终难辨真伪。再加上坊间风传一名源义家的随从曾在熊野山中与义亲偶遇并交谈，很多贵族都相信义亲还活着。

翌年八月，又一名“源义亲”现身近江国大津。十月，两名“源义亲”在检非违使源光信（赖光系，源光保的兄长）的宅邸门前发生打斗。众目睽睽之下，鸭院的义亲制服了大津的义亲，因而声名大噪。源光信被发生于自家门前的打斗激怒，于十一月夜袭了鸭院的义亲，将其连带十数名随从一同斩杀。第二天清晨，黑压压的人群围聚在凶杀现场，流言满天飞。鸟羽院马上召集公卿议定，流放了源光信。最觉脸上无光的是平忠盛。鸭院的义亲被暗杀，他首先遭到怀疑，于是愤而扬言要找出真凶。对忠盛来说，鸟羽院对义亲的重视是一种耻辱。鸭院的义亲恐怕正是本人，而平正盛的义亲追讨不过是一场戏，至少很多贵族都这样相信。无论如何，义亲的死确实让忠盛松了口气。

不战的栋梁与西国武士间的纽带

伊势平氏虽然在白河院的推动下登上了政治舞台，但要想蜕变为真正的“武家栋梁”，还需要积累实际的战绩。白河院将曾经由源义家、源义纲承担的防御寺社强诉的任务，转交给平正盛、平忠盛。元永二年（1119），白河院命令正盛追讨监禁了仁和寺领地藤津庄庄司的平直澄，于是正盛派遣郎党讨伐了直澄。针对庄园的内部纠纷下发追讨命令已经算是特例，而十二月正盛率百名西海、南海名士（有名的武士）凯旋则更显异样。作为奖赏，正盛获封从四位下。但真正让正盛、忠盛成长为比肩源氏的武家栋梁的契机，还是由白河院、鸟羽院交给二人的海盗追讨行动。

院政时期，在濑户内海地区，石清水神人、祇园神人以庄园年贡为本金，广泛地进行出举（放高利贷）活动，上至权贵家族、国司，下至普通百姓。有时，他们还会强行登上国衙、庄园的运京船，强迫对方签订不平等的债务合同。而负责抓捕这些海盗并引渡给检非违使的也是大寺院和神社。有实力的寺院、神社在濑户内海沿岸拥有港湾庄园，利用武装僧徒和神人保护自己的海运通道，相互间形成竞争关系。保延元年（1135），在鸟羽院的示意下，忠盛被任命为海盗追讨使，抓捕了二十六名海盗后凯旋，俘虏被移交给检非违使。人们传说，大多数俘虏似乎只因不是忠盛的郎党就遭到逮捕。在这次追讨行动后，忠盛长子平清盛获封从四位下。鸟羽院的目的在于通过凯旋游行宣扬忠盛的武家栋梁地位，令其升迁并吸收西国武士为郎党；同时切断有实力的寺社通过港湾庄园和神人控制的海运通道，并利用平氏掌控濑户内海。

就这样，受追讨使的军事指挥权动员，许多西国武士成了平正盛、平忠盛的郎党。但是，无论这场戏编排得多么精彩，终究未发生过战斗。实际上，正盛与忠盛既未能讨伐义亲，所谓的海盗也只是不服从忠盛的人。而且，正盛、忠盛始终身在京城，多数情况下，追讨任务是由其郎党执行的。

平清盛虽然凭借父亲的功勋加官晋爵，但也没有实际参加过追捕海盗的行动。从未带头参战的正盛、忠盛、清盛与只因不想被视为海盗才臣服的西国武士之间，不可能产生源氏与东国武士那样的情谊。后者的主从关系是在长久的激战中培养起来的，他们生死与共，创造了神话。而西国武士只是出于现实的考量才成为平氏三代的郎党。源义朝的军队由诸国郎党组成，仅《保元物语》记载的就有近江、尾张、伊豆、相模、安房、武藏、上总、下总、下野，遍及东国各地。与之相对，平清盛的军队除同门外，仅由大本营伊势、伊贺等少数几国的郎党组成。这一点明显地体现出源平主从制的区别，进一步来说，也是决定源平合战走向的一大因素。

第六章

走向武家政权

第一节　保元、平治之乱

鸟羽院的皇位继承构想

大治四年（1129）七月，白河院去世，二十七岁的鸟羽院开始了院政。此时，白河院指定的直系——崇德天皇年仅十一岁。白河院的大多数近臣转而侍奉鸟羽院。天承二年（1132），蛰居宇治十二年之久的藤原忠实作为内览复出，成为鸟羽院的顾问，而之前受白河院重用的关白藤原忠通则消失在父亲的阴影之下。长承二年（1133），鸟羽院命令白河院曾遗言不得入宫的藤原忠实之女泰子（参照第五章第二节）参谒院御所，且不顾朝臣批评将其立为皇后。退位之后再立皇后，意味着将皇位继承权授予皇后所生的皇子。鸟羽这样做，是想否定崇德的直系资格。在白河院的庇护下，待贤门院璋子曾作为直系崇德的生母获得权势，但在泰子成为皇后之后，藤原长实（藤原显季之子）之女得子又受召参谒院御所，璋子迅速被鸟羽院疏远。鸟羽院政就是从反抗祖父白河开始的（以下对政治进程的描述多参考龙肃、桥本义彦、五味文彦、河内祥辅等人的研究）。

保延五年（1139），受鸟羽院宠爱的得子生下体仁亲王，鸟羽随即否认了崇德的直系资格，将诞生仅三个月的体仁亲王立为皇太弟。据说崇德对父亲的行为非常不满，因为他一直以为体仁亲王会先成为自己的犹子（养子），再成为皇太子。而鸟羽院这样做等于宣称体仁亲王才是直系。永治元年（1141）十二月，鸟羽逼迫崇德让位，体仁继承鸟羽的直系权威，三岁便即位为近卫天皇，得子随之成为皇后（泰子成为女院，号“高阳院”）。鸟羽院虽因期待近卫的皇子诞生而没有确定皇太子人选，但在保延六年（1140），崇德之子重仁亲王出生，崇德的同母弟雅仁亲王（后来的后白河天皇）之子守仁亲王（后来的二条天皇）也在康治二年（1143）出世。鸟羽院让得子收养两位皇子为犹子，这是为了在近卫没有皇子的情况下，让两人成为皇储（或许应该说，是为了将重仁从崇德手中夺过来）。在直系天皇的生母得子身边，聚集起其堂兄藤原家成、姻戚藤原伊通等院近臣，开始形成潜在的政治势力。久安五年（1149），得子成为女院，号“美福门院”。

鸟羽院（宫内厅三之丸尚藏馆藏）

摄关家的内部纷争

然而，藤原忠实的复出却使摄关家内部出现了裂痕。藤原

美福门院 （安乐寿院藏）

忠实在蛰居宇治期间，曾亲手教导比长子忠通小二十三岁的次子赖长，并十分宠爱他超群的学识和才能。鸟羽院信任忠实，也重用赖长。赖长自幼便专心于儒学、史学，长大后又致力于研究政务和仪式礼节的先例，被誉为“日本第一大学生[1]”。保延二年（1136），年仅十七岁的赖长出任内大臣，作为仪式、政务方面的上卿开始活跃于台前。久安五年，赖长晋升为左大臣。康治二年，在四天王寺参拜圣德太子像时，赖长发誓要依从圣德太子制定的《十七条宪法》匡扶政治。代替兄长成为摄关并主导政治正是其梦想。

另一方面，以近卫天皇元服为契机，娶妻、立后的问题浮出水面。被父亲忠实疏远的忠通借此接近天皇生母美福门院，拉近了与女院、院近臣间的距离。久安六年（1150）正月，近卫天皇元服，赖长经鸟羽院允许，将养女多子（藤原公能之女）送入皇宫。三月，多子被立为皇后。然而，因为这期间，忠通与美福门院一直在明里暗里妨碍多子立后，忠实为了赖长

1 大学生，这里特指律令体制下，由式部省直辖的大学寮培养的学生。

藤原赖长（左）与藤原忠通（右）（宫内厅三之丸尚藏馆藏）

而向鸟羽院哭诉，赖长也在父亲的建议下，忍辱向一直被自己轻侮为“诸大夫之女”的美福门院写了请求允许的书信。其间，鸟羽院态度暧昧，令忠实、赖长父子焦虑不安，也激化了忠通与赖长兄弟间的矛盾。多子被立后之后，美福门院与忠通立即让女院的养女、近臣公卿藤原伊通之女呈子作为忠通的养女入宫，六月，呈子成为中宫。就这样，围绕着外戚的地位，赖长与忠通展开了激烈争夺。

九月，藤原忠实以将来归还给忠通之子为条件，逼迫忠通将摄政之位让给赖长。赖长是兄长忠通的犹子，而忠通的儿子（藤原基实）年仅八岁。所以忠实的提议并非不合常理。但面对鸟羽院的斡旋，忠通表示“摄政之位，院收回后再给

《年中行事绘卷》中的东三条殿 （田中家藏，转载自角川书店刊《日本绘卷物全集·年中行事绘卷》）

予他人便可，我决不会主动让出”，拒绝了父亲的提议。鸟羽院虽然偏袒忠实说“摄政不义，令尊的处理自有道理”，但也只是在父子间传话，作壁上观（《台记》）。恼怒的忠实决意与忠通断绝关系，召集源为义等家臣武士，命其撬开摄关家本宅东三条殿的仓库，夺走族长的象征——渡庄券（由族长世代传承的领地公验）、朱器（朱漆的饮食用具）和台盘（桌子）等物，让赖长当了族长。十二月，忠通辞去摄政一职，以试探鸟羽院的态度。出人意料的是，鸟羽院违背了忠实和赖长的期望，任命忠通为关白，这恐怕是美福门院和近臣的影响所致。

另一方面，在忠实的恳求之下，鸟羽院于仁平元年（久安七年，1151）正月任命赖长为内览。在建言献策、辅佐天皇裁决方面，内览的权限与关白没有差别，结果导致了二人共同执政的异常局面。鸟羽院这么做未必是想分裂摄关家，而是为了避免忠实、赖长一派与美福门院、忠通、近臣集团一派冲突而使出的权宜之计。

赖长想要实现他通过儒教经典所了解到的古代中国的理想化政治。久安三年（1147），他在成为一上（笔头公卿）之后，展开了针对太政官、藏人的肃正纲纪行动。赖长将太政官处理政务的场所从外记厅迁回太政官厅，督促官员们记录太政官、藏人所政务日志并提交作为晋升依据的出勤记录，命令在执行政务和举办仪式时要守时，严惩懈怠、失策的官员。赖长梦想着在鸟羽院的统治下作为摄关推行政治改革。这将直接关系到后文所述的信西政治改革。但赖长偏执、严苛的执政方式对丧失规范意识和责任意识的贵族、官僚来说无异于“恐怖政治”，招致了近臣的反感和下级官员的忌惮。因此，当他面对拥戴美福门院的藤原忠通和近臣时，就只能以鸟羽院对父亲藤原忠实的信任为后盾，结果逐渐被孤立。

仁平三年（1153）九月，关白忠通上奏鸟羽院称，罹患眼疾的近卫天皇有意让位给守仁亲王。在这点上，他与已对皇子的诞生不抱希望的美福门院及院近臣集团的想法一致。与此相对，鸟羽院仍寄希望于近卫天皇之子的诞生，于是拒绝了忠通的再三请求，并对忠实说：“忠通欲使天皇让位，拥立幼主，以便掌握政权。我与贵公去世后，天下将大乱。”忠实也嘲笑忠通说：“即便拥立幼主，也是雅仁亲王掌握实权，忠通是不可能掌权的，这种计策实在愚蠢。”（《台记》）

后白河即位与赖长失势

久寿二年（1155）七月，年仅十七岁的近卫天皇病逝。鸟羽院马上将近臣公卿召集到鸟羽殿，商议立新天皇事宜，同时再三书面征求藤原忠通的意见。近卫的姐姐暲子内亲王（后来的八条院）、崇德的皇子重仁亲王、雅仁的皇子守仁亲王被立为候选人。翌日，鸟羽院决定立雅仁亲王为新天皇（即后白河天皇），并再次任命忠通为关白。

《愚管抄》中记载说，鸟羽院是在忠通的大力推荐下才决定立雅仁为新天皇，但从两年前忠通曾恳请让位于守仁一事来看，他应该不会积极推荐雅仁继位。另外，美福门院也希望养子守仁继位。至于鸟羽院，他认为雅仁耽于今样，缺乏成为天皇的才干，与女院一样考虑立守仁为天皇。而近臣集团遵从院、女院的意见。那么，当院、女院、关白、近臣都在为拥立守仁做准备时，为何连候选人名单都没进的雅仁能够成为天皇呢？这是因为没有跳过父亲、直接立"孙王"为天皇的先例，所以先让雅仁继位。对院和女院来说，守仁才是最佳人选，雅仁只是过渡。鸟羽院是在向近臣公卿确认后才允许雅仁即位的。守仁的太子册立仪式由女院一手操办，连春宫坊（处理有关皇太子事务的官署）职员都由女院亲自挑选，与后白河天皇的即位仪式同时进行。

安排了整个流程的，是院近臣信西，也即藤原通宪。信西的妻子藤原朝子（人称“纪伊二位[1]”）是雅仁的乳母，野心勃勃的信西希望通过让后白河天皇即位而主导政治。通宪出身于以儒学为家业的南家武智麻吕族裔，由于父亲早逝而成了高阶经敏的养子，以高阶通宪之名出仕。由于高阶氏是院近臣，通宪得以成为鸟羽院的院司（判官代），但在当上少纳言后便放弃了宫廷中的晋升，于天养元年（1144）出家，时年三十九岁。但他在出家后仍被评价为“学生中的佼佼者”，凭借学识和才能成了近臣集团的领袖。鸟羽院去世（1156）时，依其遗嘱主持葬礼的正是通宪。

出身卑微的信西要想作为鸟羽院的宠臣主导政治，就必须排挤掉同样想以摄关身份在鸟羽院身边主导政治的奇才藤原赖长。赖长是信西出家时的弟子，两人曾携手共叹怀才不遇。而信西用了很多计策促使其没落。选定皇位继承人时，藤原忠通受邀与鸟羽院商议，后白河天皇践祚时又被任命为关白。与之相对，赖长却没能等来期待已久的内览任命。另外，当时有神谕说近卫天皇生眼疾而死是因为有人往爱宕山的“天公”像眼睛里钉铁钉下诅咒。鸟羽院命人调查后发现真有此事。其实一切都是信西设的陷阱。

鸟羽院为之悲叹，美福门院、忠通借机控诉这一切都是

1 纪伊二位，因藤原朝子的父亲藤原兼永曾担任纪伊守，所以人们称藤原朝子为纪伊局，雅仁亲王作为后白河天皇继位后，藤原朝子获封从二位，所以被称为“纪伊二位”。

藤原忠实、赖长所为。鸟羽院听信谗言，开始憎恨赖长。忠实与赖长十分惊慌，为了挽回鸟羽院的信任，忠实请求院任命赖长为皇太子傅（保护皇太子的职位），但被院以“赖长这三年间从未侍奉女院，我不认为他重视女院与皇太子”（《台记》）为由拒绝。正如信西所愿，以近卫天皇去世为契机，本就反感赖长的得子、忠通、院近臣一起排挤他，使他失去了鸟羽院的信任。

走投无路的崇德与赖长

保元元年（1156）六月初，鸟羽院病危。虽然院留下遗嘱说关白、公卿要团结在美福门院周围，共同应对他去世后的难关，但他们（以下称“内里一方”）却将鸟羽院死后的政局管理工作全部交给了信西。信西乘机挑衅崇德和赖长，将他们逼入绝境（以下关于战乱的部分多参考桥本义彦、河内祥辅的研究）。

因为早前就有传言称崇德与赖长将趁鸟羽院驾崩之机发动政变，为防患于未然，六月一日，鸟羽院召集了源义朝、源义康、源光保等源平武士保卫内里与鸟羽殿。七月二日，历经崇德、近卫、后白河三代天皇，行二十八年院政的鸟羽院在鸟羽安乐寿院御所去世，享年五十四岁。崇德虽想见父亲最后一面，却未得许可，连葬礼也未能参加。

崇德与赖长原本没有任何交集，但在信西的逼迫下却不得不彼此靠近。七月五日，后白河天皇命检非违使平基盛（平清盛次子）、源义康等人严禁京中武士活动。翌日，平基盛又逮捕了源亲治（大和源氏），理由是怀疑他受蛰居于宇治的赖长之命潜伏在京城。八日，因有传言称忠实和赖长将动员诸国庄园的军队，后白河便命令诸国国司禁止军队进京。同日，他又以比邻内里的官邸内有密探为由，命令源义朝接管东三条殿，逮捕了正在官邸内做法事的僧侣。经审讯，僧侣们供认说是受赖长的指使在施行诅咒，这下就坐实了赖长的政变计划。但这一切都是信西为将赖长逼入绝境而设计的阴谋。

崇德院 （宫内厅三之丸尚藏馆藏）

在鸟羽院的头七——七月九日，鸟羽殿在源平武士的把守下举行了佛事，而被传闻谋反的崇德自然无法参加。同日深夜，崇德离开鸟羽田中殿，进入其同母妹询子内亲王居住的白河前斋院御所，第二天，又前往邻近的白河北殿（白河殿），这下正中信西的下怀。白河殿内有平家弘及其兄弟（平正济的曾孙）、平时盛与平长盛两兄弟（平忠正的儿子）、源为国（源赖清的曾孙）等崇德的贴身武士，除此之外，源为义也因为不忍心拒绝崇德的请求而带着儿子源赖贤、源为朝等人入宫。这是源为义第一次拜谒崇德。

翌日，赖长得知崇德进入了白河殿，于是在日落后带领平忠正（平忠盛之弟）、源赖宪（摄津源氏）两名家臣武士离开了宇治，也进入白河殿。此时他已接到发配肥前国的命令。崇德和赖长因蒙上谋反嫌疑而恐慌，出于防卫目的让武士随侍左右并不奇怪。两人都是“势单力薄之人”（《愚管抄》），所以不可能主动攻打有众多武士防守的内里。他们并未准备举兵。作为白河指定的唯一直系，崇德希望当自己以唯一的上皇的身份将御所定在白河殿，廷臣们就会前来拜谒，就可以摆脱困境。但崇德送至内里的书信如同石沉大海，内里一方拒绝了他的和解请求，认为他的阴谋败露并已进入备战状态。

武士对院厅的攻击

源义朝、源义康、平清盛、源赖政等人的军队“宛如云霞”（《兵范记》）一般聚集在内里高松殿。关白忠通及其下公卿、信西、平清盛、源义朝等人在后白河天皇御前召开了作战会议。源义朝强烈主张先发制人，请求下达攻击命令。信西也逼迫关白忠通做决断。忠通张口结舌，仰天不语（《愚管抄》）。对关白忠通及其下公卿、近臣来说，征讨曾经侍奉了十九年的崇德是想都不敢想的事。在忠通等人看来，召集武士不过是为了示威，只要崇德和赖长无法东山再起就可以了。但是在源义朝、信西的压力之下，七月十一日清晨，忠通最终还是下达了攻击命令。毕竟，后白河支持信西和源义朝的主张。崇德院方面，为义察觉内里有先发制人的动向，于是建议给予敌方一击之后马上逃往宇治或近江等坂东地区。不过，据说赖长并未同意。

传说源义朝在临出征时曾高呼："我经历过许多战争，从未曾因害怕天皇怪罪而逃避战斗。如今追讨宣旨在手，终于可以心无挂碍、纵横战场！"（《愚管抄》）义朝是纯粹的武人，只因意识到自己处在左右天皇地位的战斗中心而兴奋不已。他没有宫廷政治的经验，也并不关心政治构想。所以对信西来说，义朝只相当于一名冲锋队队长。

平清盛率领三百名骑兵、源义朝率两百名骑兵、源义康率一百多名骑兵，分别由二条大路、大炊御门大路、近卫大路向白河殿进发。本来义朝的队伍负责从正面进攻，但为了不让他独占功勋，信西命令原本负责保卫御所的清盛也加入攻击队伍。这是为了让清盛也建立功勋。其间，后白河天皇带领女御、公卿和官员移驾至东三条殿。《保元物语》创作了镇西八郎源为朝弯弓搭箭、活跃在白河殿攻防战中的场景，但实际上辰时（上午 8 时左右）就起火，崇德、赖长、源为义及其下属武士纷纷逃亡，白河殿也被烧毁。尽管这场战斗仅持续了两三个小时便结束，但“歼灭崇德院”这一战斗目标极具冲击性。进入院政时期以后，率领着众多郎党的在京武士常被动员防御强诉、陪同巡幸，但以武士之间的战斗来决定国家权力归属还是头一遭。

很快，十一日傍晚进行了论功行赏，平清盛被任命为播磨守，源义朝被任命为右马权头，源义朝、源义康获得上殿资格。其后清盛的弟弟赖盛、教盛也被允许上殿，源义康获封从五位下。然而，这场战斗中最为活跃的义朝获赏微薄，战绩并不突出的平氏却获赏颇丰。信西选择了政治嗅觉比较敏锐的近臣清盛作为自己的政治搭档。

十三日，想要投靠同母弟仁和寺觉性法亲王却遭拒绝的崇德终于投降。同日，被流矢射中脸部、受了重伤的赖长也逃到奈良，请求与父亲忠实见面，但同样遭到拒绝。翌日，赖长在母亲的某个出家兄弟之处死去。崇德手下的武士纷纷投降。二十三日，朝廷将崇德发配至赞岐国。二十八日，清盛将其叔父忠正父子等五人斩首；三十日，义朝将父亲为义、兄弟赖贤等五人斩首，源义康将平家弘等父子兄弟七人斩首。这是自药子之变[1]以来首次动用死刑。之所以如此，应该说信西是利用了武士的处事规则。复仇是武士的习惯，若留他们

1 药子之变，是发生于公元810年的一次未遂政变。平城上皇、上皇的岳母兼情人藤原药子、药子的兄长藤原仲成试图废黜嵯峨天皇，恢复平城上皇的统治，但没有成功。上皇退出政治舞台，其子孙失去皇位继承权。

活命，日后他们的复仇行为就会转变为对政权的攻击。所以信西是想用极刑来预防报复。将父亲与兄弟斩首——这种冷酷的行为令人们不寒而栗。

保元之乱大体按照信西的计划进行，但也是出自后白河的愿望。鸟羽院死后，如果后白河天皇只是静观事态，恐怕美福门院、关白忠通和近臣立刻就会逼迫他让位给“直系”的守仁亲王。再者，虽然崇德的直系资格被其父否定，但他生来就是白河院指定的直系。可想而知，崇德一定会为讨回他的直系权威而行动。身为“旁系”的后白河只有在鸟羽院死后的权力真空期，通过政变抹杀崇德，夺得直系资格。与此同时，让后白河下定发动政变决心的人是信西。若后白河获得直系资格，信西就可以作为唯一的宠臣，随心所欲地勾勒政治蓝图。

为此，信西必须设法削弱摄关家。藤原忠实在得知开战后，立刻从宇治前往奈良避难，并拒绝收留前来投靠的赖长，写信给关白忠通为自己辩白。这样做并非只是为了保全自己，也是为了维护自己所承担的“摄关家”的地位。后白河派信西为使者，命忠通流放忠实。但忠通却表示，如果要流放忠实，就先罢免自己的关白职位。最后，对忠实的处罚变成了蛰居京城北郊的知足院。其后，后白河下令让忠通继承摄关家内部传承的族长地位，但忠通以日子不好为由拒绝接受，并表达了不快。后白河又以传闻忠实正在召集庄园军队为由，命令诸国没收忠实、赖长的领地，仅承认族长的领地。忠通无奈只得接任族长，并迅速从忠实手中接收了百余所庄园。这样一来，忠实和忠通便使摄关家领地的损失降到了最低程度。不过，经过上述变故，忠通在朝廷内的发言权已大打折扣。

保元庄园整顿令

在政变中获胜的后白河天皇开始亲政是依靠宠臣信西来实现的。信西有比藤原赖长更具体的政治构想：首先，重建举办仪式的场所——内里（以紫宸殿、清凉殿为中心的天皇住所和仪式空间）、大内里（以内里的大极殿、朝堂院为中心的仪式空间），通过复兴礼仪来恢复宫廷贵族社会秩序；其次，整顿京城环境、强化治安，恢复京城秩序；再次，颁布彻底的庄园整顿令，将造内里役平摊给庄园、公领，恢复庄园、公领秩序。信西的目标是重建以庄园公领制为基础的礼仪国家。如能实现，站在政治前台的关白忠通及其下公卿、殿上人也不会反对信西的构想。

保元元年（1156）闰九月，朝廷颁布保元庄园整顿令。后白河天皇在该法令的开篇处即昭告天下：“九州之地归一人所有，王命之外无私威。”虽然很多人认为上述告示充分体现了王土王民思想，但这绝不是要复活律令制下的公地公民制或不符合时代要求的宣言，而是要建立适合庄园公领制的新秩序。通过政变实现亲政的后白河必须向全国宣告自己才是唯一正统权力的代表。以践祚之日作为庄园整顿政策开始实行的时间，原因即在于此。保元庄园整顿令主要内容如下：

一、废除自后白河天皇践祚的久寿二年（1155）七月二十四日以后所有私自新立的庄园。

二、除本免田以外，废除所有不服从国司命令的加纳和出作。若持有后白河天皇宣旨或白河院、鸟羽院两院院厅下发的凭证，可提交并等待天皇裁定。

三、命令伊势、石清水等七所神社提交神人名簿，解除除其本社外全部神人的职位。

四、制止兴福寺、延历寺、园城寺等五寺恶僧的暴力行为。

五、命令国司制止自称为大寺院、大神社“末寺末社”的国内寺社的暴力行为。

六、命令伊势、石清水等二十二所神社提交神社领地和全年神事的详细账目。

七、命令东大寺、兴福寺、延历寺、园城寺同样提交寺院领地和全年佛事的详细账目。

第一条和第二条以后白河践祚为分界线，具有强烈的后白河色彩。但实际上，上述政策基本上继承了之前的庄园、公领划分政策。依据上述整顿令进行检注，庄园与公领界线得以明确，内里和大内里的重建费用被作为税役平摊到各国头上。第三条至第五条是遏制下级僧侣和神人活动的政策。下级僧侣和神人不仅是寺院和神社强诉、寺院间武力纷争的活动主体，还利用庄园年贡放高利贷（私出举），迫使其他庄园成为抵押物。而上述政策旨在平息寺院、神社的强诉，抑制新立庄园。第六条和第七条是通过将各寺院、神社的全年神佛法事的总经费与庄园领地面积相对应，固定各寺院、神社的庄园领地面积，将超过限额的庄园没收充公，是全新的庄园管理政策。反过来说，就是让庄园承担作为国家仪式的神佛法事的经费，保元庄园整顿令的核心就在于此（参照今正秀著述）。翌年发布的新制三十五条（后述）开头处的神事佛事兴行令，也是以朝廷保障神社、佛寺名下庄园为前提的。针对上述政策，伊势神宫拒绝提交经费总账目，而东大寺则提交了庄园田亩数及全年经费账目。到平治之乱时，上述政策遭遇了挫折。

十月，设记录所，由信西嫡子藤原俊宪担任记录所弁。他领导下属对庄园进行审查，以决定其存废。保元二年（1157）二月，设立造内里行事所，由其负责向通过记录所审查的庄园、公领征收造内里役。据《愚管抄》记载，信西亲自用算盘估算工程费用，一直工作到天明，力图做到在将相关税役分摊给五畿七道诸国的同时，尽量不给诸国增添更大负担。出家人信西虽不是行事所的官员，但却带头承担起从估算费用到分配税役的各项事务性工作。事实上，保元年间的造内里役政策要比以往任何时候都彻底。行事所不仅计算出每国应承担的木材、人夫、粮食数，还精细到一国范围内每个庄园、公领应承担的数额。如果某个庄园在规定期限内没有完税，便直接对其下发“配符”（纳税通知）。例如兴福寺就曾以从未承担过大和国的造内里役为由而拒绝纳税，但朝廷还是无视了他们的诉求并强行征税。

信西的国家构想

保元二年（1157）十月八日，后白河天皇移驾新内里，发布三十五条新制。这三十五条新制以祈愿安定、丰饶，期待恢复社会秩序的神事佛事兴行令为开篇，包括重整身份等级的奢靡禁止令、下级官员公务厉行令、京城秩序确立令（严格实行夜间巡逻、禁止空房、禁止在道路上耕作、清扫住宅前的道路和桥梁、禁止遗弃病人和孤儿、审查寄宿人员身份）等。可见，信西执政的首要目标是重建秩序。在这一时期，信西的儿子藤原俊宪、藤原贞宪作为弁、藏人、检非违使佐，掌管太政官弁官局、记录所、行事所、藏人所并检非违使实务。信西凭借后白河天皇的权威和两个有才能的儿子推行上述政策（信西政策的相关部分参照五味文彦的研究）。信西本身无缘晋升，所以只能通过自己的学识和政治手腕实现重建礼仪国家的梦想与自信。正是为了实现这个梦想，信西才除掉了崇德和赖长，凭借后白河的宠信掌握了实权。

这样，以新建的内里、大内里为舞台，例行庆典按照先例庄严进行，中断许久的仪式得到恢复。十一月，闲置多年的漏刻（水钟）重新启动，秩序从严守时间开始，目的是明确政务、仪式开始和进行的时间，让贵族官僚们重新树立守时的观念。保元三年（1158）正月，在新建的仁寿殿兴办了自长元七年（1034）以来中断的内宴。内宴是指在正月里的官方庆典仪式告一段落时，在正月二十日前后，天皇与公卿、殿上人放松心情、赋诗赏舞的宴会。在保元三年的内宴上，信西朗读了儿子藤原俊宪所作的诗序，关白忠通及其下七名公卿也都赋了诗。此时信西还凑不齐十名舞姬，但在五月，他下令重新开放内教坊（女乐训练所）的舞姬御览，并让天皇现场观摩舞姬练习。于是在翌年的内宴上，据说舞姬充分展示了练习的成果，以华丽舞姿博得了众人的盛赞。六月，再次举办了中断三十余年之久的相扑召合[1]。信西这样做，是想借此拉近与公卿、殿上人以及热爱艺能的后白河的关系，实现君臣和谐。相传后白河下令创作《年中行事绘卷》（参见第288页图）就是为了将信西复兴的宫廷礼仪留作后世典范（参照五味文彦的著述）。以武力支持信西实现其政治构想的，是曾经与信西同为鸟羽院近臣的平清盛。

如上所述，在后白河天皇的支持下，信西大力推行政治改革。保元三年（1158）八月，三十二岁的后白河天皇让位于十六岁的长子守仁亲王（即二条天皇）。与此同时，六十二岁的关白忠通辞职，与二条天皇同龄的忠通长子藤原基实继任关

1 相扑召合，公卿、殿上人陪同天皇观看地方推选的相扑选手竞技。

白。这次让位是经守仁亲王的养母美福门院（藤原得子）与信西秘密协商决定的，忠通事前并不知情。

后白河确信自己已经摆脱了“过渡性天皇”的地位，便效仿白河院、鸟羽院开始实行院政。因政治改革有所成效而信心增强的信西也希望延续自己的宠臣政治。对信西来说，院政更利于其施展政治才能。信西在后白河让位前一天的除目仪式上，安排长子藤原俊宪担任右中弁、藏人头，次子藤原贞宪为右少弁。而他自己则负责在院、天皇、关白、前关白、太政官之间进行联络和协调，整日侍奉于院御所，执掌大权。《平治物语》评价信西：“自保元元年以来，天下大小事宜皆由其随心处置”，“圣断无私，无人憎恨，世归淳素，奉君为尧舜”。可见，信西在时人心目中树立了威望。

尽管如此，信西于平治之乱中横死，他重建以庄园公领制为基础的礼仪国家的宏伟构想也因此遭到挫败。那么，假如信西真能继续掌权，是否就能建立新的礼仪国家呢？答案是否定的。信西的构想缺乏对在地领主（即武士）的准确定位，只是空中楼阁。武士不是天才政治家凭借空想就能掌控的。只有通过实战中的军事指挥关系，武士才能被组织起来。

平治之乱

二条天皇继承了鸟羽院的直系权威，对拥立二条天皇的美福门院集团来说，后白河不过是过渡性的天皇，他们希望有贤明盛誉的二条天皇亲政。该集团的核心是藤原经宗和藤原惟方。藤原经宗是天皇外戚（天皇生母藤原懿子之弟）、美福门院的院司，在二条天皇即位前成为权大纳言。藤原惟方是得子的侄子，生母是二条天皇的乳母。二条天皇即位时，藤原惟方成为参议。在他们这些二条天皇亲政派看来，信西的政治改革是必要的，所以没有考虑过发动政变除掉信西。

然而，院近臣集团中发生了变化。鸟羽院近臣藤原忠隆的儿子藤原信赖是一个“无文无武，无能无艺”(《平治物语》)的人，却因受后白河院宠信而飞速晋升，二十七岁便成为中纳言。信赖希望进一步成为大臣、近卫大将，却遭到信西阻碍，因此怀恨在心。信西早已觉察到信赖的危险性，曾利用《长恨歌绘卷》（描绘唐玄宗因宠信安禄山而遭窃国的故事）劝谏后白河院，但院没有理会。据说信西因此批评后白河院是“和汉（日本和中国）无人可比的昏君”(《玉叶》)。

在这种情况下，信赖就想拉拢一直与平清盛对抗的源义朝。但正如前文所述，在保元之乱后的论功行赏中，相比清盛，义朝明显受到了冷遇。此外，义朝想让信西的儿子作自己的女婿，却被信西拒绝，于是也对信西怀恨在心。与此同时，信赖乐观地认为，只要政变成功，拥戴二条天皇，自己便可得到天皇亲政派的支持。没有任何理想和构想的信赖与义朝，就这样因共同的仇恨而联手，决心发动政变，打倒信西。院近臣藤原成亲（鸟羽院近臣藤原家成三子）、源赖政、源光保（源光国之子，鸟羽院最后的宠姬之父）、源光基（源光保的侄子）、源重成（源重实之子）、源季实（文德源氏源季范之子）等源氏武士参与了政变。

平治元年（1159）十二月，源义朝等人趁平清盛参诣熊野、京城空虚之时发动政变。此时义朝的实力不足以与清盛进行正面对抗。九日深夜，信赖为了捉拿信西及其子嗣，让义朝率军袭击并火烧了院御所三条殿。但信西在袭击发生前便逃往奈良，他的两个儿子、留在三条殿的藤原俊宪、藤原贞宪也从大火中巧妙脱身。这是因为政变的消息早就走漏给信西了。惊恐万分的后白河院从御所逃出，信赖命源光基、源季实“保护”后白河院，并将其软禁于内里东侧的一本御书所。

信赖、义朝等人进入内里，拥护二条天皇掌管朝政。十二月十日，信赖紧急召集前关白藤原忠通、现任关白藤原基实及其他公卿，协商决定解除信西诸子的官职。在十四日的除目中，信赖被任命为大臣、大将，义朝则获封从四位下并担任播磨守，义朝三子源赖朝任右兵卫权佐，源赖政任伊豆守，平重成担任信浓守。义朝的郎党也被任命卫门尉、兵卫尉等官职。逃脱的信西在绝望中自杀。检非违使源光保斩下信西首级，悬挂于西狱门前的楝（樗）树上（《平治物语绘卷》所描绘的枭首场面大概是出自画师对“楝”“樗”的误会）。据说围观百姓都为信西的死感到惋惜和同情。追随信西到最后的家臣藤原师

《平治物语绘卷》中的信西枭首场面 （静嘉堂文库美术馆藏）

光出家，法号西光。后来，西光和尚成为后白河院的第一近臣，在“鹿谷阴谋”事件中遭拷打致死。以打倒信西为目标的政变虽然在表面上取得了成功，信赖代替信西成为实权派，义朝代替清盛在军事上支持其政权，但是，与信西策动的保元之乱相比，这场政变的手段却显得有些拙劣。

首先，前关白及其下公卿对信西的改革政策是有好感的，京城百姓也没有怨言。因此，信赖、义朝并没有获得打倒信西的声望。其次，攻打院御所、软禁院，相当于针对院发动政变。这样一来，之前仅凭后白河院宠信得势的信赖日渐被孤立，在突发的政变中狼狈不堪的公卿也对无能的信赖颇为冷淡。据说左大臣藤原伊通（他曾向二条天皇进献《大槐秘抄》[天皇的注意事项]，是天皇亲政论者，议定时常以轻松的玩笑缓和气氛）曾讽刺道："要是对杀人无数的人论功行赏，那么妇女为了逃离大火而跳下的那口井才应得头等功。"藤原惟方的兄长藤原光赖也曾坐到信赖的上手位置，以示不服（《平治物语》）。在给包括信西的儿子藤原俊宪在内的十二人定罪时，藤原伊通坚决主张将死罪改为流放。总之，这场由信赖主导的、出于私怨的政变并未得到公卿们认可。

另一方面，正在参诣熊野途中的平清盛于十二月十日清晨在田边得知发生了政变，于是在十七日便返回了六波罗馆。得到消息的伊势、伊贺的平氏家臣也都陆续赶到六波罗。未召集东国郎党，势单力薄的义朝不敢对人多势众的六波罗馆发动攻击。而清盛也没有贸然行动。时间在双方对峙的状态下不断流逝。其间，藤原经宗、藤原惟方曾与清盛秘密接触，清盛向藤原经宗提议在御所附近放火，并乘隙用女官的车救出二条天皇。清盛还将名簿献给信赖以示臣服，借此麻痹对方。

二十五日深夜，二条天皇按清盛的计划逃出御所，移驾六波罗馆。后白河院也在没有公卿随从、没有武士护驾的情况下骑马逃至仁和寺。在这个时间点上，清盛想推戴的是天皇而不是院。清盛宣布，任何不想成为"朝敌"的人都应速速前来六波罗馆拜谒。此话一出，前关白忠通、现关白基实及其下公卿、殿上人——几乎所有人都来到六波罗馆拜谒。其中也包括后白河院和美福门院。据说在二条天皇和后白河院被抢走后，义朝在内里痛骂狼狈不堪的信赖："吾与天下第一愚钝之人同

心，实乃愚蠢！”（《愚管抄》）

二十六日，二条天皇在新内里六波罗馆颁发追讨信赖和义朝的宣旨。其后，虽然义朝曾一度击退平氏的“官军”，但由于藤原赖政临阵倒戈而最终败退。信赖投靠仁和寺觉性法亲王（鸟羽院第五皇子），却被其引渡给平氏，在京都的六条河原斩首。义朝为东山再起而逃亡东国，投奔身在尾张国的家臣长田忠致（平致经的子孙），却被其杀害。翌年正月，义朝的首级被悬挂于京都六条河原的狱门前示众。其长子源义平被捕后也被斩首。三子源赖朝虽然也被捕，但在池禅尼（清盛继母）的苦苦哀求之下被流放伊豆。义朝之妾常磐御前与三个孩子一同被捕。当时还未断奶的小儿子牛若就是后来的源义经。至此，武家栋梁源氏崩溃，清盛成为朝廷唯一的武家栋梁。

保元、平治之乱中的源平武士团

据平信范的日记《兵范记》记载，保元之乱时，攻击白河北殿的义朝军队共有二百骑兵，清盛军队有三百骑兵。由于信范当时就在现场，这个数字应该是可信的。《保元物语》记载，义朝率领的官兵包括其乳母的子嗣镰田政清等二人、东海与东山两道十七国武士七十五人，以及后来活跃于治承、寿永之乱中的镰仓御家人等。与此相对，清盛军里叫得上名字的，除了重盛等子弟及四名同族郎党，就只有来自大本营伊势与伊贺以及清盛父祖辈曾任受领的备前与邻国备中的六名武士。在参战武士的地域分布方面，义朝的军队远远胜过清盛。

保元之乱时，义朝早在一个月前便担负起了保卫内里的职责。他有充分的时间召集坂东家臣。据说义朝曾委派箱根山神社别当召集伊豆、骏河两国家臣。但笔者推测，义朝实际上委托的是有自由通行诸国关卡权力的修验道[1]僧人。他们携回文（第三章第三节前述）遍访家臣进行动员，组成了义朝的二百骑军队。也就是说，只要义朝召集，源氏家臣便会响应，这种稳固的主从关系正是源氏武士团的特征。之所以平治之乱中义朝的兵力较少，是因为没进行这种大规模的召集。

而另一方面，平氏武士团在保元、平治之乱中的召集范围有限。在平治之乱中，纪伊的汤浅宗重率三十七骑加入从参诣熊野途中折返的清盛队伍。但他这样做并非出于主从关系，而是出于利益考量。平氏能依靠的家臣组织范围有限，只包括以其根据地伊势、伊贺为中心的一部分区域。虽然清盛曾到四国、九州动员，西国武士也都作为其家臣被组织起来，但到后来源平合战时，在平氏还未完全处于劣势的情况下，伊豫的河野氏、肥后的菊池氏、丰后的绪方氏等平氏家臣武士便举兵反对平氏了。由此可见，平氏与其西国家臣间的纽带并不牢固。虽然都是以追讨使军事指挥权为媒介形成主从关系，但一方是

1 修验道，在山林中修行以期感悟灵验的宗教，由日本固有的山岳信仰、神道、密教、阴阳道等混合而成。

同在战场上出生入死多年，将历史记忆化作了情感纽带的源氏武士团，一方是从未参与过真正战斗，仅仅为保全自己的领地而成为平氏家臣的西国武士，二者之间的区别前文已做过分析。在以来自大本营的谱代家臣组织为基础力量这一点上，平氏与其他在京武士并没有太大区别。但是，正因为平氏以邻近京城的伊势、伊贺地区的谱代家臣为基础，才能在京城的战斗中确立优势地位。

第二节 | 后白河院政与平氏政权

“直系”二条天皇与“旁系”后白河院的对抗

平治之乱中的主角是院的宠臣和武家栋梁，即信西、藤原信赖与源义朝、平清盛。双方争夺的对象是二条天皇，不是后白河院。可以说，在宫廷范围内，受打击最深的是后白河院，由于失去宠臣信西，其自身的权威也一落千丈。与此同时，藤原经宗、藤原惟方唯恐恢复院政，在他们的阻挠之下，后白河院没能召回被流放的信西子嗣（以下关于政治进程的描述多参照龙肃、安田元久、石井进、五味文彦等人的研究，关于皇位继承的分析多参照河内祥辅的研究）。

战乱平息后，二条天皇移驾美福门院御所。永历元年（1160）正月，二条天皇不顾后白河院等人的反对，将曾为近卫天皇皇后的藤原多子迎入宫中，以期强化自身的直系资格。二月，因后白河院随意与街上行人交谈，二条天皇将之视作扰乱秩序，下令从马路一侧用木板封住院御所看台。在美福门院以及藤原经宗、藤原惟方等近臣的支持下，二条天皇迫切希望亲政。正如《平家物语》记载："永历、应保时，天皇处罚院近侍，院处罚天皇近侍，惊恐的贵族在二者间如履薄冰。"就这样，在"直系"的二条与失去了信西、领导力衰减的"旁系"后白河院的紧张关系中，政治形势不断发展。

因看台被封而怒不可遏的后白河院命令清盛逮捕藤原经宗和藤原惟方，解除二人官职。三月，二人与被判有谋反罪的源赖朝一同遭到流放。六月，二条天皇的养父源光保及其子源光宗因谋杀院的嫌疑而被流放。另一方面，二月，藤原俊宪、藤原成宪等信西的子嗣被召回宫内，重新作为院近臣开始活动。十一月，美福门院去世。应保元年（1161）九月，后白河院的皇子宪仁（母亲为平滋子）出生，后白河院的地位进一步稳固，二条天皇受到沉重打击。

二条天皇唯恐后白河院对自己提出让位要求，于当月宣布滋子的兄长平时忠（清盛等高见王系称武家平氏，平时忠、平信范等高栋王系称公家平氏）、清盛的弟弟平教盛等人阴谋

二条天皇（左）与后白河院（右）（宫内厅三之丸尚藏馆藏）

立太子，并将相关人员撤职，同时解除了院近臣藤原成亲等六人的官职。二条天皇并未宣旨封宪仁为亲王，而是在十二月的“准母之仪[1]”上，授予美福门院所生鸟羽之女暲子内亲王“八条院”的称号，以强化自己的直系地位，并将前关白忠通的女儿藤原育子纳为中宫，以强化与忠通的联合。应保二年（1162）六月，有传言称贺茂神社有诅咒天皇的活动，对此，贺茂神社神官回应说是院近臣源资贤及源通家父子所为。源资贤、源通家、平时忠等人因此被解除官职，遭到流放。以这件事为开端，后白河院与二条天皇的矛盾逐渐浮于表面。长宽二年（1164）十一月，二条天皇期盼已久的皇子（顺仁，母亲为大藏大辅伊岐善盛之女）终于诞生。顺仁虽然成为中宫育

---

1 准母之仪，比照天皇母亲的待遇，赐予皇后或院称号的仪式。

子的养子，但却未能获封亲王。这是因为顺仁之母的娘家门第低，未能获得公卿支持，后白河院也不同意。十二月，后白河院多年的夙愿——莲华王院（亦称“三十三间堂”）通过清盛的“成功”得以建成，并举行了落成庆典。但二条天皇并未参加庆典，也不允许举行庆祝莲华王院落成的叙位、任官。据说后白河院曾含泪感叹：“(二条）为何如此恨我？”(《愚管抄》)

而在这种紧张关系中，是清盛保证了二者的共存。清盛之妻时子是二条天皇的乳母。藤原惟方被流放后，清盛代替他，以养父的身份辅佐、监护二条。另一方面，清盛又是后白河院别当。时子的妹妹滋子生了后白河院的皇子宪仁。这样，清盛就能够以相同的亲疏关系来侍奉院和天皇，缓解两者的冲突。在清盛无可比拟的军事实力的支撑下，朝廷的秩序得以恢复，仪式与政务也在关白及其下公卿、殿上人、官员的努力下重新展开。

永历元年（1160）十二月，针对太政大臣藤原伊通推举的非藏人（隶属于藏人所的官职）候补，藏人头向关白基实请示，基实请后白河院裁决，院让前关白忠通裁决，忠通又把皮球回踢给院，于是院让二条天皇决定，结果天皇决定还是听从院的指示。在藏人所杂色（藏人所下级官员）补任的问题上，同样是藏人头先请示前关白忠通，忠通又请示院，院反过来询问忠通，于是忠通上奏天皇，而天皇表示“只要院认可就行”。像这样，在日常的政务处理上，一般是由前关白忠通向辅佐二条天皇的年轻关白基实建议，再由后白河院最终裁决，最后由天皇、关白共同下达宣旨。尽管“直系”二条天皇想要亲政，但他在政务方面依然仰赖后白河院的最终裁决。

但在应保元年（1161）九月以后，二条天皇开始依据关白的建议直接裁决政务，不再依赖后白河院。值得注意的是，在这一时期，通过院御所议定来决定“国家大事”的例子消失了，改为在天皇居处清凉殿举行殿上定（参照下郡刚著述）。这一点与《源平盛衰记》（《平家物语》的不同版本）中的描写是相符的。据《源平盛衰记》记载，在平教盛、平时忠等人因立太子之事被撤职后，清盛劝谏后白河院不要再插手政务。《愚管抄》也记载，此前，二条天皇凡事都要与后白河院商讨后才能做决断，而在应保元年、二年的一连串事件后，二条天皇开始独揽朝政。由于二条天皇是由鸟羽院指定的直系，后白河院也只能放手。

在这一阶段，清盛还没有介入除目和政务，因此不能说此时的政权是清盛政权或平氏政权。清盛以佣兵队队长的身份，同时受到二条天皇和后白河院两方信任，而在二人的对抗关系中，他与族人得以晋升，收获知行国、受领、庄园无数，得到了最大限度的恩惠。《愚管抄》评价清盛为人“处处小心谨慎，精于算计”。永历元年（1160），清盛晋升正三位参议，成为第一个武士出身的公卿。应保元年（1161），又晋升权中纳言。长宽三年（1165），其嫡子平重盛任参议。至此，清盛一门受领多达六到八国，另获封武藏（国守为平知盛）、尾张（国守为平重衡）、越前（国守为平保盛）三个知行国。

后白河院政与清盛政权

永万元年（1165）六月，病重的二条天皇等不及举行皇太子册立仪式，便让位给两岁的顺仁亲王（六条天皇）。七月二十八日，年仅二十三岁的二条天皇驾崩。二条天皇直到去世都以自己的直系资格为傲。后白河院始终无法克服二条的"直系"权威和自身的"旁系"性质，而在儿子死后，他才终于从父亲鸟羽院指定的直系这样一种魔咒中解放出来。九月，后白河院召回被流放的平时忠。永万二年（1166）十月，后白河院立滋子所生宪仁为皇太子。此时天皇三岁，皇太子六岁。仁安二年（1167，永万二年八月二十七日改元仁安）正月，因皇太子拜谒后白河院，六条天皇朝觐行幸[1]的时间被推迟。这是后白河院故意疏远六条天皇的行为，迫使其让位也只是时间问题。另外，后白河院指定宪仁为直系，也就意味着清盛将成为外戚。因为皇太子的母亲滋子是清盛之妻时子的妹妹，春宫坊的大夫、亮、大进职位分别由清盛、清盛之弟教盛、清盛之子

---

1 朝觐行幸，朝觐指天皇访问并拜谒太上天皇、皇太后的住所，行幸指为之外出。朝觐行幸流行于平安时代，是朝廷的惯例之一，一般在正月头几日举行，因此也有拜年的含义。镰仓时代之后逐渐衰落。

知盛担任，清盛嫡子重盛之妻还是皇太子的乳母。

稍早之前，在长宽二年（1164），清盛借前关白忠通去世之机迅速接近摄关家，将女儿盛子嫁给关白基实，将儿子宗盛、重衡安插在摄关家担任政所别当。这样做是为了使摄关家成为自己的傀儡。然而在永万二年（1166），年仅二十四岁的藤原基实去世，基实的弟弟、深受后白河院信任的左大臣藤原基房（也称松殿基房）成为摄关家族长，清盛的计划因此受挫。但是，清盛成功地将除族长渡领（族长世代相传的领地）之外庞大的摄关家领地交给盛子（白川殿）管理，并通过补任这些领地的预所[1]、下司，掌控了摄关家的家司和家臣。与此同时，他公开打压关白基房，并在后述的治承三年（1179）十一月政变中解除了基房的官职，将藤原基实之子藤原基通捧上关白之位，成功使摄关家变为自己的傀儡。

其间，清盛历任大纳言、内大臣，于仁安二年（1167）二月又晋升为从一位太政大臣，其子重盛任大纳言。但同年五月他就辞去了太政大臣的职务。当年，清盛的同门公卿增至五人，受领增至十一国，知行国增至五国。仁安三年（1168）二月，身染重病的清盛出家，为之授戒的是天台座主明云（他在后来清盛掌权的过程中发挥了重要作用）。清盛病重使京中不安，后白河院亲自前往六波罗馆看望他，并大赦天下。就连反

---

1 预所，中世庄园里受本所任命管理当地事务的职位。

对清盛独揽大权的右大臣九条兼实也担心清盛去世会导致天下大乱。正是在清盛的军事威压下，宫廷、庄园、公领的秩序才得以稳定——这是贵族们的共识。

为了预防清盛死后政局不稳，后白河院与清盛于仁安三年（1168）紧急安排五岁的六条天皇退位（后来六条天皇未元服就驾崩，年仅十三岁），并让八岁的高仓天皇继位。但是，清盛竟奇迹般地痊愈，并以高仓天皇的外戚、出家人的自由之身进一步强化了权势。后白河院政肇始于直系天皇——高仓的践祚，清盛也在此时开始以外戚身份介入政治。此外，天皇外戚、清盛的妻弟平时忠同样位高权重，《平家物语》记载说："叙位、除目皆由时忠卿定夺"，"（清盛）大小事宜皆与时忠商谈，时人皆称时忠为平关白"。另一方面，尽管后白河院于嘉应元年（1169）出家成为法皇，但仍全面揽政。藤原成亲等院近臣得以迅速晋升。虽然后白河院对清盛大权在握心存不满，但两人的关系表面上还是融洽的。承安元年（1171），清盛将女儿德子送给后白河院作养女，以缓和与公卿、院近臣的关系。翌年二月，德子成为高仓天皇的中宫。

清盛没有直接介入日常的例行仪式和政务，这些事都是由后白河院最终裁决，由摄关藤原基房主持进行的。程序繁杂、规矩森严的各项礼仪是一个过于细致又极其无聊的领域，身为武士的平氏一门连碰都不想碰。重盛等平氏公卿中几乎无人担任负责具体政务和活动的公卿（上卿），也不出席公卿议定。

在公卿议定上援引先例与掌故，进行简洁发言——这是平氏公卿做不到的。清盛并没有通过平氏公卿来掌控公卿议定，影响政务和仪式。平氏在宫廷社会的地位和作用是以军事力量保障国家政务、礼仪照常进行（参照下郡刚、松薗齐著述）。

但是，在与权力来源相关的皇位问题、防御强诉与追讨凶党等军事问题、人事问题、争议裁定、外交问题等“国家大事”方面，清盛毫不让步。例如安元三年（1177）四月，延历寺僧众强诉时，后白河院命平经盛率军防御，但经盛遵从清盛的意向予以拒绝（后述）。也就是说，没有清盛的同意，后白河院就难以动员武士。又如仁安二年（1167）十二月三十日，作为院使的藏人头平信范就除目、叙位事宜两度往返于院御所和清盛的六波罗官邸，直到深夜二人达成一致后，才将推举者名簿交给摄政藤原基房内览。

承安二年（1172）九月，后白河院和太政大臣清盛收到了来自宋朝的赠礼。右大臣九条兼实等人对宋朝书信上“赐日本国王”一语表示不满，认为不应予以回应。但翌年三月，清盛悄悄指示左大臣藤原经宗从太政官处“秘密”回信，并和后白河院一同送出了回礼（后述）。尽管九条兼实认为这种“大事”应由公卿议定审议，并对清盛的做法表示不满，但清盛掌握着日本与宋朝的贸易，他无视公卿议定，仍叫人拟制了回信。

清盛的意见在由同门和清盛派公卿举行的密谈“内议”中

成型，再通过平时忠之口引导除目等公卿议定的走向（参照田中文英著述）。因此，《平家物语》对称时忠为“平关白”的记述未必是夸张。

如上所述，“国家大事”本来应由院处理，但此时后白河院必须征得清盛同意或允许才能做出裁决。即使是公卿议定，只要清盛主导的“内议”有指示，公卿议定就必须照办。天皇的父亲、持有皇位决定权的最高权力人后白河院，垄断军事力量、支持后白河院政的天皇外戚清盛——二人共同把持天皇，形成协作，于是宫廷社会勉强得以维持。因此，也可以说后白河院政就是清盛政权。

只要清盛始终是后白河院最得力的宠臣，这种双头政治就能成立。但是，双头政治是不能长期继续的。清盛优先考虑的是平氏一门以及追随自己的贵族、官僚的利益，而后白河院优先考虑的是院近臣的利益。所以在人事问题上和进行争讼时就难免发生冲突。无论是院近臣还是平氏一门，都只关心如何在竞争中获得晋升以及确保自己的权益，至于这种互不让步的坚持究竟会引发什么，却无人考虑过。初任检注导致庄园、公领间争讼不断，再引发寺院、神社强诉，强诉要求处分由于知行国增加而成为知行国主的近臣公卿，于是围绕着公卿人事问题，院与清盛间的分歧逐渐加深。庄园、公领间的争端，寺院、神社强诉等后期王朝国家必须应对的难题与公卿人事问题一起摆在了后白河院与清盛两人的面前。

当两名最高领导人无法协调彼此的利害关系时，两人的协作关系就会崩溃，悲惨的命运也随之降临。

后白河院与清盛的裂痕——“鹿谷阴谋”

后白河院与清盛的协作关系破裂，院近臣对平氏的敌对情绪集中爆发——这一切的导火索是始于嘉应元年（1169）十二月、延续到翌年春天的延历寺僧众强诉事件。

由于在尾张国（国守为藤原家教）指挥初任检注的目代对邻国美浓国平野庄的日吉神人使用暴力，十二月二十三日，在天台座主明云及僧纲等延历寺领导层的带领之下，延历寺僧众抬神轿进京，要求流放知行国主、有实力的院近臣权中纳言藤原成亲。后白河院命检非违使、武士保卫院御所，但延历寺僧众蜂拥至幼主高仓天皇所在的内里，突破平经盛军队的防线，将神轿抬进内里，还不顾院的命令，将诉状交给了高仓天皇而不是院御所。

在院御所议定上，使别当权中纳言平时忠主张，要么马上答应延历寺僧众的要求，要么派重盛、宗盛、赖盛率五百骑兵把延历寺僧众赶出内里。后白河院本已放出豪言绝不答应僧众的要求，但重盛提出将其赶出内里可能会导致更加难以预料的事态，再加公卿们也担心损坏神轿，院最终还是妥协了，将藤原成亲流放备中，将涉事的目代收监。但在延历寺僧众心满意足地回去之后，后白河院在二十七日又突然改变主意，召回藤原成亲，将明云从天皇护持僧名单中除名，解除使别当平时忠、藏人头平信范官职，并将二人流放，然后任命藤原成亲为使别当。右大臣九条兼实批评后白河院屈服于僧人强诉仓促做决定是“胡乱处置”，而很快又取消处分、朝令夕改的做法则是“天魔所为”（《玉叶》）。因时忠受到不当处分而恼怒的清盛于翌年正月十七日从福原进京，并召集下属武士到六波罗馆集结。结果，在二月六日，时忠、信范被召回，但藤原成亲也仅仅受到撤职处罚，并很快于四月官复原职。

该事件的重要性在于：第一，随着知行国制的发展，在因反对国司初任检注而引发的强诉中，僧众所提出的流放公卿的要求得到了满足，这意味着寺院、神社强诉的影响力达到了左右政府公卿人事安排的地步；第二，清盛的军事压力首次指向了院，这一点值得注意，这意味着负责防范寺院、神社强诉的佣兵队队长清盛本人也进行了“强诉”。该事件后，清盛迅速拉近了与天台座主明云及延历寺僧众的关系。

安元二年（1176）七月，深得后白河院宠爱的高仓天皇生母建春门院滋子去世，后白河院与平氏的关系一落千丈。安元三年（1177）正月，右大将重盛接替藤原师长任左大将，而后白河院宠臣藤原成亲担任右大将的请求被拒，该职务由清盛三子宗盛接任，清盛因此遭到藤原成亲憎恨。

治承元年（安元三年，1177），延历寺与院近臣再度发生冲突。院的头号近臣西光和尚之子、加贺守藤原师高的目代藤原师经（师高之弟）放火烧毁了妨碍初任检注的涌泉寺。因为该寺隶属于白山神社，白山神社便向本社日吉神社提出申诉。四月，延历寺僧众抬神轿强诉，要求流放师高，并将师经收监。院下令清盛阻止强诉，但清盛没有采取实质行动，院只好答应僧众的要求，流放了师高。但是到了五月，院不顾公卿议定的反对，下令解除强诉主谋明云的职位，没收其领地，并将其流放伊豆。据说院这么做是因为听信了西光的谗言。延历寺僧众再度揭竿而起，从流放中途救回了明云。被激怒的院采纳了西光、藤原成亲等人的意见，将延历寺僧众的行为认定为谋反，命平经盛攻打比叡山。但经盛接到清盛不可与比叡山为敌的命令，拒绝了院。于是院直接召见清盛，强迫他承诺攻打比叡山。

就在攻打延历寺前的五月二十九日深夜，摄津源氏的多田行纲密报称，后白河院与院近臣集结于法胜寺僧人俊宽的鹿谷山庄，计划发动政变打倒平氏。事态因此急转直下，此即“鹿谷阴谋”。六月一日，原本为攻打延历寺而集结起来的平氏军队逮捕了西光和藤原成亲。遭严刑拷打的西光在交代了同谋的姓名后被处斩。明云被赦免，攻打延历寺的命令被撤回，延历寺僧众向清盛请求协助后归山。六月二日，藤原成亲被清盛私自流放至备前国，并在当地被杀。六月三日，法胜寺僧人俊宽等院近臣、北面武士接连被捕、被撤职，俊宽被流放至鬼界岛

（硫磺岛），此前被流放至尾张国的藤原师经也被杀。

对清盛来说，这次政变未遂来得太及时了。如上所述，虽然清盛承诺攻打延历寺，但他并不想与之为敌。而政变让清盛得以一石二鸟，既不用攻打延历寺，又可以扫除反对平氏的院近臣。西光的惨死、藤原成亲被流放后惨死，都是清盛采取的私刑。实际上根本就不存在“鹿谷阴谋”，就如《平家物语》所说，没能担任右大将的藤原成亲与儿子被流放的西光仅仅是在酒席上发了发牢骚，开玩笑说要“放倒瓶子（打倒平氏，“瓶子”与“平氏”同音），抓住瓶颈（斩首平氏）”。也有故事传说，藤原成亲被传唤时还以为清盛只是想恳求他停止攻打延历寺，所以毫无戒备，而所谓政变只是清盛设下的圈套。平氏军队正在集结，谁会在这时发动政变呢？事实上，准备攻打比叡山的军队瞄准的是后白河院。

清盛政权的军事独裁化

“鹿谷阴谋”之后，后白河院的权威有所减弱，但他依然是保证皇位继承正统性，统领公卿、寺院、神社等各种势力的唯一权力主体。因此，清盛要想获得公卿、寺院、神社势力的认可，就不能与后白河院决裂。治承二年（1178），由清盛主导修订、以保元新制为蓝本、旨在强化高仓天皇权威的十七条新制出台。为应对人们对宋钱大量流入而导致物价高涨的不满，在翌年（1179）八月颁布的三十二条新制中又加入了稳定物价令。十七条新制及三十二条新制都是经后白河院认可才颁布的。十一月，清盛之女、高仓天皇的中宫德子如其父所愿产下男婴（言仁亲王，安德天皇），后白河院亲自赶到六波罗馆为其祈福。据说清盛一度为皇子的诞生喜极而泣。十二月，言仁亲王出生一个月后便被立为太子。清盛终于实现了自己的夙愿。

然而治承三年（1179）六月，清盛之女、已故近卫基实之妻北政所（对摄政、关白正妻的敬称）盛子去世。七月，清盛嫡子重盛去世。清盛因此蛰居福原，无心处理政务。后白河院趁机联合长期忍受清盛羞辱的关白松殿基房进行反击。在十月的除目中，后白河院无视清盛的女婿近卫基通，将松殿基房嫡子、年仅八岁的松殿师家任命为权中纳言，同时没收了曾由重盛担任十余年知行国主、死后由维盛继承的越前国，让院近臣藤原季能补任越前守。此外，后白河院命院近臣藤原能盛补任白川殿仓预（管理粮仓的人），剥夺了清盛对摄关家领地的管理权。

清盛被后白河院的上述举措激怒，于十一月十四日傍晚率数千骑兵由福原进京，进入八条宅邸，京中陷入恐慌。当夜，御所虽然照例举行了丰明节会，但心惊胆战的公卿、官员们早已心不在焉。右大臣九条兼实也是一边祷告“清盛只是为了‘公事’而来”，一边战战兢兢地来到御所。无论后白河院与清盛的权力之争如何发展，官员都必须在国家仪式上尽责，这便是公卿、殿上人、实务官员的“奉公观”和职责。宫廷与朝廷的统一性、持续性的根源就在于此。

九条兼实 （宫内厅三之丸尚藏馆藏）

十五日，清盛请求高仓天皇解除松殿基房、松殿师家父子的官职，任命近卫基通为摄关家族族长，不然就要将中宫德子和东宫言仁亲王带往福原或镇西（即九州的大宰府）。高仓天皇命相关官员按清盛的要求拟定了诏书和宣命。作为对后白河院无视自己而任命官员的报复，清盛将天皇推到前台，无视院的意愿罢免了关白。十六日，明云重新担任天台座主，后白河院向清盛承诺不再插手政务，表示屈服。十七日，在清盛的要求下，太政大臣藤原师长及其下三十九名院近臣、公卿、官员被撤职并逐出京外。十八日，松殿基房被左迁为大宰权帅。二十日，后白河院被软禁在鸟羽殿，置于清盛的监视之下。治承四年（1180）二月，高仓天皇让位于年仅三岁的言仁亲王（安德天皇），开始高仓院政。

孤立的平氏

清盛公然发动政变，反而使平氏越发孤立。第一，众人对新天皇正统性的认同感瓦解。对贵族来说，只有后白河院才有资格指定正统的天皇继承人，高仓天皇的正统性和权威都要依靠后白河院保证。而高仓天皇让位于安德天皇是在后白河院被幽禁的异常状态下进行的，所以安德作为天皇的权威和正统性极其脆弱。第二，清盛依仗其军事实力，不容分说地幽禁法皇、流放关白，将太政大臣及其下众多公卿、官员流放京外，这种做法从根本上否定了宫廷社会秩序。保元之乱以来，大多数公卿、官员都旁观最高权力之争，公卿家（包括以近臣发迹的家族）虽然进展缓慢，但至少能保证稳定晋升，最终成长为势家门阀，实务官员也能以官司实务为家业而世袭官职。但在此次政变中，清盛大量撤职官员的做法使群臣的地位变得岌岌可危，导致他们不能再在权力斗争中明哲保身。在政变后任命官员的过程中，只有追随平氏及平氏不能缺少的人才能获得任命。许多贵族虽有怨言，但也只能沉默。右大臣九条兼实虽想看望被流放的兄长松殿基房，但平氏武士无处不在，因为怕被指认为“谋议”而不得不作罢。与此同时，清盛又任命兼实十二岁的儿子九条良通为从二位权中纳言右大将。接到文书后，兼实虽然考虑到若接受任命，会被世人唾骂为不知廉耻、阿谀奉承，但若拒绝却不知会造成什么后果，所以还是写了感谢信（《玉叶》）。而其他公卿、贵族的处境也多少与兼实相似。阳奉阴违，清盛早已被贵族们抛弃。

同年三月，让位给言仁亲王（安德天皇）、开始行院政的高仓院打破首次行幸神社只能在贺茂神社或石清水神社的惯例，决定行幸供奉着平氏氏神的严岛神社。此举对平氏造成了致命的影响。园城寺僧众表示抗议，并联合延历寺、兴福寺僧众进京，欲夺取后白河院和高仓院，计划虽败露，但整个京城都为之震动。在此次事件中，曾经势不两立的延历寺与园城寺、水火不容的延历寺与兴福寺结成了反平氏统一战线。平氏不仅被贵族抛弃，也失去了原本与自己结盟、共同对抗院政的延历寺。

以仁王举兵

在上述背景下，反对平氏军事独裁与反对安德天皇继位的势力集结在了后白河院三子以仁王的麾下，并为举兵打倒平氏做准备。以仁王虽然美名远扬，但因其母与平氏没有亲缘关系而被平氏疏远，年届三十仍未获封亲王。不过，以仁王是鸟羽院的爱女八条院的犹子。八条院的母亲美福门院得子既是“直系”近卫的母亲，又是“直系”二条的养母。而八条院是二条的“准母”，还在近卫天皇驾崩后的皇位继承会议上被推举为女帝候选人。在安德天皇的正统性被否定时，以仁王意识到了自己有希望继承皇位。他在院近臣中有一个会相面的亲戚，说他有帝王之相，令他信心倍增。这说明举兵计划得到了八条院和院近臣的支持。以仁王受到寺院行动的鼓舞，下定决心举兵。在平氏一手遮天的政治舞台上，源赖政（后述）一直扮演着屈辱的傀儡角色，他和足利义康的孙子足利义房等人也加入了以仁王的举兵计划。治承四年（1180）四月九日，以仁王自比壬申之乱中的天武天皇，下发檄文（令旨），敦促诸国源氏揭竿而起（第三节详述）。

察觉到事态有变，平氏欲抓捕以仁王，迫使其逃进了园城寺。园城寺的部分僧众与延历寺、兴福寺一同揭竿而起。平氏不知源赖政已加入举兵计划，动员其攻打园城寺。而接到动员令后，赖政放火烧掉了自己的宅邸，率领同族郎党五十余骑抵达园城寺。赖政计划夜袭平氏的六波罗官邸，但因园城寺内反对造反的一派阻挠而作罢。在延历寺，天台座主明云等多数派支持平氏攻打园城寺。看到园城寺、延历寺存在分歧，以仁王、赖政前往兴福寺，却遭到平氏追击。五月二十六日，在宇治平等院的战斗中，赖政全军覆没，以仁王在逃亡奈良的途中被杀。平氏烧毁园城寺僧房，命诸国追讨曾响应以仁王号召的武士。打倒平氏的行动暂时受挫，事态似已归于平静。

六月二日，清盛决定将两院、天皇等人迁至摄津福原（现神户市兵库区）并迁都。清盛此举是想逃离被延历寺、园城寺、兴福寺包围的京城，将平氏的根据地作为新都城，重振士气。新都城内里的地址选在清盛的福原山庄附近。但是，在赖朝叛军的攻势下，延历寺强烈要求天皇还京。很快，十一月，天皇就决定返回京城。

虽说清盛是在高仓院政体制下实行军事独裁，但遇“国家大事”仍须召开公卿议定。不过，议定前要召开以平氏公卿为中心的“内议”。在公卿议定时，平时忠等人会参考“内议”决定发言，引导公卿议定的走向，并将决定上奏高仓院。但是，以仁王被杀、赖政败北后不久，在五月二十七日的公卿议定上，平氏被孤立的局面已经很明显。平宗盛、平时忠以及亲平氏一派公卿的“内议”决定攻打支持以仁王的兴福寺。在随后的院御所议定上，亲平氏公卿同样主张马上发动攻击，却遭到了左大臣藤原经宗、右大臣九条兼实等公卿的强烈反对。藤原经宗汇总各方意见后上奏高仓院。院最终否决了内议的决定，并下令派遣使者。自己推举的高仓院反而否决了己方的意见，这使平氏倍受打击。除了拥立安德天皇并将被孤立的战时独裁之路走到底，平氏已别无选择。

清盛对濑户内海的统治

久安二年（1146），刚刚当上安艺守的清盛将严岛神（也是“军神”）奉为平氏氏神，其后又曾十次参诣严岛神社。长宽二年（1164），为感谢严岛神带来“家门福禄”“子弟荣华”，平氏抄写辞藻华丽的《平家纳经》献给严岛神社。后白河院与建春门院滋子也曾参诣严岛神社。高仓院与中宫德子也两度参诣。参诣严岛神社一时成为贵族阶层的潮流。平氏在清盛的大本营摄津福原至严岛的海上航线要冲修建停泊设施，使船只可停靠在水榭（参照松冈久人著述）。正是由于平氏掌控了濑户内海航线，保障了海上航行安全，参诣严岛神社才能顺利成行。清盛也借控制濑户内海展示了自己的强大实力。

此前，后白河天皇在保元元年（1156）颁布的新制（第一节前述）中加入了限制石清水、贺茂、祇园等各神社神人活动的规定。平重盛于仁安二年（1167）与安元二年（1176）分别接到追讨海盗的宣旨。这表明，朝廷已经将取缔海盗、保障濑户内海航行的权限完全交给了平氏。而平氏先排除了石清水八幡宫、贺茂社、祇园社等神社的海上势力，并将八幡宫、祇园神社神人暴力收债的行为视作海盗行径，加以镇压，然后才实现了对濑户内海航线的掌控。

仁安二年（1167）以后，清盛加大了对濑户内海沿岸港湾的掌控和整修力度。承安三年（1173），为了给日宋贸易提供港口，他又着手修筑在东南强风和海浪中毁坏并一度无法使用的福原外港大轮田泊。同年三月，清盛回信给宋朝，建立邦交，并让宋朝商船驻泊大轮田泊，以独享日宋贸易的收益（清盛参诣严岛神社时乘坐的船只也是由宋人掌舵的“唐船”）。清盛将在日宋贸易中获得的羊和珍贵唐物（舶来品）献给后白河院。在装饰内里和举办宫廷仪式时，唐物是必不可少的，而在这方面，院、天皇、贵族都只能依赖清盛。在大轮田泊进行的日宋贸易也是在清盛掌控濑户内海航线后才实现的。

据《百炼抄》（神话时代至镰仓中期的编年史）记载，“令全国上下颇为苦恼的‘钱病’”在治承三年（1179）七月开始蔓延。朝廷就要不要统一流入宋钱的流通价值展开了讨论。“钱病”大概是指宋钱流入造成的物价高涨。清盛大量进口宋钱用于支付修筑大轮田泊的雇工费，货币流通量因此急剧增长。他还要求所有航行濑户内海的运京船必须驻泊在大轮田泊，并收费用于维护防波堤。这样做的另一目的，是想通过确认入港船舶所属的庄园或公领、运载物及载货量来管理诸国、诸庄园的运京船舶，从而掌控濑户内海航线。

“警固屋”——海盗监视网

广岛县吴市与安艺郡音户町（位于仓桥岛，现吴市音户町）之间的音户濑户自古以来就因清盛开凿的濑户海峡而闻名。音户濑户在吴市一侧的地区名叫“警固屋”（けごや），是笔者的故乡。传说该地之所以得名“警固屋”，是由于清盛开凿濑户海峡时，负责警卫的武士曾在此驻扎。清盛开凿海峡一说只是民间传说，值得注意的是“警固屋”这个地名。在镰仓时代的古辞典《名语记》中，“警固屋”是指城郭周边有警卫值守的小屋。院政时代，比叡山为防范园城寺僧人袭击，曾在上山的路上设置警固屋。在平安、镰仓时代，“警固屋”一词作为指代监视设施的词语被广泛应用。

清盛担任安艺守时曾多次通过音户濑户往返于京城、福原与严岛之间。运京船将安艺以西的贡品运送至京城时也必须经过音户濑户，清盛一定很早就认识到了音户濑户的重要性。不过，当时音户濑户附近的石清水八幡宫有吴别符[1]，该地处在八幡宫神人掌控之下。为掌握音户濑户的制海权，清盛必须剥夺八幡宫神人对当地的控制。而为了进一步掌控参诣严岛神社的通道及濑户内海航线，清盛进而在音户濑户设置了“警固屋”。

名叫“ケゴヤ”的地方分散在濑户内海西部各地（参见第333页图）。位于严岛一侧广岛县佐伯郡大野町（现廿日市市大野町）的“经小屋山”（ケゴヤ山）当时归平氏家臣、严岛神社神主佐伯景弘管辖，这使平氏能够监视严岛周围的海域。山口市嘉川的“稽古屋”（ケゴヤ）与平氏家臣厚东武道的大本营长门国厚狭郡厚东接壤，正处在下关往东的航线上。此外，大分县津久见市的“警固屋”、弥生町的“稽古屋”在平氏掌权时，分别由臼杵惟隆、佐伯惟康这两名实力雄厚的武士首领负责驻守，他们的总领绪方惟荣是平氏家臣。以上这些读音为“ケゴヤ”的地名，大概都源于平氏为掌控濑户内海航线

1 吴别符，“别符”是指平安时代形成的一种土地制度，附属于庄园的一部分地区可以依据国司免符独立。也可指这种土地本身。吴别符即吴地的别符。

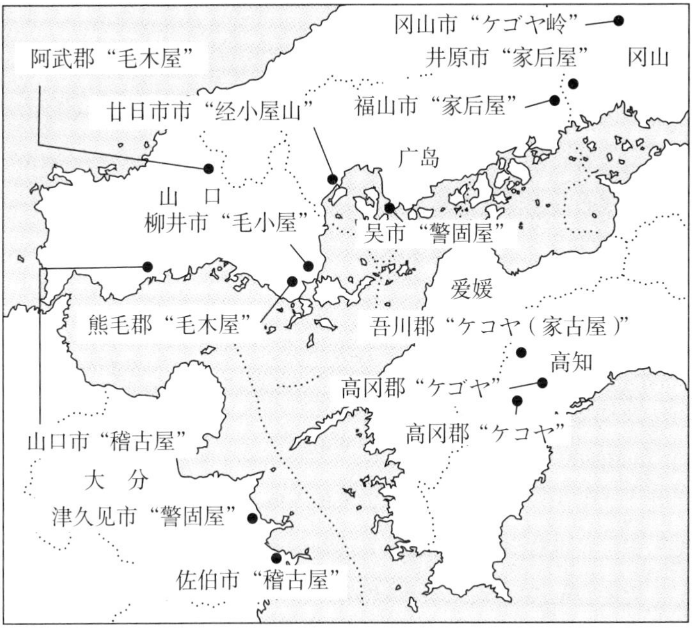

各地的**“ケゴヤ”**地名

而设的警固屋。

设警固屋与承安年间营建大轮田泊、强制运京船入港、完善参诣严岛沿途宿泊设施，均为平氏掌控濑户内海的手段，与石清水八幡宫等大寺院、神社利用零散分布在濑户内海航线上的港湾庄园掌控濑户内海的做法有本质区别。可以说，清盛开创了一种全新的濑户内海掌控方式。

换句话说，清盛的目的在于通过家族庄园和家臣，在拥有影响力的要冲港湾、海峡附近设置警固屋，并超越庄园、公领的框架，最终全面掌控濑户内海。平氏保障了濑户内海的航行安全，为院、天皇参诣严岛神社，以及宋船驻泊大轮田泊提供了便利。另外，各大寺社只要服从平氏的管辖，就可获得由西国庄园向京城运送贡品的许可。在后来的寿永二年（1183）七月，被迫退出京城的平氏曾一度试图依靠濑户内海的制海权东山再起。

平氏军制

平氏并非取代院和天皇掌握了最高军事指挥权。但在现实中，院没有清盛的同意是无法动用军事力量的。原本，追讨宣旨上会明确写明追讨使的姓名，或者天皇会直接将军事指挥权交给被任命的追讨使，但是在清盛的军事独裁下，追讨宣旨上只会写“追讨使”或“官军”，而追讨使的人选和任命均由清盛一人操控，其军事指挥权也因此逐渐强化。

平氏掌握着内里的警卫权。安元三年（1177）四月延历寺僧众强诉时，平氏的重盛、宗盛等人以及源氏的大内守护赖政共同把守着内里各门。这是因为赖政的家系摄津源氏世代负责大内守护，清盛既保证了他源氏栋梁的傀儡地位，又让他参与承担平氏的内里保卫工作。治承二年（1178），清盛声称：“源平乃国家干城。在源氏被视为逆贼遭追讨时，仅有赖政刚正不阿”（《玉叶》），并推举赖政为从三位，令众公卿愕然。

平氏虽在京城内拥有常备军约千骑，但作为平氏家臣的地方武士又分别是重盛、宗盛的家臣。从这一点来看，平氏军制是依靠平氏一族子弟与其各自下属武士的主从关系建立的，而统辖者是清盛。赖政在以仁王举兵时动员了五十骑的军队，其他在京武士不过也就动员了十骑、二十骑。可见，平氏在京城的常备军是占压倒性优势的，这些家臣武士集中居住在六波罗附近。平时，平氏一门会让在京家臣团轮流把守内里各门（各阵营），发生强诉等情况时，则动员全部家臣进行集团防御。而且如前文所述，清盛曾率领“数千骑”的军队从福原进京，可见福原应该也有大量清盛的直属家臣常驻。

清盛的军事根基原本是同族子弟以及作为谱代而家臣化的伊势、伊贺的在地武士，在保元、平治之乱中，平氏军队的主力也是他们。平氏确实与西国武士间形成了主从关系，但如前文所述，平氏主从制没有经历过生死与共的实战洗礼，和源氏与东国武士间通过共同奋战形成的主从关系相比，远不如后者稳固。若未经历过生死与共的大规模追讨战，并在获胜时分享激情与喜悦，是不会形成牢固的主从情感纽带的。平氏集团到最后也没有经历过这样的战斗，唯一一次大规模追讨战还是导致其自我覆灭的治承、寿永之乱。那么，平氏是如何组织起庞大的家臣团的呢？

平氏发展家臣组织主要是通过“内里大番役”，即让地方武士进京守卫内里。接下来，我们将从源义朝死后，其家臣及

A	B	C
被没收领地 佐佐木秀义父子（参加源氏举兵） 片切景重	成为平氏家臣，在赖朝、义仲举兵时 ↓ a. 一直追随平氏 大庭景亲、斋藤实盛 b. 中途开始追随源氏 熊谷直实、畠山重忠 c. 追随源氏举兵 足立远元、大庭景义、平山季重	不确定是否为平氏家臣，但追随赖朝举兵 三浦义明、义澄父子 千叶介常胤 上总介广常

旧义朝家臣与平氏家臣

子孙面临何种境遇，以及源赖朝举兵时，这些人又采取了何种态度两方面着手讨论这个问题（参见上表）。表中的 Ba 与 Bb 中，有的人因正在京城服内里大番役而未能参与举兵，于是服从了平氏。而 Bc、C 中却有人因服满大番役、已经返乡而得以参与举兵。这样，平氏的内里大番役就成了问题关键。

众所周知，在镰仓时代，内里大番役是御家人为效忠将军（镰仓殿）而承担的主要军役。就院政时期大番役的制度化问题，学界存在分歧，有人主张大番役是通过国衙军制实现制度化的，有人主张是在平氏政权形成后才开始制度化的。大多数人认可后者。国衙军制在 11 世纪中叶之后便不再发挥作用，通过国衙（受领）动员国内武士服内里大番役是不可能的。摄关时代（858—1068），守卫内里的任务始终是由泷口武士负责的，只有发生政变、内里火灾等紧急情况，朝廷才会召集全部在京源平武士。进入院政时代（1086—1192）后，寺院、神社强诉频繁发生。所以白河、鸟羽两院也频繁召集在京武士守卫内里，而接到命令的在京武士则率领自己的郎党把守各自负责的大门。源义朝没落后，清盛作为唯一的栋梁，努力完善内里大番役也是继承了警卫内里的传统。

如果清盛重视的内里大番役是平氏家臣的职责的话，那么表中C类的东国武士也成了平氏家臣。平治之乱后，清盛命令义朝旧家臣选择是否成为平氏家臣并履行内里大番役。愿意的人要提交其与郎党的主从契约名簿。A类被没收领地的人则是拒绝成为平氏家臣的人。

但成为平氏家臣并不意味着其领地就会切实得到保护。新成为平氏家臣的千叶常胤在其名下的相马御厨被国司作为义朝领地没收后，以该领地为先祖世代相传为由要求归还——这件事就是最好的证明。这样看来，大多数新成为平氏家臣的人（Bb、Bc、C）都不觉得平氏有恩于自己，他们忍受着家主败亡的屈辱，对作为“家臣奉行”（后述）对自己颐指气使的平氏家臣充满敌意。所以平氏才命令他们轮流进京服内里大番役，以削弱其力量，防止其谋反。义朝的旧家臣形形色色，有向平氏卑躬屈膝以求飞黄腾达的大庭景亲等人，有深得新主家平氏信赖、与平氏产生感情的畠山重能兄弟和斋藤实盛等人，也有眷恋旧主源氏、不完全效忠于新主平氏的三浦义明等人。对待平氏的不同立场，决定了义朝旧家臣在赖朝举兵时的不同态度。

为了统率家臣，令其承担内里大番役，平氏以一国为基本单位设置“家臣奉行”（参照野口实著述）。据推测，家臣奉行是在平治之乱后，朝廷将警卫内里的职责交给清盛时设置的职位，义朝家臣转而成为平氏家臣的工作也是由家臣奉行负责的。被提拔为家臣奉行的目代、有实力的在厅武士倚仗平氏权势，以是否愿意成为平氏家臣为检查思想的标准，凌驾于普通在厅官人等国内武士之上，招致众人反感。《平家物语》记载的“在国服从目代，在庄园则受预所驱使，如今亦有所不甘”等话语可以说是关于平氏强制性家臣组织的真实写照。赖朝率领伊豆国诸在厅袭击并诛杀目代山木判官平兼高后举兵。千叶常胤在袭击并诛杀“平家同盟”下总目代后投奔赖朝。虽然集平氏信仰于一社的严岛神社神主佐伯景弘与平氏联合，官至安艺守，但曾经被佐伯景弘压制的安艺源氏在厅官人站在了反平氏的一方（参照角重始著述）。即便在供奉平氏氏神的严岛神社所在的安艺国，平氏也未能完全掌控在厅官人等国内武士。自上而下、强制编组的平氏家臣制是极为脆弱的。接到以仁王檄文的赖朝、木曾义仲举兵时，诸国武士杀死或驱逐平氏家臣出身的目代作为响应，原因就在于此。

平定举兵的以仁王和赖政后，平氏要求后白河院下达院宣，追讨响应檄文的各地源氏，并命令诸国家臣奉行动员他们的家臣参战。为赖朝追讨使、义仲追讨使征兵、征粮的也是一国的家臣奉行。《平家物语》中描绘了被强制动员的所谓“驱（狩）武者”的形象。平氏命令一国的家臣奉行以“一国平均役”的形式来征兵，征兵标准则是“有才干之辈”，但实际执行时，是否有“才干”并不重要，重要的是凑够人数。所以这些被强征来的“驱（狩）武者”根本没有斗志。结果在治承四年（1180）十月的骏河国富士川之战中，由平维盛任总大将的追讨军一听到水鸟振翅的声音就四散奔逃。

平氏军制通过内里大番役的勤务，对诸国武士强制实行“自上而下”的主从制度。而反对目代、庄园预所和家臣奉行的在地武士梦想着实现“贵种复兴”的神话，赖朝的军队得到了他们“自下而上”的支持。正因如此，源氏的军队才能战胜平氏军制。

第三节　治承、寿永内乱

赖朝举兵——以仁王檄文与贵种复兴

如前节所述，以仁王于治承三年（1180）四月九日发布檄文（令旨），呼吁蛰伏于各地的源氏子弟奋起，并自诩为“最胜王”（该名称源自镇护国家的佛教经典《最胜王经》），批评平氏软禁后白河院、惩处贵族等危害国家的罪行。随后，以仁王又效仿大海人皇子（天武天皇），呼吁“仿壬申之乱旧例，举兵追讨篡夺皇位者（指安德天皇），有志之士应立即起事合力讨伐平氏，不从命者与平氏同罪，有功者可充任诸国使节，并另授恩赏”（《吾妻镜》）。

该檄文的重点在于：

第一，呼吁的对象主要是源氏子弟。源氏的军队作为国家军事力量讨伐“朝敌”，功勋传世，是源氏一族的骄傲。然而，源义亲、源为义、源义朝三代人都被视为朝敌枭首，对源氏一族而言是莫大的耻辱。与此同时，平氏对源氏来说又是历经三代的“敌人”。用复仇挽回受损的荣誉是武士的习俗。以仁王深信接到檄文的各地源氏定会揭竿而起。源平合战当然不只是源氏对敌人平氏的讨伐，但赖朝等人都是以讨伐敌人、挽回名誉而举兵的。

第二，檄文又是面向全国武士发出的。《平家物语》记载，促使以仁王举兵的赖政胸有成竹地劝说道：“（诸国源氏）在国屈从于目代，在庄园受预所驱使，被迫从事公务杂事，心有不甘”，因此必定会响应号召。赖政是否真说过这话姑且不论，但在由有实力的平氏家臣担任目代的平氏知行国中，平氏的确对源氏武士及源氏旧家臣课以惩罚性税役，强制其服内里大番役，或以未缴纳为由革除其官职、没收其领地，招致源氏武士及家臣怨恨。而且，平氏并非只针对源氏，除一部分受有实力的平氏家臣扶植、飞扬跋扈的国内武士外，其他地方武士对平氏也积怨已久。以仁王直接号召这些武士，旨在掀起全国规模的反平氏浪潮。

以仁王的檄文通过八条院藏人、源为义第十子源行家秘密传达给各地源氏。其后，虽然以仁王败亡，但该檄文掀起了全国各地源氏及其他地方武士的反平氏浪潮。而平氏的应对却相当不妥：命令诸国平氏家臣奉行追讨有可能响应檄文的源氏。这种做法反而使诸国源氏不得不奋起反抗。

义朝嫡子（三子）赖朝在平治之乱中被捕，在伊豆度过了二十余年的流放生活。他一直通过三善康信等在京实务官员收集、分析京城的消息，在接到以仁王檄文后，得知朝廷已派兵追讨自己，于是下定决心，于同年八月十七日联合其岳父北条时政、佐佐木秀义父子等人袭击并诛杀了知行国主平时忠的目代山木兼高，然后举兵。举兵之际，赖朝誓言要“继承八幡太郎（源义家）之家业，率坂东八国勇士诛灭谋反的清盛一族”，唤起将士“世代御家人”的记忆，呼吁众人参与举兵。时年八十九岁、参与了前述“擅闯大庭御厨事件”（第五章第四节）的三浦介义明欢呼道：“源氏累世家臣有幸生逢贵种复兴”，参加举兵并战死。正如上文所说，坂东武士能集结于赖朝麾下，是由于他们认同其“贵种”身份，即认同他是旧主（源义家）的嫡系。

攻占伊豆国衙后，赖朝接到以仁王委任自己统治东国诸国庄园、公领的檄文，遂命令伊豆目代停止对国内庄园的非法管理。石桥山之战时，赖朝也将檄文高悬于旗上，假称以仁王已在自己军中，并被奉为“新皇”。

八月二十四日，赖朝与大庭景亲率领的相模国军队在石桥山会战，战败后死里逃生，从海路逃到了安房。赖朝刚到安房，安房的安西景益、下总的千叶常胤、上总的上总介广常等人便接到以仁王命他们逮捕目代、率在厅官人（国内武士）加入赖朝阵营的檄文（千叶常胤诛杀平氏家臣目代后起兵）。此外，武藏、相模的武士也纷纷臣服赖朝，赖朝的军力瞬间膨胀。以仁王在赖朝军中的传闻甚至传到了京城贵族的耳中。高举以仁王檄文的赖朝拒不承认安德天皇，此时年号虽已改为养和、寿永，但他坚持沿用治承年号，直到寿永二年（1183）十月与朝廷达成一致（以下关于赖朝军事政权扩张的过程多参照石井进的研究）。

就这样，赖朝以源赖义、源义家以来已带有神话色彩和情感羁绊的历史记忆为依托，以以仁王的檄文为后盾，视京都朝廷任命的目代为“压迫者”，视诸国武士为“受压迫者”，以“加入源氏‘解放军’，打倒目代”为口号，广泛吸收诸国武士（在厅官人）。为义次子义贤之子义仲也于九月七日响应以仁王檄文，在信浓举兵，拥戴逃到北陆的以仁王之子北陆宫（后述）。源义光的曾孙武田信义、安田义定兄弟也在甲斐举兵。

平氏的战时体制

在宇治之战中打败以仁王和赖政之后，清盛随即命诸国家臣奉行动员各自的国内家臣，以遏止诸国源氏的行动。但平氏的家臣奉行们在各地的战斗中大多失败，依靠家臣奉行组织起来的以一国为基本单位的平氏军制继而崩溃，东国武士纷纷臣服于赖朝、义仲。

治承四年（1180）九月五日，朝廷任命平维盛、平忠度、平知度为追讨使，下令动员东海、东山两道诸国武士追讨赖朝。二十九日，追讨使们率五千骑的军队出征。这支临时拼凑起来的追讨军想必是以常驻京城、福原两地的平氏精锐家臣集团为中心的。与此同时，平氏可能还将京城储备的军粮全都拿了出来。但是，征讨军出发不久便遭到延历寺僧人的阻击，未能通过近江，于是转而从伊势下东海道，但东海、东山两道诸国武士没有响应动员，在当地征收军粮也受阻。

十月十六日，追讨军抵达骏河高桥宿。等待他们的是被武田信义的军队斩杀，并悬挂于街头的远江目代、平氏家臣奉行橘远茂及其下属八十人的头颅。士气低迷的追讨军于十八日在富士川河畔与源氏军队对阵时，渡河投奔源氏阵营的士兵络绎不绝。这些人多为加入追讨军的东国武士。追讨军最终不战而逃。《平家物语》与《吾妻镜》都描写了追讨军听到水鸟振翅的声音便仓皇逃散的场景。撤退途中又有许多士兵逃走，追讨使大将军平维盛最后仅带十余骑士兵归京。经历这场战事，平氏常备军从内部瓦解，据说清盛大怒，责骂维盛："你作为身负君命的追讨使，居然恬不知耻地回来，真是家族的耻辱。"

赖朝欲乘胜追击追讨使并进京，但上总介广常等人主张必须先铲除在背后构成威胁的佐竹氏等人。赖朝听取了建议，折返镰仓，专心稳定东国政局。追讨使的败退已使世人看到平氏的孱弱。十一月末，山本义经、柏木义兼兄弟（源义光的玄孙）趁机在近江举兵，尾张、美浓、若狭源氏及在厅官人们相继造反，伊豫的河野通清、肥后的菊池高直、丰后的绪方惟荣等原本为平氏家臣的地方武士也纷纷举兵，攻击目代，夺取运京贡品。山本义经、柏木义兼等近江、美浓、尾张源氏与反对迁都而蜂起的延历寺（第二节前述）、园城寺、兴福寺联合，摆出进军京都的架势。再加上此时各处都在传言赖朝即将进京，被造反势力包围的京城顿时陷入恐慌。尽管平氏派遣追讨军前往近江、美浓，但追讨军苦于造反军的游击战，军粮也消耗殆尽。平氏大军进退维谷，这是赖朝最想看到的局面，他任由双方拼杀，并未援助造反势力，一心稳定东国政局。

为遏制后白河院、贵族官僚阶层、延历寺的叛离，平氏一门于十一月二十六日从福原返回被造反势力包围的京城。十二月二十八日，平氏集团烧毁威胁其后方的南都，兴福寺、东大寺及其下属寺院被付之一炬。如果有“对历史犯罪”这一说的话，那么平氏的行为配得上这样的恶名。

治承五年（1181）正月，清盛在高仓院死后立即要求后白河重开院政，以期再度动员追讨军镇压畿内近国的造反势力。清盛依据天平三年（731）的先例（为向新罗施加军事压力，通过畿内总管、诸道镇抚使实行戒严），任命平宗盛为畿内、伊贺、伊势、近江、丹波总官，并在总官之下配置由平氏家臣担任的各国诸庄园总下司，并命总下司进行户口调查，不论庄园、公领，一律依“一国平均役”征兵、征粮、征用船舶及其他物资，以建立战时体制。为征军粮，平氏还在京都进行了包括公卿家族在内的户口清查。由于平氏军队需长期驻留京城，故而征用了许多宅院。二月七日，平氏派检非违使到美浓、伊势两地，调查追讨军为渡墨俣川而需征用的船舶。这种简单粗暴的备战方式把民众推向了平氏集团的对立面。

饥馑中的京都与平氏

此后，清盛高烧不退，痛苦万分。世人风传这是焚烧南都的报应。弥留之际，清盛最后奏请后白河院，望他所有事宜都与平宗盛商议裁定。对此，后白河院没有明确答复。治承五年（1181）闰二月四日，清盛怀着对后白河院的怨恨和对平氏一门未来的担忧辞世，时年六十四岁。

闰二月六日，宗盛对后白河院承诺今后一切事宜都以院宣为准，并奏请院裁断是遵照清盛遗言在西海、北陆两道征收军粮，继续追讨，还是赦免赖朝等人，并与其和解。受后白河院指示，公卿议定决定下发院宣赦免赖朝。但宗盛反而要求后白河院宣旨任命平重衡为追讨使，命东国武士背离赖朝，臣服于平氏。宗盛态度的急剧变化表明平氏集团内部温和派与强硬派的对立日益深化。

平氏强硬派紧抓院宣不放。十五日，任命平重衡为追讨使的院宣刚一下达，迟迟没有进展的征用船只工作便很快完成。三月，追讨军渡过尾张的墨俣川（三月十日，一说四月二十五日），击溃源行家率领的源氏军队。虽然院宣的权威和畿内戒严带来了胜利，但近畿百姓反抗的声浪日益高涨。平氏的军队刚刚撤退，甲斐源氏的总领武田信义及其弟安田义定率领的东国武士便越过三河国境，四面出击，击破骏河、信浓的平氏军队。

治承五年（1181）至寿永元年（1182），西国地区遭遇旱灾，再加上各地暴动、追讨、征收兵粮不断，造成了史无前例的“养和饥馑”。“婴儿弃路中，死骸遍街巷，夜夜有强盗，处处有火警，饿死者不计其数”（《百炼抄》），“路上尸骸遍布”“五条河原上，孩童样貌的人正在食死尸，人人相食，饥馑已达极致”（《吉记》，藤原经房的日记），令人闻之鼻酸不已。闯入贵族和官员宅邸放火抢掠的强盗实际上是军纪废弛的平氏军队。面对大饥荒，平氏却不能解散自己召集起来的诸国武士，原因之一在于必须随时准备应对近畿百姓的暴动与南都北岭的僧众入京。每次出兵征讨都会将军粮一扫而空，平氏军队在极度的饥饿与紧张中愈发疲惫。另一个原因在于地方武士一旦归乡便不会再响应动员。甚至就连蒙受平宗盛恩赐领地的家臣也是如此，他们一旦归国，便很可能会在其郎党的压力下背叛平氏，集体投靠赖朝阵营。此前平氏曾对相关家臣处以刑罚，但要想防止家臣投奔源氏，只能将他们封闭在京城。而平氏军队的巨大胃口最终使京城变成了“饥饿的都市”。

然而，即使在这样的恐慌当中，后白河院及其下摄政、公卿、官员仍不得不拼命举办例行活动、法会，巡幸寺社，以祈愿玉体安康、内乱平定、五谷丰登。对朝廷来说，无论遇到何种情况都要将仪式举办下去，因为只有这样才能证明自己拥有公权力。当平氏军队造成的饥荒殃及京城的公卿及百姓时，身处镰仓的赖朝只是冷眼旁观，静待时机成熟。这就是一场大规模“军粮消耗战”。

治承五年（1181）七月，一直在镰仓观望的赖朝凭借掌控东国的自信，密奏后白河院：“我仅为追讨朝敌而举兵，无意与朝廷为敌。若不允许我消灭平氏，请照旧例共用源、平两氏，源氏在东国，平氏在西国，由两氏协同平定叛乱。”（《玉叶》）在朝廷看来，高举以仁王檄文的赖朝仍是叛贼，因此赖朝才想在朝廷面前塑造灵活、宽大的源氏“解放军”形象。后白河院将和平提案转交给平宗盛，但宗盛拒绝接受，并表示要遵从清盛的遗言，即便战至最后一人也要与赖朝对抗到底。

丧失独立追讨能力的平氏在八月请求后白河院任命菊池高直为肥后守（翌年四月投降）、藤原秀衡为陆奥守、城助职为越后守，想以怀柔政策命令他们从背后夹击赖朝和义仲。传说听闻藤原秀衡加入己方阵营后，处于压抑氛围中的平氏军队一时士气大振。墨俣川之战后，东海道方面进入了休战状态。

源义仲进京

战局重开于北陆道。治承五年（1181），平家的知行国——北陆道诸国之前一直很稳定，但因为远征坂东的军队征收军粮一事，在厅官人们揭竿而起。造反的主力是原本以北陆道诸国为根据地的利仁系藤原氏斋藤党。不久，受平氏追讨军压制的近江、美浓两地源氏也纷纷加入。九月，越前守平通盛以北陆道追讨使身份前来，却被造反势力打败，于是逃出加贺，龟缩在越前敦贺城中等待援助。十月，平维盛、平知盛等人被任命为北陆道追讨使，平重衡被任命为东海道追讨使，平赖盛被任命为纪伊追讨使。但北陆道追讨使以军力、军粮的准备情况不尽如人意为由，多次延期出征。寿永元年（1182）九月，在前所未有的大饥荒中，后白河院发布院宣，下令追讨使停止一切行动，北陆道追讨使也在此时归京。平氏不得不中断了军事行动。

治承四年（1180），信浓的源义仲（以下称木曾义仲）斩杀平氏家臣小笠原赖直后在木曾谷举兵，进占其亡父源义贤的故地上野，因与赖朝关系紧张，为避免发生冲突又退回了信浓。不久，义仲被加入平氏集团的越后城助永、城助职兄弟牵制，无法离开信浓。寿永元年（1182），义仲打败进犯的城助职，解除后患，随即将儿子义高作为人质送至赖朝处，以解除赖朝的后顾之忧，并推戴以仁王之子北陆宫，力图统辖北陆道诸国造反势力。

在饥馑结束后的寿永二年（1183），战势迅速发展。三月，平氏决定倾尽全力平定北陆道，于是在关西诸国以“一国平均役”征收兵丁、军粮。在对兴福寺名下的山城国和束杣征兵时，三十六名杣工[1]中有二十七人被抓丁。杣工害怕被强行带走，于是恳求寺院出面阻拦。据《平家物语》记载，这些被强制抓丁、连大刀都拿不稳的“临时兵”上了战场之后张皇失措、临阵脱逃，如草木伏地般瞬间倒戈。四月，追讨使平维盛、平通盛、平忠度等人就是率领这样一支总计十万人的军队，浩浩荡荡地向北陆道进发。北上征讨军得到院宣许可，沿途征收军粮，一路扣押权门寺社的运京贡品，并掠夺各地村庄。

1 杣工，日本古代至中世从事伐木和制材的人。

北陆道追讨军轻松攻陷斋藤党据守的越前燧城，并于五月占据了加贺与越中交界处的砺波山。出信浓，占据了越后国府的义仲与叔父行家一同进军越中，于十一日夜偷袭混乱不堪的平氏军队，并将其赶上俱利伽罗岭的断崖，众多平氏将士坠崖身亡。六月一日，义仲又在加贺筱原击溃撤退的平氏军。《平家物语》中关于“斋藤实盛（不愿背离平氏的义朝旧家臣）将白发染黑，身着锦缎直垂（武士的礼服），选择就此结束生命”的描写令人哀叹不已。经过几场战斗，平氏军队死伤过半，溃逃的士兵丢盔弃甲、仓皇逃窜，就连追讨使也只穿着帷子（内衣）凄惨地逃回京城。在所有人看来，平氏的衰落已是板上钉钉的事。京城百姓开始盼望源氏“解放军”进京。

如果遭到延历寺阻拦，义仲的军队进京将无比艰难。所以义仲、平氏自然都向掌握进京关键的延历寺示好。尽管平氏许诺延历寺成为自己的氏寺[1]、日吉社神成为自己的氏神，但延历寺最终站在了义仲一边。七月，义仲的军队进入近江，直逼京城。平氏欲挟持安德天皇、后白河院逃往西国，但后白河院拒绝并逃往了比叡山，平氏遂于二十五日挟持安德及其母后建礼门院（德子），携三种神器[2]，纵火烧毁平氏一门在京都六波罗的宅邸，退出京城（以下两段叙述多参照竹内理三的著述）。

---

1 氏寺，一个氏族皈依、进行祈祷的寺院，中世以后改称菩提寺。

2 三种神器，包括丛云剑（草薙剑）、八尺琼勾玉、八咫镜，象征天皇的权威。

后白河院命上京的义仲和行家追讨平氏。三十日，赖朝、义仲、行家获封赏。进入八月，朝廷剥夺平氏一门的官位，没收其领地，任命义仲为左马头兼伊豫守、行家为备前守，任命由远江上京的安田义定为远江守，并将没收的五百处平氏领地中的一百四十处赐给义仲，九十处赐给行家。但另一方面，后白河院又将赖朝捧为一等功臣，派使者前往镰仓催促其进京，以牵制义仲。此外，后白河院还废黜了义仲推举的以仁王之子北陆宫，在没有神器的情况下，立高仓的四皇子尊成亲王为后鸟羽天皇。义仲也因此更加反对后白河院。后白河院能够否定持有神器的安德天皇的正统性，立没有神器的后鸟羽为正统天皇，正是因为院是唯一可决定皇位继承人的主权者。

再次火烧福原并逃往大宰府的平氏残余势力在丰后遭到了绪方惟荣的驱逐，但受到赞岐武士首领田口成良的欢迎，进驻屋岛（今四国岛香川县高松市）。另一方面，义仲的军队实际上是各地造反势力的混合体，缺乏凝聚力。在进入“饥饿之都”后，京城百姓欢迎“解放军”进京的欢呼声转瞬即逝，粮食紧缺的义仲军队如虎狼一般扫荡京城，到无物可夺时，许多官兵便开了小差。

义仲、行家没有任何构想和展望就贸然进入京城，结果只会一味争恩赏，对属下士兵的胡作非为视而不见。京城百姓对二人的怨恨比对平氏有过之而无不及。后白河院命义仲追讨平氏，想借机使其军队离开京城前往西国。但在闰十月一日，推进至备中水岛的义仲军队被平氏军打败，只得返回京城。其间，后白河院盛情邀请赖朝进京。归京后，义仲想挟后白河院逃往北陆，但院表示拒绝，并命令他率军离开京城。十一月十九日，义仲怒而率军袭击了院御所法住寺殿，疯狂屠杀，然后幽禁了后白河院，园城寺圆惠法亲王（后白河院五皇子）、曾与清盛联手对抗后白河院的天台座主明云也被杀。

义仲与前关白松殿基房联手，娶基房的女儿为妻，让基房的儿子松殿师家担任内大臣摄政。另一方面，义仲又解除院近臣的官职，亲自担任院御厩别当。寿永三年（1184）正月，义仲出任征夷大将军。义仲在京城的所作所为正是在重蹈平氏愚蠢行径的覆辙，京中百姓翘首期盼赖朝的“解放军”到来。赖朝代官、源范赖、源义经（二人均为赖朝之弟）的军队已推进至三河地区，正在等待时机，此时大举向京城进发。二十日，在宇治川之战中大败义仲的赖朝“解放军”在百姓的欢呼声中秩序井然地进入京城。九条兼实在日记《玉叶》中写道：“九条河原一带未出现野蛮行径，吾心安矣。”义仲逃亡北陆道，途中，在近江粟津（今滋贺县大津市）被杀。

“世间悲欢已览遍”——平氏的末日

水岛战役后，平氏平定了山阳道，挟安德天皇来到屋岛。寿永三年（1184）正月，平氏在曾经的根据地摄津福原列阵，摆出要进京的架势。如第二节所述，濑户内海的制海权原本就掌握在平氏手中。

义仲败亡后，重开院政的后白河院应赖朝要求，颁发追讨平氏的院宣。接到院宣后，义经、范赖指挥的源氏军队于正月二十九日突然来到福原。驻守福原的平氏军队虽在东部正面的生田森林与西部背后的一之谷设关卡，并在海上部署了大量战船加强防御，但因接到后白河院的和解信而有所松懈。义经的军队从鹎越纵马直下一之谷，平氏军队因遭遇奇袭而陷入混乱，平通盛、平忠度、平敦盛及其部将大多阵亡，残余部队逃往屋岛。《平家物语》记载了源氏大将熊谷直实斩杀平氏少年武者平敦盛后不禁潸然泪下的故事，与明治时代文部省规定的音乐课必选曲目《青叶之笛》[1]一道成为战前[2]一代人的回忆。

一之谷之战后，范赖、义经携平氏一门千余人的首级凯旋京城。后白河院虽然不愿亲眼看到公卿被枭首，但在范赖、义经的强烈要求下，源氏军队还是高举着平氏千余人的首级凯旋，并将首级悬挂于狱门示众。赖朝命占领京城的源氏军队继续追讨平氏残余势力并维持治安，同时将有实力的御家人安插在近畿诸国，以掌控畿内、山阳道诸国武士，还呼吁九州、四

1《青叶之笛》，歌词以一之谷合战为题材，歌名源自平敦盛所持的名为“青叶”的笛子，发表于1906年，是当时日本小学的必学曲目。

2 战前，指二战爆发前。

国、土佐的武士一同追讨平氏。

再次占据屋岛的平氏残余势力控制关门海峡的彦岛（一说儿岛），切断山阳道与九州的联系，以抵挡沿山阳道西进的范赖军队。源氏军阵中此时弥漫着渴望早日还乡的厌战情绪，士兵斗志全无。元历二年（1185）二月十九日，重获重用的义经率军奇袭屋岛，大获全胜。败北的平氏军队逃往平知盛据守的彦岛。平氏麾下众多海盗出身的武士纷纷倒向源氏，源氏成功将平氏水军收入麾下。

三月二十四日，决战终于到来。潮水的流向决定了战役的走向，最初占据优势的平氏军队因潮水流向突变而转为劣势，退至源氏军队预先设伏的坛浦。眼见大势已去，总指挥知盛一声令下，抱着安德天皇的二位尼（清盛之妻时子）、建礼门院德子（安德天皇的母亲）、经盛、教盛、资盛、知盛本人等相继跳入水中。曾享尽荣华（奢靡与风流）的平氏一门走向了末路。《平家物语》浓墨重彩地描写了当时的场景："海面上到处漂浮着被丢弃的赤旗、赤印[1]，如同被风吹落于龙田川的片片红叶，击岸的白浪也被染成浅红，无主的空船任凭风浪击打，漫无方向地漂泊，满目凄凉。"

"世间悲欢已览遍"，由知盛这句临终遗言，石母田正从《平家物语》中看出了"内乱时代的动荡，不断反复的人世沉

---

1 赤印，绑在铠甲的袖子上或头盔背面的红布，识别敌我的标志。

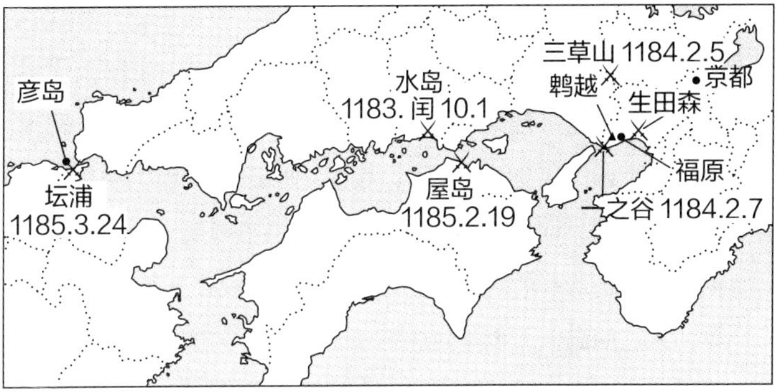

平家从京城到坛浦的撤退路线相关略图

浮，悲剧与喜剧”，以及“那贯穿其中的、无法撼动的、支配着一切的命运”。

赖朝军事政权的形成

富士川之战后，治承四年（1180）十月，相模国府举行了首次大规模论功行赏。朝廷不仅按惯例认可了从军御家人对领地的支配权（本领安堵），还将其从敌方手中夺取的新领地赐予他们（新恩给与）。十二月，举行了赖朝集团将大本营迁往相模镰仓新馆的仪式，二百一十一名参加仪式的御家人分坐厅堂两厢。侍所别当（管理御家人的侍所长官）和田义盛居中而坐，逐个点名，并登记在名簿上。正如《吾妻镜》记载：“自此以后，东国武士奉赖朝为镰仓之主。”这场仪式是标志坂东军事政权诞生的庆典，而该政权是以赖朝与坂东武士的主从关系为基础的。

赖朝将前来拜谒并表示忠诚的武士全都归入御家人行列，无论其是否世代为源氏家臣，并以参加追讨平氏为条件，承认其固有领地，同时按照功勋授予“新恩给与”。另一方面，对抵抗或拒绝从军的武士则进行无情讨伐，没收其领地。违背源赖朝意志的御家人也是同样下场。坂东武士出于反抗目代的政治诉求和对源氏复兴的期待，自下而上地掀起了这场运动，而源氏军队及赖朝御家人体制的形成就是这场运动的结果。坂东武士臣服于赖朝后，就必须绝对服从赖朝的最高指挥权和铁一般的纪律。以上总介广常为代表的许多御家人就是因为叛逆而受到刑罚。义经一门的源氏也遭受了同样命运。

与赖朝的御家人制相比，平氏的家臣制太过脆弱。例如，知盛的家臣、当时正在京城的甲斐源氏加贺美长清在得知赖朝举兵后便立即请求休假，并获准返乡。这是因为，加贺美长清不是世袭的平氏家臣，没有绝对服从主君的义务，反倒是必须礼遇的“家礼[1]”（《吾妻镜》）。平氏与东国武士间的主从关系是以内里大番役为媒介结成的，和通过实战军事指挥关系形成的主从关系相比就不那么牢靠。

另一方面，义仲进京后，藤原兼实在日记中写道：“如今，京内除武士外，人人难以生存，百姓全部逃到了乡下。如果不

---

1 家礼，指服从性较弱的家臣，一般只须提交写有自己名字的文书或者拜谒一次就成为主人的家臣，对主人的命令不会绝对服从。

追讨平氏，四国、山阳道、九州的贡品就无法运京。受义仲的压制，北陆、山阴两道的贡品同样无法运抵京城。赖朝一日不进京，东山、东海两道国司、庄园领主的统治权就一日不能恢复。”在如此紧张的情况下，寿永二年（1183）十月，赖朝要求催促自己进京的后白河院“恢复东海、东山、北陆三道知行国主、庄园领主对公领和庄园的统治权”（《玉叶》）。后白河院与公卿立刻响应了该提案，向赖朝颁发了针对除义仲管辖的北陆道以外的东海、东山两道的宣旨（《百炼抄》），此即“寿永二年十月宣旨”。

将此前一直被军事占领的东海、东山两道诸国返还给朝廷和庄园领主，看似令赖朝取得的军事成果付之东流，但该宣旨在最后特别强调“不服从者，可上报赖朝处置”（《玉叶》）。被军事占领的东国根本不可能按宣旨的要求恢复秩序。所谓恢复秩序，不过是恢复往京城运送贡品。驱逐目代、预所，夺得庄园、公领实际支配权的御家人（他们获得赖朝的安堵和给与）根本不会遵从后白河院颁发的一纸文书。只有在接到赖朝的命令后，他们才答应往京城运送贡品。也就是说，寿永二年十月宣旨最后强调的，无非是委任赖朝督促御家人向京城运送庄园、公领的贡品。换句话说，就是官方承认赖朝及其御家人对庄园、公领的实际支配权（征税、统治当地百姓、检断、裁判）。总而言之，赖朝的东国军事政权通过十月宣旨得到了王朝国家的承认。赖朝借口执行宣旨，派义经率军前往伊势地区。不久，赖朝又以为院运送年贡为由，将义经的军队调至近江地区，对其进行监控。得知院与赖朝的秘密协定后，义仲怒不可遏，指责院并说“此乃终身遗恨”(《玉叶》)。

寿永三年（1184）正月，义仲被义经率领的源氏军队打败后，赖朝首次接受了追讨平氏的宣旨，并接收了多达五百五十处的平氏旧领地。一之谷之战后的二月末，在赖朝的要求下，后白河院颁发宣旨，命令五畿七道诸国取缔武士侵犯庄园、公领的行为，停止征收军粮，并委托赖朝全权负责。

若有人控告源平两氏的军队夺取庄园和公领年贡、强收军粮、肆意破坏，赖朝的代官会进行调查，制止上述行为。这种体制原本是在战时体制下，为维护庄园、公领秩序，依靠赖朝的军事强制手段形成的，但在颁发寿永二年（1183）十月宣旨后，该体制转化为全国性的体制。与此同时，另外一份宣旨授予了赖朝的代官义经对畿内近国“此前一直侍奉源平二氏的武士、住民”的动员权(《吾妻镜》)。虽然赖朝的军队也曾闯入畿内近国的庄园、公领征兵征粮，并遭到庄园领主抗议，但他们没有像平氏、义仲的军队那样将所有资源一扫而光。

例如，军粮使曾深入河内国河内郡水走地区征粮。但水走的在地领主源康忠向义经请求，希望以本领安堵、停止征收军粮为条件，成为源氏御家人并服军役，获得许可。另外在纪伊，面对高野山大传法院的抗议，守护丰岛有经答应免除其军粮，只征召“有能力”的庄内御家人服军役。为“天下草创”

（恢复和平，树立新秩序），赖朝还特别注重整肃军纪及对御家人进行“教育”，以在庄园领主和百姓们心目中树立源氏军队“解放军”的良好形象。

近畿及西国地区原本没有多少源氏家臣。义经凭借追讨平氏宣旨动员了此前分别侍奉源、平两氏的武士与百姓，这些人与源康忠一样获得本领安堵，成为源氏御家人。坂东御家人直接拜谒赖朝，每一个人的形象和性格都被赖朝记入脑海。与他们不同，不断增加的西国御家人不过是一些记录在“交名”（名簿）上的名字，由总追捕使（守护人）统计并提交给赖朝。是追随平氏走向灭亡，还是成为源氏御家人，或是放弃武士身份？西国武士只能三选一。总之，只有响应赖朝动员、参与追讨平氏的人才能被认可为源氏的御家人（武士）。

走向天下草创——设置守护、地头

赖朝举兵之初，曾要求相模的三浦义澄、下总的千叶常胤、上总介广常、下野的小山朝政等各国最有实力的武士领袖动员国内武士加入自己的队伍，驱逐目代，接管地方政府。富士川战役后，赖朝又大量设置由有实力的御家人担任的代官、守护人、总追捕使等官职，以控制占领地的地方政府，让武士出身的御家人从政，清除平氏余党，防止占领军擅闯庄园与公领，受理诉讼案件，征收军粮，等等。在没有直接占领的地区，赖朝将其国内有实力的武士任命为传统的押领使等官职，将其视作御家人进行组织与管理。

赖朝利用追讨平氏的院宣，将全国武士收编为自己的御家人，获得对全国国衙、庄园、公领的命令权，并以一国为单位设置追捕使（守护人）。但是，上述权限终究是战时体制下的临时性权限，如果战时体制结束，朝廷（王朝国家）便会要求废除追捕使，否定赖朝的上述权限，并恢复到内乱前的状态（由朝廷授予本领安堵、新恩给与，任命御家人为郡乡司、庄官）。平氏灭亡后，义经遭到赖朝冷遇，于是与兄长针锋相对，结果成了赖朝延续战时体制的最佳借口。

文治元年（1185）十月，赖朝严格追究后白河院向义经下发追讨自己院宣的责任。十一月，赖朝借搜捕逃亡的义经的名义设置守护（追捕使）、地头，并迫使后白河院认可自己的安排（赖朝自身被任命为总追捕使、总地头）。这样，镰仓幕府的主体就成型了：第一，以严格的军纪维持“赖朝（镰仓殿）–御家人”的主从关系；第二，战时实行以一国为单位的御家人动员，和平时期实行京都大番役动员，建立起负责检察、裁判国内重犯的守护制度（继承王朝国家的押领使、追捕使权限）；第三，御家人为镰仓殿提供军事服务，作为回报可补任地头职。

地头的任务并非侍奉赖朝（那是御家人的任务），而是与以前的郡乡司、庄官一样，负责为国司和庄园领主管理领地、统治百姓、征税并将其运京，不同之处在于其任免权由镰仓幕府掌握。御家人（在地领主）可补任地头，避免出现因未缴、滞纳被革职的情况，大大提升了在地领主的权力。赖朝举兵时的政治纲领——“驱逐目代、预所”得以制度化。

赖朝及镰仓幕府可谓是御家人（在地领主）为自身利益而共同推举的主权者。守护、地头制的建立平息了此前因初任检注造成且不断发生的庄园、公领纷争。庄园公领制成为稳定有序的制度。而另一方面，新制度造成的庄园领主与地头的纷争也接踵而至。

在设置守护、地头的同时，赖朝要求朝廷坚决进行政治改革（“天下草创”）。于是，王朝国家的使命宣告结束，建立在庄园、公领制之上，由朝廷与幕府所构成的新国家体制宣告诞生。据说，设置守护、地头的大政方针是由出身于外记的赖朝贴身幕僚大江广元构思的。令藤原赖长、信西入道[1]等人心驰神往的新国家体制被大江广元等赖朝亲信官僚继承，并通过建立幕府得以实现。这是藤原赖长、信西做梦也没有想到的。

1 入道，原指领悟佛家真理，也可用于指称信仰佛教的出家人。

附　录

公历	年号	天皇	院	摄关	日本	世界
780	宝龟十一年	光仁			二月，通告新罗解除外交关系。	
					三月，削减军团士兵制。	
792	延历十一年	桓武			六月，除大宰府管辖诸国外，全面废除军团士兵制。	
800	延历十九年				这一年最后一次实行班田，其后将班田事务全部委任于国司。	
812	弘仁三年	嵯峨			六月，诸国设“夷俘长”。	
869	贞观十一年	清和		良房	五月，新罗海盗袭击博多津，朝廷招募俘囚追捕海盗。	
891	宽平三年	宇多		（无）	这一年，朝廷着手国制改革（宽平、延喜国制改革），开始向前期王朝国家转换。	
895	宽平七年				这一年，坂东群盗蜂起，延续七年之久（宽平、延喜东国之乱）	
897	宽平九年	醍醐			这一年，全国移配俘囚返回陆奥。	
902	延喜二年			（无）	三月，延喜庄园整顿令颁布，前期王朝国家转换完成。	
931	承平元年	朱雀		忠平	这一年，海盗开始活动于濑户内海（承平南海海盗）。	
932	承平二年				一月，藤原纯友担任伊豫掾（承平五年十二月归京）。	
935	承平五年				二月，平将门杀害伯父国香等人。	新罗灭亡。
936	承平六年				三月，藤原纯友为追捕海盗下到伊豫。	高丽统一朝鲜半岛。
					六月，承平南海海盗两千五百余人投降。	契丹拥立后晋。
939	天庆二年				三月，朝廷收到平将门谋反的密告。	

续表

公历	年号	天皇	院	摄关	日本	世界
					六月，坂东诸国设押领使。 十二月，平将门占领坂东诸国，举行“新皇”即位仪式。 藤原纯友于摄津国须岐驿袭击备前介藤原子高。	
940	天庆三年				二月，藤原秀乡、平贞盛等人歼灭平将门。	
941	天庆四年			忠平	五月，藤原纯友占领大宰府。 六月，橘远保等人于伊豫歼灭藤原纯友。	
981	天元四年	圆融		赖忠	十一月，园城寺余庆出任法性寺座主（山门、寺门之争开始）。	高丽景宗去世，成宗即位。
989	永祚元年	一条		兼家	九月，余庆补任天台座主，但因延历寺僧众不服，于十二月辞任。	
993	正历四年			道隆	八月，慈觉大师（圆仁）门徒与智证大师（圆珍）门徒争斗。智证门徒下延历寺，入园城寺。	北宋发生均贫富起义。北宋将全国分为十道。
999	长保元年			（无）	八月，早米使藤原良信被杀害于大和国城下郡。	
1019	宽仁三年	后一条		赖通	三月，女真族袭击对马、壹岐、筑前（刀伊入寇）。大宰权帅藤原隆家等人奋力将其击退。 十二月，藤原赖通就任关白。	
1028	长元元年				五月，上总权介平忠常占领国衙（平忠常之乱）。 六月，检非违使平直方、中原成通被任命为追讨使。	

续表

公历	年号	天皇	院	摄关	日本	世界
					八月，平直方、中原成通下坂东。	
1030	长元三年				七月，追讨使平直方被解职。	
					九月，源赖信被任命为追讨使。	
1031	长元四年	后一条		赖通	四月，平忠常降服于源赖信。	
					六月，忠常在上京途中病死于美浓国。	
1032	长元五年				二月，源赖信因追讨平忠常之功被任命为美浓守。	
1038	长历二年	后朱雀			十月，延历寺僧徒反对园城寺明尊补任为天台座主。	李元昊建立西夏。
1039	长历三年				五月，园城寺请求设立戒坛。	
					六月，内里烧毁。	
1040	长久元年				六月，长久庄园整顿令颁布，开始向后期王朝国家转换。	高丽统一度量衡。
1041	长久二年				五月，朝廷就园城寺设立戒坛问题征询各宗派意见，延历寺反对。	
					十二月，天皇迁居新建内里，以一国平均役的方式征收内里营建费。	
1042	长久三年				十二月，内里烧毁。	北宋、契丹议和。
1045	宽德二年	后冷泉			一月，后朱雀天皇让位，亲仁亲王（后冷泉天皇）受禅，尊仁亲王（后三条天皇）被立为太子。	

续表

公历	年号	天皇	院	摄关	日本	世界
					十月，宽德庄园整顿令颁布。	
1046	永承元年				一月，藤原实资去世。	高丽文宗即位。
					十月，天皇迁居新建内里。	
1048	永承三年				八月，明尊出任天台座主，但因山徒反对，未上山便辞任。源心出任天台座主。	
					十一月，内里烧毁。	
1051	永承六年				这一年，陆奥国夷俘长安倍赖良反抗国司，源赖义就任陆奥守。	
1052	永承七年				这一年，进入末法时代。	
1053	天喜元年				这一年，陆奥守源赖义出任镇守府将军。	契丹、西夏议和。
1055	天喜三年				三月，天喜庄园整顿令颁布。	
					同年冬，安倍赖时封锁衣川关，反抗源赖义（前九年之役开始）。	
1056	天喜四年				八月，前陆奥守源赖义受命追讨安倍赖时。	
					十二月，源赖义再任陆奥守。	
1057	天喜五年				七月，源赖义征讨安倍赖时。	
					十一月，赖时之子贞任击败赖义。	
1058	康平元年				二月，内里烧毁。	

续表

公历	年号	天皇	院	摄关	日本	世界
1062	康平五年				春，源赖义结束陆奥守任期。 九月，赖义攻下厨川寨，歼灭安倍贞任，安倍宗任等人投降。	
1063	康平六年				二月，源赖义将安倍贞任首级送抵京城。因追讨贞任有功，赖义被任命为伊豫守，源义家被任命为出羽守，清原武则被任命为镇守府将军。	北宋仁宗驾崩，英宗即位。
1068	治历四年	后三条		教通	四月，藤原教通任关白。后冷泉天皇驾崩，尊仁亲王（后三条天皇）践祚。 十二月，内里烧毁。	北宋起用王安石。
1069	延久元年				二月至三月，延久庄园整顿令颁布，后期王朝国家转换完成。	北宋王安石施行均输法、青苗法等新法。
1070	延久二年				五月，秦致贞绘制《圣德太子绘传》。 闰十月，设立记录庄园券契所。 五月，延历寺胜范出任天台座主，园城寺要求轮任座主，独自设立戒坛。 六月，朝廷就园城寺设立戒坛问题征询各宗派意见。 十二月，天皇行幸圆明寺，供养金堂、讲堂、法华堂。	
1071	延久三年				六月，圆明寺改称圆宗寺。	

续表

公历	年号	天皇	院	摄关	日本	世界
					八月，天皇迁居新建内里。	
1072	延久四年	白河	后三条	教通	三月，成寻从肥前国壁岛出发入宋。 四月，大极殿重建完成。此后日吉社开始作为官祭举办日吉祭。 八月，沽价法制定。 九月，延久宣旨升制定。 十月，圆宗寺首次举办法华会，法华会讲师出任僧纲。 十一月，在园城寺内设立御愿寺圣愿寺。 十二月，后三条天皇让位，贞仁亲王（白河天皇）受禅，实仁亲王（贞仁的弟弟）被立为太子。	北宋施行市易法、保马法、方田均税法。
1073	延久五年		（五月后无）		一月，设立院藏人所。 四月，后三条上皇出家，向园城寺新罗明神祈愿疾病痊愈。 五月，后三条法皇去世。	
1074	承保元年				二月，藤原赖通去世。	北宋施行手实法。
1075	承保二年			师实	一月，宋神宗委托成寻弟子赠经论、衣锦等物。 二月，延历寺与园城寺因设立戒坛问题争执。 闰四月，承保庄园整顿令颁布。	

续表

公历	年号	天皇	院	摄关	日本	世界
					十月，藤原师实任关白。	
1076	承保三年					北宋王安石下台。
1077	承历元年				十二月，天皇行幸法胜寺，供养金堂、讲堂等。	
1078	承历二年				四月，清凉殿举办殿上歌合。 十月，法胜寺首次举办大乘会，大乘会讲师出任僧纲。	
1079	承历三年				四月，伊吕波歌问世。 六月，延历寺僧徒就祇园感神院别当的改补问题强诉。朝廷命检非违使制止。 十一月，高丽送交文牒至大宰府，请求派遣医师。	
1080	承历四年				十月，朝廷命大宰府送文牒至高丽，但拒绝派遣医师。	
1081	永保元年				九月，朝廷命检非违使、源义家等人追捕园城寺僧徒。 十月，天皇行幸石清水八幡宫、贺茂社，义家随行。	西夏内乱。
1082	永保二年				二月，圆宗寺首次举办最胜会。 七月，内里烧毁。 十月，熊野僧徒抬神轿入京强诉。	西夏攻陷北宋永乐城。

续表

公历	年号	天皇	院	摄关	日本	世界
1083	永保三年				九月，陆奥守兼镇守府将军源义家介入出羽清原氏内部纷争。 十月，天皇行幸法胜寺，拜八角九重塔。	高丽文宗去世，顺宗、宣宗相继即位，迎北宋版《大藏经》置于开国寺。
1085	应德二年				十一月，皇太子实仁亲王去世。	北宋哲宗即位，司马光就任宰相，废除新法。
1086	应德三年	堀河	白河	师实	九月，藤原通俊奏览《后拾遗和歌集》。 秋，源义家攻打出羽国沼寨的清原家衡（后三年之役开始）。 十一月，善仁亲王被立为太子，白河天皇让位，善仁亲王（堀河天皇）受禅，藤原师实出任摄政。	北宋司马光、王安石去世。西夏崇宗即位。
1087	宽治元年				二月，鸟羽殿建成，白河上皇御幸。 十二月，源义家上报已攻破出羽国金泽寨，歼灭清原家衡、武衡（后三年之役结束）。义家再次向朝廷申请追讨官符，要求赐赏，但朝廷将战争定性为“私战”，不予认可，并解除义家陆奥守职位。	北宋在泉州设置市舶司。
1088	宽治二年				二月，白河上皇御幸纪伊国高野山。	

续表

公历	年号	天皇	院	摄关	日本	世界
1090	宽治四年			师实	一月，白河上皇御幸纪伊国熊野，设熊野三山检校。 六月，白河上皇以大江匡房为侍读讲评汉书。 十二月，藤原师实出任关白。	
1091	宽治五年	堀河	白河	师实	六月，因郎党在河内国的领地问题，源义家与弟义纲计划在京城交战，朝廷禁止义家亲兵入京，禁止向义家进献田地。十一月，笃子内亲王（白河的同母妹）作为藤原师实的养女入宫，藤原清衡赠与师实陆奥国马两匹。	
1092	宽治六年				五月，源义家废除诸国所立庄园。 九月，因延历寺僧徒强诉，加贺守藤原为房、仲实被流放。	
1093	宽治七年				三月，白河上皇就庄园整顿问题咨询藤原师通。 八月，兴福寺僧徒要求流放近江守高阶为家，抬春日社神木强诉（首次“神木动座”）。在此前后，大江匡房著《傀儡子记》。	北宋哲宗重新施行新法。高丽缴获北宋人、倭人所乘海盗船。高丽宣宗去世，献宗、肃宗相继即位。
1094	嘉保元年			师通	三月，源义纲追讨平师妙。藤原师通出任关白。	
1095	嘉保二年				十月，延历寺僧徒控诉美浓守源义纲，首次抬日吉神轿强诉。	

续表

公历	年号	天皇	院	摄关	日本	世界
1096	永长元年				六月，京中流行田乐（称“永长大田乐”）。 八月，白河上皇出家。	西夏攻入北宋。
1097	承德元年				八月，平正盛以伊贺国私人领地进献六条院（院近臣化）。	
1098	承德二年				十月，源义家获得院升殿许可。	
1099	康和元年			（无）	一月，白河法皇之子觉行成为亲王（首位法亲王）。 五月，康和庄园整顿令颁布。 六月，关白藤原师通去世。 八月，藤原忠实成为内览。	
1101	康和三年				七月，朝廷向大宰府下发追讨对马守源义亲的宣旨。	北宋设立书、画、算学校。
1102	康和四年				七月，堀河天皇举行御愿寺尊胜寺落成庆典。	
1103	康和五年				八月，宗仁亲王（鸟羽天皇）被立为太子。	
1104	长治元年			（无）	三月，尊胜寺举行结缘灌顶，以后成为恒例。	
1105	长治二年			忠实	二月，藤原清衡在平泉建最初院（中尊寺）。 十二月，藤原忠实出任关白。	西夏入侵北宋泾原。
1106	嘉承元年				七月，源义家去世。	高丽睿宗即位。
1107	嘉承二年	鸟羽		忠实	七月，堀河天皇去世，鸟羽天皇践祚。白河法皇下诏命藤原忠实为摄政。	

续表

公历	年号	天皇	院	摄关	日本	世界
					十月，白河法皇命源义纲阻止延历寺僧徒上洛。 十二月，平正盛受命追讨源义亲。	
1108	天仁元年				一月，平正盛携源义亲首级入京。 四月，源平二氏武士受命防御抬日吉神轿入京的延历寺僧徒。 七月，伊势大神宫提交大神宫领地注进状。	
1109	天仁二年				二月，源为义受命追讨源义纲。	
1110	天永元年				六月，平正盛为白河法皇等人供养阿弥陀堂。	
1111	天永二年				九月，设立记录庄园券契所，整顿伊势大神宫领有御厨。	北宋计划收复燕云。
1113	永久元年			忠实	四月，朝廷动员检非违使、源平武士，阻止兴福寺、延历寺僧众上洛(白河上皇首次直接动员检非违使)。 十二月，藤原忠实出任关白。	
1114	永久二年					女真军击败契丹。
1115	永久三年	鸟羽	白河	忠实	六月，伊势大神宫领地确定。 十月，决定每年十月十三日举行东寺灌顶。	女真阿骨打建国，国号金。
1118	元永元年				一月，藤原璋子（公实之女，后来的待贤门院）成为中宫。	

续表

公历	年号	天皇	院	摄关	日本	世界
					十二月，鸟羽天皇供养御愿寺最胜寺。	
1119	元永二年				十二月，平正盛携平直澄首级入京。	金公布新制女真文字。
1120	保安元年				十一月，白河法皇停止藤原忠实的内览。	金攻陷辽上京。
1121	保安二年			忠通	一月，藤原忠通受命内览文书。 三月，忠通出任关白、族长。	宋江起义。
1122	保安三年				十二月，最胜寺首次举行灌顶，以后成为恒例。	高丽睿宗去世，仁宗即位。金占领辽首都。
1123	保安四年	崇德		忠通	一月，鸟羽天皇让位，显仁亲王（崇德天皇）受禅，藤原忠通出任摄政。 七月，抬日吉神轿的延历寺僧徒在祇园社内与平忠盛、源为义等人交战。	金阿骨打去世，太宗即位。
1124	天治元年				六月，良忍开始在京中融通念佛。 八月，中尊寺金色堂上梁。 十一月，中宫藤原璋子成为待贤门院。	西夏臣服于金。
1125	天治二年					金灭辽。
1126	大治元年				三月，藤原清衡供养中尊寺。	高丽臣服于金。

续表

公历	年号	天皇	院	摄关	日本	世界
1127	大治二年				这一年，源俊赖进献《金叶和歌集》（三卷本）。	北宋灭亡，高宗于南京即位，建立南宋。
1128	大治三年				三月，待贤门院供养御愿寺圆胜寺。	
1129	大治四年		鸟羽	忠通	一月，藤原圣子（忠通之女）入宫。	金兵入侵南宋。
					七月，藤原忠通出任关白。白河法皇去世，鸟羽上皇继承院政。	
					十一月，为追捕伤害大佛师长圆的兴福寺僧徒，朝廷派检非违使源为义等人前往南都。	
1131	天承元年				十一月，鸟羽上皇召蛰居十二年的前太政大臣藤原忠实至院。	
1132	长承元年				一月，前太政大臣藤原忠实依院宣内览文书。	
					三月，院供养得长寿院。营造有功的平忠盛获得内升殿许可。	
1133	长承二年				八月，平忠盛称奉院宣之命接收宋朝商船的货物。	
1134	长承三年				十二月，觉鑁补任金刚峰寺座主，但遭到高野山僧徒反对。	
1135	保延元年				四月，朝廷向平忠盛下发追讨海盗宣旨。平忠盛押解被捕海盗入京。因忠盛追捕海盗有功，子清盛叙从四位下。	高丽爆发妙青之乱。金熙宗即位，公布大明历。

续表

公历	年号	天皇	院	摄关	日本	世界
1138	保延四年					南宋定都临安。
1139	保延五年				三月，平忠盛等人在宇治、淀防御兴福寺僧徒入京。 十月，崇德天皇供养御愿寺成胜寺。	西夏仁宗即位。
1140	保延六年				十二月，高野山僧徒放逐觉鑁，觉鑁移居根来寺。	高丽禁止工商乐人仕官。
1141	永治元年	近卫		忠通	三月，鸟羽上皇出家。 四月，藤原宗忠去世。 十二月，崇德天皇让位，体仁亲王（近卫天皇）践祚，藤原忠通出任摄政。	南宋岳飞被杀。
1142	康治元年				五月，鸟羽法皇在东大寺、延历寺受戒。	南宋与金媾和。
1144	天养元年				七月，藤原通宪出家，号信西。同年，《色叶字类抄》（两卷本）成书。	
1146	久安二年	近卫	鸟羽	忠通	二月，平清盛成为安艺守。	
1147	久安三年				六月，平忠盛、清盛随从在祇园临时祭中与祇园社神人打斗。延历寺僧徒强诉要求流放平忠盛、清盛。 七月，向平清盛征收赎铜三十斤。	高丽毅宗即位。
1149	久安五年				三月，近卫天皇供养御愿寺延胜寺（结束六胜寺的供养）。	金完颜亮（海陵王）即位。

续表

公历	年号	天皇	院	摄关	日本	世界
1150	久安六年			忠通	十二月，藤原忠通出任关白。	
1151	仁平元年				一月，藤原赖长成为内览。 四月，奈良长岳寺阿弥陀三尊像开始造立（利用玉眼技法）。在此前后，藤原显辅所著《词花和歌集》成书。	
1153	仁平三年				一月，平忠盛去世。	金迁都燕京。
1155	久寿二年	后白河	（七月后无）		七月，近卫天皇去世，雅仁亲王（后白河天皇）践祚。藤原赖长停止内览。	
1156	保元元年				七月，鸟羽天皇去世。后白河天皇命源义朝、平清盛等人火烧崇德上皇的白河殿（保元之乱）。藤原赖长去世。崇德上皇被流放赞岐国。平忠正、源为义等人被斩首（重开死刑）。慈圆称这场动乱后“武者之世到来”（《愚管抄》）。 闰九月，保元庄园整顿令颁布。 十月，设立记录庄园券契所。	
1157	保元二年				十月，天皇迁居新建内里。新制三十五条颁布。	
1158	保元三年	二条	后白河	基实	一月，重开长元以后中断的内宴。 七月，兴福寺僧徒反抗大和国检注，火烧上座信实的房舍。	

续表

公历	年号	天皇	院	摄关	日本	世界
					八月，平清盛出任大宰大贰。后白河天皇让位，守仁亲王（二条天皇）受禅。藤原基实出任关白、族长。朝廷首次将大和国作为知行国赐予平清盛。	
1159	平治元年				十二月，藤原信赖、源义朝等人袭击上皇御所三条乌丸殿（平治之乱）。信西自杀。平清盛由纪伊国归京。天皇移至平清盛的六波罗邸，上皇移至仁和寺。平清盛等人击破信赖、义朝军队，信赖被斩于六条河原。	
1160	永历元年				一月，源义朝于尾张被长田忠致谋杀。 三月，源赖朝被流放伊豆国。 六月，平清盛叙正三位，进入公卿之列。 八月，平清盛首次参诣安艺国严岛。	南宋发行会子。
1161	应保元年				四月，后白河上皇移至法住寺殿。	金进攻南宋。海陵王去世，世宗即位。迁都汴京。
1162	应保二年					南宋孝宗即位。
1164	长宽二年				八月，崇德法皇去世。 九月，平氏一门抄写《法华经》，奉纳于安艺严岛神社（称《平家纳经》）。	金以女真文字翻译经史。

续表

公历	年号	天皇	院	摄关	日本	世界
					十二月，后白河上皇供养平清盛建造的莲华王院。	
1165	永万元年	六条		基实	六月，二条天皇让位，顺仁亲王（六条天皇）受禅，藤原基实出任摄政。	南宋与金议和。
1166	仁安元年			基房	七月，藤原基房出任摄政、族长。 十月，宪仁亲王（后白河上皇之子）被立为太子。平清盛成为春宫大夫。	金设大学，翻译《史记》《汉书》。
1167	仁安二年	六条	后白河	基房	二月，平清盛出任太政大臣。 五月，朝廷基于后白河上皇院宣，向平重盛下发东山、东海、山阳、南海诸道贼徒追讨宣旨。	
1168	仁安三年	高仓			二月，平清盛出家。六条天皇让位，宪仁亲王（高仓天皇）受禅。 四月，荣西入宋。 九月，荣西、重源由宋归国。	荣西、重源登天台山。
1169	嘉应元年				三月，后白河上皇撰述《梁尘秘抄口传集》至第九卷。 六月，后白河上皇出家。 十二月，因延历寺僧徒强诉，藤原成亲被流放备中国。后召回藤原成亲，流放平时忠、信范至出云国、备后国。	

续表

公历	年号	天皇	院	摄关	日本	世界
1170	嘉应二年				二月，延历寺僧徒强诉使藤原成亲再次被解职，平时忠、信范被召回。 四月，后白河法皇在东大寺受戒。 五月，藤原秀衡出任镇守府将军。 七月，摄政藤原基房的随从破坏平资盛的车，基房向资盛之父平重盛谢罪。 九月，后白河法皇在平清盛的福原山庄接见宋人。 十月，平重盛家臣袭击藤原基房宅邸。	高丽爆发郑仲夫之乱。明宗即位。
1171	承安元年				十二月，平清盛之女德子作为后白河法皇的养女入宫。	
1172	承安二年			基房	二月，平德子成为中宫。 九月，宋朝赠与后白河法皇、平清盛国书和唐物。 十二月，藤原基房出任关白。	
1173	承安三年				三月，后白河法皇赐宋使者赠物，并令平清盛返牒。 四月，文觉因对后白河法皇出言不逊被流放伊豆国。	高丽爆发金甫当之乱。
1174	承安四年				二月，后白河法皇下令遵保元旧例建造内里。 三月，后白河法皇带领建春门院、平清盛等人参诣严岛。	高丽爆发赵位龙之乱，草贼蜂起。

续表

公历	年号	天皇	院	摄关	日本	世界
1175	安元元年				春，源空（法然）提倡专修念佛。	
1176	安元二年				五月，平重盛受命追讨诸国海盗。 七月，建春门院滋子去世。	高丽爆发亡伊、亡所伊之乱。
1177	治承元年				四月，延历寺僧徒强诉要求流放加贺守藤原师高。京都大火，除内里、大极殿外，京都三分之一烧毁。五月，天台座主明云被流放伊豆国，延历寺僧徒夺回明云。 六月，平清盛以阴谋打倒平氏为由逮捕藤原成亲、僧人西光等人，虐杀西光，流放成亲（鹿谷阴谋）。	朱熹著《论语集注》《孟子集注》。金免除河北、山东租税。
1178	治承二年				闰六月，新制十七条颁布。 九月，延历寺僧众与堂众争斗，平氏支持僧众并参战。 十一月，中宫平德子生下皇子（言仁亲王，后来的安德天皇）。 十二月，言仁亲王被立为太子。	
1179	治承三年		（十一月后无）	基通	六月，平盛子（已故关白藤原基实之妻）去世。 七月，平重盛去世。 八月，新制三十二条颁布。	南宋朱熹上书论时事。

续表

公历	年号	天皇	院	摄关	日本	世界
					十一月，平清盛率兵数千由福原进京，关白藤原基实被解任，藤原基通出任关白、族长，太政大臣藤原师长等三十九名院近臣被停职，藤原基房被流放大宰府，后白河法皇被幽禁在鸟羽殿（治承政变）。 十二月，平清盛将从宋朝引进的《太平御览》献给皇太子。同年，俊宽于鬼界岛去世。	
1180	治承四年	安德	高仓	基通	二月，高仓天皇让位，言仁亲王（安德天皇）受禅，藤原基通出任摄政。 四月，以仁王发出追讨平氏的檄文。 五月，检非违使追捕以仁王，以仁王与源赖政逃往园城寺。以仁王、源赖政在逃亡奈良途中被平氏歼灭。 六月，迁都福原。 八月，源赖朝于伊豆举兵。源赖朝败于石桥山。 九月，源义仲于信浓举兵。 十月，源赖朝进入镰仓。富士川之战中，平维盛军队被源赖朝军队击败。 十一月，源赖朝任命和田义盛为侍所别当。由福原迁都平安京。	

续表

公历	年号	天皇	院	摄关	日本	世界
					十二月，源赖朝移至大仓乡新宅邸。平清房与延历寺、园城寺僧徒战斗，火烧园城寺。平清盛解除后白河法皇的禁闭，请求重开院政。平重衡攻打南都，火烧兴福寺、东大寺。	
1181	养和元年		后白河		一月，高仓上皇去世。后白河法皇重开院政。平宗盛成为畿内、伊贺、伊势、近江、丹波等国总官。 二月，平盛俊被任命为丹波国“诸庄园总下司”。 闰二月，平清盛去世。 三月，平重衡、通盛等人在尾张国墨俣川打败源行家。 八月，源赖朝向后白河法皇申请与平氏和解，平宗盛拒绝。 十一月，中宫德子成为建礼门院。	南宋施行社仓法。
1182	寿永元年				春，饥馑中饿殍遍地，强盗、放火事件频发。	
1183	寿永二年	安德／后鸟羽		师家	五月，源义仲在俱利伽罗岭大败平氏军队。 七月，平宗盛等平氏一门携安德天皇逃往西海。源义仲、行家入京。后白河法皇下令追讨平氏。	高丽武将李义旼掌握政权。南宋禁止道学。

续表

公历	年号	天皇	院	摄关	日本	世界
					八月，依院宣，尊成亲王（后鸟羽天皇）无神器而践祚。 十月，命东海、东山两道庄园、国衙将名下年贡上交国司、本所，如有不从者，命源赖朝强制执行（寿永二年十月宣旨）。 十一月，源义仲火攻法皇御所法住寺殿。源义仲罢免摄政藤原基通等法皇近臣，任命藤原师家为内大臣、摄政。	
1184	元历元年/寿永三年			基通	一月，源义仲出任征夷大将军。义仲被源赖朝派遣的义经、范赖打败，于近江国粟津战死。藤原基通重任摄政。赖朝接受追讨平氏的宣旨。 二月，平氏在一之谷大败于范赖、义经，逃往赞岐国屋岛。 十月，源赖朝设公文所、问注所。	
1185	文治元年/寿永四年	后鸟羽			二月，源义经在屋岛打败平氏。 三月，平氏在长门国坛浦败亡。安德天皇去世。 五月，义经不被允许进入镰仓，向大江广元送去书信（腰越状）。	

续表

公历	年号	天皇	院	摄关	日本	世界
					十月，应义经等人的要求，下发追讨赖朝的宣旨。	
					十一月，下发追讨义经、行家的院宣。赖朝被任命为“日本国总追捕使、日本国总地头”，可以不论庄公，每反征收五升军粮（设置守护、地头）。	
					十二月，应赖朝要求，进行政治改革，任命藤原兼实为内览。	
1186	文治二年	后鸟羽	后白河	兼实	三月，应源赖朝要求，藤原兼实出任摄政、族长。	
1187	文治三年				二月，设立记录所。	
					十月，藤原秀衡去世。	
1188	文治四年				四月，藤原俊成奏览《千载和歌集》。	
1189	文治五年				四月，开始修建内里的工程。	朱熹著《大学章句》《中庸章句》。金版《大藏经》完成。
					闰四月，藤原泰衡于平泉衣川馆歼灭源义经。	
					七月，源赖朝为追讨泰衡离开镰仓。	
					九月，泰衡被郎党歼灭，奥州藤原氏灭亡。	
1190	建久元年				二月，西行去世。	
					十一月，源赖朝谒见后白河法皇，出任权大纳言、右近卫大将。	
					十二月，赖朝辞任权大纳言、右大将。	

续表

公历	年号	天皇	院	摄关	日本	世界
1191	建久二年			兼实	一月，源赖朝实行政所吉书始。 三月．建久庄园整顿令颁布。	
1192	建久三年				三月，后白河法皇去世。 七月，源赖朝出任征夷大将军。	

参考文献

（为方便读者检索，本书对原书参考文献各条目均予保留，作者名、书名、论文名、刊物名及出版社名等均按原文照录。）

全书相关

石母田正『古代末期政治史序説』（未来社、一九五六年）

竹内理三『武士の登場』（日本の歴史６）（中央公論社、一九六五年）

石井進『中世武士団』（日本の歴史 12）（小学館、一九七四年）

下向井龍彦「国衙と武士」『岩波講座日本通史古代６』（一九九五年）

第一章

戸田芳実「中世成立期の国家と農民」「国衙軍制の形成過程」『初期中世社会史の研究』（東京大学出版会、一九九一年）

石井進「中世成立期の軍制」『鎌倉武士の実像』（平凡社選書、一九八七年）

エルトン（丸山高司訳）『政治史とは何か』（みみず書房、一九七四年）

梅原郁・桐敷真次郎「城」、寺田隆信「万里の長城」『平凡社大百科事典』（一九八五年）

佐藤興治「朝鮮古代の山城」『日本城郭大系別巻1』（新人物往来社、一九八一年）

イザヤ·ベンダサン『日本人とユダヤ人』（角川文庫、一九七一年）

下向井龍彦「七世紀後半の東アジア動乱と日本の軍制」『第一三回アジア文明国際シンポジウム 大宰府学事始め〈1〉水城と大野城』（福岡県総務部国立博物館対策室、一九九八年）

石母田正『日本の古代国家』（岩波日本歴史叢書、一九七一年）

吉田孝『律令国家と古代の社会』（岩波書店、一九八三年）

下向井龍彦「日本律令軍制の基本構造」『史学研究』一七五号（一九八七年）

下向井龍彦「軍縮と軍拡の奈良時代」『歴博』七一号（一九九六年）

同「捕亡令『臨時発兵』規定について」『続日本紀研究』二七九号（一九九二年）

同「光仁·桓武朝の軍縮改革について」『古代文化』四九巻一一号（一九九七年）

村井康彦「公出挙制の変質過程」『古代国家解体過程の研究』（岩波書店、一九六五年）

坂上康俊「負名体制の成立」『史学雑誌』九四編二号（一九八五年）

戸田芳実「平安初期の国衙と富豪層」『日本領主制成立史の研究』（岩波書店、一九六七年）

北條秀樹「文書行政より見たる国司受領化」『日本古代国家の地方支配』（吉川弘文館、二〇〇〇年）

下向井龍彦「国衙支配の再編成」『新版古代の日本4 中国·四国』（角川書店、一九九二年）

戸田芳実「中世成立期の国家と農民」「国衙軍制の形成過程」『初期中世社

会史の研究』(前掲)
下向井龍彦「平安時代の国家と海賊」『新・瀬戸内海文化シリーズ2　瀬戸内海の文化と環境』(神戸新聞総合出版センター、一九九九年)
同「捕亡令『臨時発兵』規定の適用からみた国衙軍制の形成過程」『内海文化研究紀要』二二号(一九九四年)
同「武士形成における俘囚の役割」『史学研究』二二八号(二〇〇〇年)
石井昌国『蕨手刀』(雄山閣、一九六六年)
斎藤忠・小野忠熙「見島古墳群」『見島文化財総合調査報告』(山口県教育委員会・萩市教育委員会、一九六五年)
乗安和二三「見島ジーコンボ古墳群」『山口県埋蔵文化財調査報告』第七三集(山口県教育委員会、一九八三年)
八木光則編『文化財資料集第2集　蕨手刀集成(第2版)』(盛岡市教育委員会文化財調査室、一九九九年)
松下孝幸・分部哲秋・佐熊正史「山口県萩市見島ジーコンボ古墳群出土の平安時代人骨」『山口県埋蔵文化財調査報告』第七三集(前掲)
マックス・ウェーバー(世良晃志郎訳)『支配の社会学I』(創文社、一九六〇年)

第二章

戸田芳実「中世成立期の国家と農民」『初期中世社会史の研究』(前掲)
坂本賞三「前期王朝国家体制の支配構造」『日本王朝国家体制論』(東京大学出版会、一九七二年)
下向井龍彦「国衙支配の再編成」(前掲)
大津透「平安時代收取制度の研究」『律令国家支配構造の研究』(岩波書店、一九九三年)

佐藤泰弘「一一世紀日本の国家財政·徴税と商業」『あたらしい歴史学のために』二〇九号（一九九三年）
坂上康俊「負名体制の成立」（前掲）
下向井龍彦「武士形成における俘囚の役割」（前掲）
同「王朝国家国衙軍制の成立」『史学研究』一四四号（一九七九年）
高橋昌明「将門の乱の評価をめぐって」『文化史学』二六号（一九七一年）
野口実「秀郷流藤原氏の基礎的考察」『坂東武士团の成立と发展』（弘生書林、一九八二年）
石井進『鎌倉幕府』（日本の歴史７）（中央公論社、一九六六年）
石井昌国『蕨手刀』（前揭）
下向井龍彦「部内居住衛府舎人問題と承平南海賊」『内海文化研究紀要』一八·一九号（一九九〇年）
小林昌二「藤原純友の乱」『古代の地方史 2』（朝倉書店、一九七七年）
下向井龍彦「『藤原純友の乱』再検討のための一史料」『日本歴史』四九五号（吉川弘文館、一九八九年）
福田豊彦「藤原純友とその乱」『日本歴史』四七一号（吉川弘文館、一九八七年）
同『平将門の乱』（岩波新書、一九八一年）
同編『承平·天慶の乱と都』（週刊朝日百科「日本の歴史」59）（朝日新聞社、一九八七年）
下向井龍彦「天慶藤原純友の乱についての政治史的考察」『日本史研究』三四八号（一九九一年）
坂本賞三翻刻『日振島村史』（『内海文化研究紀要』一六号）（一九八八年）
下向井龍彦「平将門·藤原純友の反乱の原因は何か」『新視点日本の歴史第三巻』（新人物往来社、一九九三年）

第三章

下向井龍彦「捕亡令『臨時発兵』規定の適用からみた国衙軍制の形成過程」（前掲）
同「武士形成における俘囚の役割」（前掲）
河合正治「形成期武士階層とその精神的雰囲気」『中世武家社会の研究』（吉川弘文館、一九七三年）
高橋昌明・山本幸司編『武士とは何だろうか』（朝日百科「日本の歴史」別冊『歴史を読みなおす』8）（一九九四年）
野口実『武家の棟梁の条件』（中公新書、一九九四年）
高橋昌明『武士の成立 武士像の創出』（東京大学出版会、一九九九年）
同「伊勢平氏の成立」『清盛以前』（平凡社選書、一九八四年）
鮎沢（朧谷）寿『源頼光』（吉川弘文館人物叢書、一九六八年）
朧谷寿『清和源氏』（教育社歴史新書、一九八四年）
米谷豊之祐「瀧口武者考」『院政期軍事・警察史拾遺』（近代文芸社、一九九三年）
野口実「摂関時代の滝口」福田豊彦編『中世の社会と武力』（吉川弘文館、一九九四年）
高橋昌明『酒呑童子の誕生』（中公新書、一九九二年）
前田禎彦「検非違史別当と使庁」『史林』八二巻一号（一九九九年）
野口実「平貞盛の子息に関する覚書」「平維茂と平維良」『中世東国武士団の研究』（高科書店、一九九四年）
橋本義彦「蔵人五位と五位蔵人」『平安貴族』（平凡社選書、一九八六年）
中原俊章「『侍』考」『ヒストリア』八三号（一九七九年）
高田淳「『巡爵』とその成立」『國學院大学研究紀要』二六号（一九八八年）

玉井力「『受領挙』について」「受領巡任について」『平安時代の貴族と天皇』（岩波書店、二〇〇〇年）

大津透「受領功過覚書」『律令国家支配構造の研究』（前掲）

寺内浩「受領考課制度の成立と展開」『史林』七五巻二号（一九九二年）

戸田芳実「国衙軍制の形成過程」（前掲）

村井康彦「蔑視された武士たち」『歴史公論』五五号（一九八〇年）

鳥谷智文「王朝国家期における近衛府府務運営の一考察」『史学研究』一九九号（一九九三年）

曾我良成「官司請負制下の実務官人と家業の継承」『古代文化』三七巻一二号（一九八五年）

下向井龍彦「王朝国家期国衙軍制の構造と展開」『史学研究』一五一号（一九八一年）

同「王朝国家軍制研究の基本視角」坂本賞三編『王朝国家国政史の研究』（吉川弘文館、一九八七年）

佐藤泰弘「平安時代の国の検田」『史林』七五巻五号（一九九二年）

大石直正「平安時代の郡・郷の収納所・検田所について」豊田武教授還暦記念会編『日本古代・中世史の地方的展開』（吉川弘文館、一九七三年）

同「尾張国解文」『日本史の謎と発見5　王朝の栄華』（毎日新聞社、一九七八年）

下向井龍彦「平安時代の地方政治」日本歴史学会編『日本研究の新視点』（吉川弘文館、一九八六年）

同「押領使・追捕使の諸類型」『ヒストリア』九四号（一九八二年）

石井進「中世成立期の軍制」（前掲）

戸田芳実「初期中世武士の職能と諸役」『初期中世社会史の研究』（前掲）

第四章

庄司浩『辺境の争乱』(教育社歴史新書、一九七七年)
野口実「平忠常の乱の経過について」『坂東武士団の成立と発展』(前掲)
福田豊彦『千葉常胤』(吉川弘文館人物叢書、一九七三年)
千田嘉博「十三湊・福島城の調査」佐藤信「古代国家と日本海・北日本」国立歴史民俗博物館編『中世都市十三湊と安藤氏』(新人物往来社、一九九四年)
大石直正「中世の黎明」『中世の奥羽』(東京大学出版会、一九七八年)
三浦圭介「北奥・北海道地域における古代防御性集落の発生と展開」『国立歴史民俗博物館研究報告』六四集(一九九五年)
伊藤博幸「史跡胆沢城跡の発掘調査」『日本歴史』四一九号(一九八三年)
今泉隆雄「蝦夷の朝貢と饗給」高橋富雄編『東北古代史の研究』(吉川弘文館、一九八六年)
熊谷公男「『受領官』鎮守府将軍の成立」羽下徳彦編『中世の地域社会と交流』(吉川弘文館、一九九四年)
斉藤利男「北緯四〇度以北の十〜十二世紀」入間田宣夫他編『北の内海世界』(山川出版社、一九九九年)
樋口知志「安倍氏の時代」『岩手史学研究』八〇号(一九九七年)
安田元久『源義家』(吉川弘文館人物叢書、一九六六年)
高橋崇『蝦夷の末裔』(中公新書、一九九一年)
入間田宣夫「延久二年北奥合戦と諸郡の建置」『東北アジア研究』一号(一九九七年)
野口実「十一〜十二世紀、奥羽の政治権力をめぐる諸問題」『中世東国武士団の研究』(前掲)

平泉文化研究会編『奥州藤原氏と柳之御所跡』(吉川弘文館、一九九二年)
斉藤利男『平泉』(岩波新書、一九九二年)
安田元久「『源氏内紛』の政治的背景」『日本初期封建制の基礎研究』(山川出版社、一九七六年)

第五章

坂本賞三「免除領田制」『日本王朝国家体制論』(前掲)
同『荘園制成立と王朝国家』(塙選書、一九八五年)
詫間直樹「一国平均役の成立について」坂本賞三編『王朝国家国政史の研究』(前掲)
市田弘昭「平安後期の荘園整理令」『史学研究』一五三号(一九八一年)
下向井龍彦「王朝国家体制下における権門間相論裁定手続きについて」『史学研究』一四八号(一九八〇年)
下向井龍彦·光谷哲郎「『小右記』にみえる「起請」について」『平成十～十一年度科学研究費補助金研究成果報告書』(二〇〇〇年)
網野善彦「荘園公領制の形成過程」『日本中世土地制度史の研究』(塙書房、一九九一年)
坂本賞三「郡郷制の改編と別名制の創設」『日本王朝国家体制論』(前掲)
市田弘昭「王朝国家期の地方支配と荘園整理令」『日本歴史』四四五号(一九八五年)
入間田宣夫「平安時代の村落と民衆の運動」「鎌倉前期における領主的土地所有と『百姓』支配」『百姓申状と起請文の世界』(東京大学出版会、一九八六年)
佐藤進一「中世史料論」『岩波講座〈新版〉日本歴史』別巻 2(岩波書店、一九七六年)

富田正弘「国務文書」『日本古文書学講座古代編II』(雄山閣、一九七九年)
吉村晃一「安芸国高田郡司藤原氏についての一考察」『史学研究』二一五号(一九九七年)
下向井龍彦「王朝国家軍制研究の基本視角」(前掲)
同「軍縮と軍拡の奈良時代」(前掲)
坂本賞三『藤原頼通の時代』(平凡社選書、一九九一年)
石井進「院政時代」『講座日本史2　封建社会の成立』(東京大学出版会、一九七〇年)
菅真城「北京三会の成立」『史学研究』二〇六号(一九九四年)
土田直鎮「摂関政治に関する二、三の疑問」『奈良平安時代史研究』(吉川弘文館、一九九二年)
橋本義彦「院政論」『平安貴族社会の研究』(吉川弘文館、一九七六年)
河内祥輔「後三条・白河『院政』の一考察」石井進編『都と鄙の中世史』(吉川弘文館、一九九二年)
橋本義彦『貴族の世紀』(日本の歴史文庫5)(講談社、一九七五年)
橋本義彦「白河法皇」『人物・日本の歴史3　王朝の落日』(読売新聞社、一九六六年)
石母田正「危機の深化と天皇制の形態変化」『古代末期政治史序説』(前掲)
今正秀「院政期国家論の再構築に向けて」『史学研究』一九二号(一九九一年)
橋本義彦「院評定制について」『平安貴族社会の研究』(前掲)
美川圭「公卿議定制から見る院政の成立」『院政の研究』(臨川書店、一九九六年)
橋本義彦「院政政権の一考察」『平安貴族社会の研究』(前掲)
井原今朝男『日本中世の国政と家政』(校倉書房、一九九五年)

橋本義彦「院宮文書」『日本古文書学講座古代編II』（前掲）

玉井力「『院政』支配と貴族官人層」『平安時代の天皇と貴族』（前掲）

戸田芳実「検非違史の記録」『中右記—躍動する院政時代の群像』（そしえて、一九七九年）

大石直正「平安時代後期の徴税機構と荘園制」『東北学院大学論集』一号（一九七〇年）

詫間直樹「『荘園整理令』とは何か」『新視点日本の歴史　第三巻』（新人物往来社、一九九三年）

勝山清次「平安時代後期の封戸制」『中世年貢制成立史の研究』（塙書房、一九九五年）

今正秀「保元荘園整理令の歴史的意義」『日本史研究』三七八号（一九九四年）

下向井龍彦「天永の記録所について」『史学研究』一九九号（一九九三年）

平雅行「中世仏教と社会·国家」『日本史研究』二九五号（一九八七年）

海老名尚「中世前期における国家的仏事の一考察」『寺院史研究』三号（一九九三年）

黒田俊雄『寺社勢力』（岩波新書、一九八〇年）

佐野みどり「王朝の美意識と造形」『岩波講座日本通史古代5』（前掲）

遠藤基郎「過差の権力論」服藤早苗編『王朝の権力と表象』（森話社、一九九八年）

戸田芳実「荘園体制確立期の宗教的民衆運動」『初期中世社会史の研究』（前掲）

安田元久「『源氏内紛』の政治的背景」『日本初期封建制の基礎研究』（前掲）

上横手雅敬「院政期の源氏」御家人制研究会編『御家人制の研究』（吉川弘

文館、一九八一年）
米谷豊之祐「源爲義」『院政期軍事・警察史拾遺』（前掲）
高橋昌明『清盛以前』（前掲）
下向井龍彦「平安時代の国家と海賊」（前掲）

第六章

龍粛「後白河院の治世についての論争」『平安時代』（春秋社、一九六二年）
橋本義彦『藤原頼長』（吉川弘文館人物叢書、一九六四年）
安田元久『後白河上皇』（吉川弘文館人物叢書、一九八六年）
河内祥輔「朝廷・幕府体制の成立と構造」水林彪他編『王権のコスモロジー』（弘文堂、一九九八年）
五味文彦『平清盛』（吉川弘文館人物叢書、一九九九年）
今正秀「保元荘園整理令の歴史的意義」（前掲）
五味文彦「信西政権の構造」『平家物語、史と説話』（平凡社選書、一九八七年）
石井進「院政」「平氏政権」『日本歴史大系1　原始・古代』（山川出版社、一九八四年）
下郡剛『後白河院政の研究』（吉川弘文館、一九九九年）
松薗斉「武家平氏の公卿化について」『九州史学』一一八・一一九号（一九九七年）
田中文英「高倉親政・院政と平氏政権」『平氏政権の研究』（思文閣、一九九四年）
松岡久人『安芸厳島社』（法蔵館、一九八六年）
下向井龍彦「『警固屋』考」『館報入船山』八号（呉市入船山記念館、一九九六年）

五味文彦「院支配の基盤と中世国家」『院政期社会の研究』（山川出版社、一九八四年）
野口実「平氏政権下における諸国守護人」『中世東国武士団の研究』（前掲）
飯田悠紀子「平安末期内裏大番役小考」御家人研究会編『御家人制の研究』（前掲）
角重始「安芸国における荘園公領制の形成」『日本史研究』二七五号（一九八五年）
石井進「鎌倉幕府論」『岩波講座日本歴史　中世 1』（一九六二年）
同『日本中世国家史の研究』（岩波書店、一九七〇年）
石母田正「平氏政権の総官職設置」『中世国家成立史の研究』（「石母田正著作集」第九巻）（岩波書店、一九八九年）
竹内理三『武士の登場』（前掲）
石母田正『平家物語』（岩波新書、一九五七年）

出版说明

“讲谈社·日本的历史”是日本讲谈社出版的日本通史系列丛书，由日本史学家网野善彦领衔撰写，邀请各领域的一流学者，讲述日本从旧石器时代到平成年间的历史，共二十六卷。

在日本出版界，各大出版社都曾在不同时期出版过日本通史系列。“讲谈社·日本的历史”问世前，中央公论社于 1965 年至 1967 年出版的“日本的历史”系列二十六卷本，是日本通史系列丛书中的权威作品。对于这些日本通史读物，文艺评论家三浦雅士曾指出，若以时间为基轴阅读，即可窥见历史观随时代迁移呈现出的变化。中央公论社的“日本的历史”代表着战后二三十年的研究结晶，“讲谈社·日本的历史”呈现的则是直至当代的研究动向，在承袭前人的基础之上，还有新时代独有的创新之处，兼具权威性与前沿性。

整体而言，该丛书呈现了日本历史发展的主要脉络，也涉及各个时期的学术性问题和专题性问题。考虑到完全引进的工程量与中国市场的实际情况以及中国读者的阅读偏好，此次出版的中文版主要选择呈现历史脉络的卷册，剔除了部分学术性或专题性较强的卷册。选取的十卷本既呈现了日本学者从内部看待自身的独特切入点，涉及的内容亦包罗万象，读者可从中获得对特定时代的全景式了解。

因编者和译者能力有限，本书难免出现各种错误，敬请广大读者提出指正。

图书在版编目（CIP）数据

武士的成长与院政：平安时代后期 /（日）下向井龙彦著；杜小军译．-- 上海：文汇出版社，2021.5
（讲谈社·日本的历史）
ISBN 978-7-5496-3448-4

Ⅰ．①武… Ⅱ．①下… ②杜… Ⅲ．①日本-古代史-平安时代（794-1192）Ⅳ．① K313.25

中国版本图书馆 CIP 数据核字（2021）第 030654 号

武士的成长与院政：平安时代后期

作　　者 / 〔日〕下向井龙彦
译　　者 / 杜小军
责任编辑 / 苏　菲
特邀编辑 / 高　云　高伟健
装帧设计 / 尚燕平
内文制作 / 张　典
出　　版 / 文匯出版社
上海市威海路 755 号
（邮政编码 200041）
发　　行 / 新经典发行有限公司
电　　话 / 010-68423599　邮　　箱 / editor@readinglife.com
印刷装订 / 山东韵杰文化科技有限公司
版　　次 / 2021 年 5 月第 1 版
印　　次 / 2021 年 5 月第 1 次印刷
开　　本 / 787×1092　1/32
字　　数 / 247 千
印　　张 / 13

ISBN 978-7-5496-3448-4
定　　价 / 78.00 元

版权登记图字 09-2021-0100